Ciro Massimo Naddeo • Euridice Orlandino

DIECI
lezioni di italiano

B1

corso di lingua italiana per stranieri

ALMA Edizioni

redazione: Diana Biagini, Chiara Sandri

apparati

test e progetto: Euridice Orlandino
cultura: Ciro Massimo Naddeo, Euridice Orlandino

grammatica e vocabolario: Diana Biagini

esercizi: Diana Biagini, Ciro Massimo Naddeo, Euridice Orlandino

videocorso (script e attività): Marco Dominici

copertina e progetto grafico: Lucia Cesarone

impaginazione: Lucia Cesarone e Sandra Marchetti

illustrazioni: Manuela Berti

I crediti delle immagini sono riportati all'indirizzo www.almaedizioni.it/dieciB1/crediti

Un grazie a tutti i consulenti scientifici, i collaboratori, gli insegnanti, gli studenti, le scuole e le istituzioni che ci hanno aiutato in questo progetto. Un ringraziamento speciale a Giovanna Rizzo e Anna Colella.

NOTA:
l'attività 2 (pag. 136, COMUNICAZIONE) della Lezione 6C è parzialmente ispirata a un'attività di Paolo Torresan, a cui va il nostro ringraziamento.

© 2021 ALMA Edizioni
Tutti i diritti riservati

Printed in Italy
ISBN 978-88-6182-665-6
Prima edizione: giugno 2021

ALMA Edizioni
viale dei Cadorna, 44
50129 Firenze
alma@almaedizioni.it
www.almaedizioni.it

L'Editore è a disposizione degli aventi diritto per eventuali mancanze o inesattezze. I diritti di traduzione, di memorizzazione elettronica, di riproduzione o di adattamento totale o parziale, con qualsiasi mezzo (compresi i microfilm, le riproduzioni digitali e le copie fotostatiche), sono riservati per tutti i Paesi.

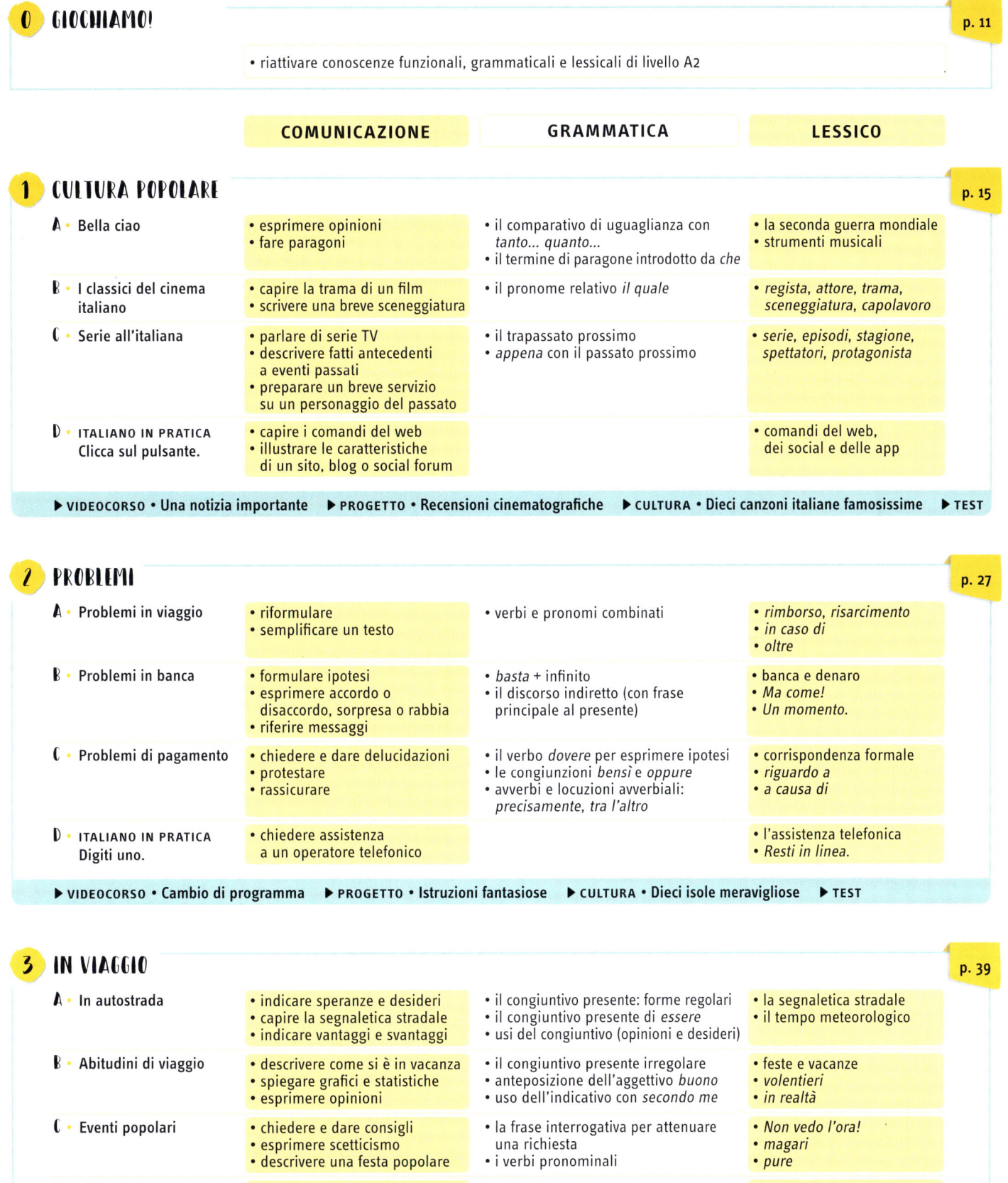

INDICE

		COMUNICAZIONE	GRAMMATICA	LESSICO

4 TRADIZIONI — p. 51

A	Superstizioni italiane	• descrivere superstizioni	• gli aggettivi *povero, grande, nuovo, vecchio* • la forma impersonale *ci si*	• *vale a dire* • *dunque, quindi*
B	Argomenti scottanti	• elencare temi tabù • evitare argomenti indesiderati	• la forma impersonale con *uno* e con verbo alla terza persona plurale • *dicono* + congiuntivo	• *Accidenti!* • *comunque* • *Ma dai!*
C	La religione in Italia	• parlare della religione in Italia • sintetizzare	• la forma impersonale con *si* al passato prossimo	• religione e luoghi di culto • *credere in*
D	ITALIANO IN PRATICA Incrocio le dita!	• esprimere sorpresa e irritazione • raccontare uno shock culturale	• l'intensificazione mediante ripetizione	• *Oddio!* • *In bocca al lupo!*

▶ VIDEOCORSO • Porta sfortuna!   ▶ PROGETTO • La morale della storia   ▶ CULTURA • Dieci grandi eventi della tradizione popolare   ▶ TEST

5 NON SOLO LIBRI — p. 63

A	Primi in classifica	• esprimere pareri su romanzi • consigliare o sconsigliare un libro	• il congiuntivo passato • la congiunzione *tuttavia*	• il romanzo
B	I classici	• parlare di abitudini di lettura • iniziare e concludere una sintesi	• *proprio*: aggettivo e avverbio	• generi letterari • espressioni per sintetizzare
C	Leggere e informarsi	• raccontare come ci si informa • formulare supposizioni nel passato	• il congiuntivo imperfetto regolare • il congiuntivo imperfetto di *essere* • *magari* + congiuntivo imperfetto	• mezzi di informazione • *fake news, bufale* • *uno su, un terzo, un quarto*
D	ITALIANO IN PRATICA Clicca su "annulla ordine".	• esprimere disappunto o riconoscenza • ordinare un libro online	• *prima che* + congiuntivo	• i pulsanti dei siti di acquisto • *Porca miseria!, Cavolo!*

▶ VIDEOCORSO • Notizie false   ▶ PROGETTO • Notizie ottimiste   ▶ CULTURA • Dieci romanzi importanti   ▶ TEST

6 UN AMBIENTE PREZIOSO — p. 75

A	Impatto zero	• parlare di tutela dell'ambiente • riflettere su come si affronta il lessico non noto	• frasi concessive: *anche se* + indicativo, *sebbene, nonostante, benché* + congiuntivo	• le parole dell'ecologia
B	Dove viviamo	• indicare pro e contro • formulare ipotesi certe o probabili	• il periodo ipotetico del I e II tipo	• *metropoli, isola, campagna*
C	La montagna d'estate	• formulare ipotesi probabili • descrivere scenari ipotetici	• *parecchi* • il periodo ipotetico del II tipo • la formula *se fossi in te*	• animali selvatici • l'ambiente montano
D	ITALIANO IN PRATICA Posso parlare?	• argomentare • gestire il turno di parola	• *come se* + congiuntivo	• elettrodomestici • *Lasciamo perdere.*

▶ VIDEOCORSO • La grande occasione   ▶ PROGETTO • Test: quanto inquini?   ▶ CULTURA • Dieci percorsi tra natura e cultura   ▶ TEST

7 LA CITTÀ ETERNA — p. 87

A	I numeri di Roma	• memorizzare termini e informazioni • evidenziare parti del discorso	• la forma passiva con *essere* e *venire* • l'indefinito *qualunque*	• elementi architettonici
B	La parola ai cittadini	• descrivere i problemi di una città • mediare e argomentare	• i prefissi *dis-, s-, in-* • l'avverbio *mica*	• la città, gli abitanti e gli amministratori
C	I Romani: antichi ma moderni	• indicare cause e limitazioni • sintetizzare conoscenze	• frasi causali (*dato che, poiché*), limitative (*a meno che*), concessive (*a condizione che*)	• architettura antica
D	ITALIANO IN PRATICA Cornetto o brioche?	• consigliare e sconsigliare • descrivere specialità gastronomiche		• specialità gastronomiche • *ti consiglio / suggerisco di* • *ti sconsiglio di, evita di*

▶ VIDEOCORSO • Una turista speciale   ▶ PROGETTO • Un'antica civiltà   ▶ CULTURA • Dieci piazze storiche bellissime   ▶ TEST

INDICE

	COMUNICAZIONE	GRAMMATICA	LESSICO

8 GUSTO ITALIANO — p. 99

A	Un'icona dello stile italiano	• esprimersi sul look • raccontare eventi concomitanti	• il gerundio con funzione temporale e modale	
B	Classici del design italiano	• esprimersi su oggetti di design • ideare uno slogan • descrivere oggetti	• la suffissazione degli aggettivi in *-abile / -ibile* • la posizione dei pronomi con il gerundio	• prodotti del design italiano • espressioni di tempo: *in un secondo momento, tutt'oggi, da allora, fin da subito*
C	Una lingua armoniosa	• sintetizzare usando parole chiave • descrivere la lingua italiana • individuare parole derivate	• *il cui* con valore possessivo	• parole derivate
D	ITALIANO IN PRATICA Facciamo l'aperitivo.	• ordinare l'aperitivo al tavolo		• l'aperitivo all'italiana • frasi per ordinare al tavolo

▶ VIDEOCORSO • Facile dire "pasta"   ▶ PROGETTO • Slogan   ▶ CULTURA • Dieci parole della musica   ▶ TEST

9 IL MONDO DEL LAVORO — p. 111

A	Scritto e orale	• indicare azioni future che precedono altre azioni future • raccontare un esame • fare supposizioni nel passato	• il futuro anteriore • *appena / dopo che* + futuro	• *Come è andata?* • concorsi ed esami
B	Il curriculum vitae	• descrivere i propri studi • chiedere delucidazioni • scrivere un breve CV	• gli alterati in *-ino, -etto, -one, -accio, -uccio*	• il sistema educativo italiano • le sezioni del CV • *Può fare qualche esempio?*
C	Autonomo o indipendente?	• esprimersi su condizioni e tipi di lavoro • formulare domande alla forma indiretta	• l'interrogativa indiretta (con frase reggente al presente)	• lavoro autonomo e lavoro subordinato • *giorni di malattia, stipendio, ferie, orario, contratto*
D	ITALIANO IN PRATICA Prego, si accomodi.	• chiedere e dare conferma • rettificare • partecipare a colloqui di lavoro		• annunci di lavoro • *Si accomodi.* • *decina*

▶ VIDEOCORSO • Un problema tecnico   ▶ PROGETTO • Regolamento aziendale   ▶ CULTURA • Dieci eventi importanti della storia italiana   ▶ TEST

10 LE FORME DELL'ARTE — p. 123

A	Arte contemporanea	• giudicare un'opera d'arte • indicare desideri che non si sono realizzati	• il condizionale passato	• materiali dell'artista
B	Capolavori senza tempo	• descrivere e interpretare opere d'arte	• forme implicite: il participio presente	• *statua, scultura* • verbi dell'arte
C	Furti d'arte	• definire termini • riferire pensieri e speranze • argomentare	• subordinate completive: *penso che / di*	• la pittura • *Ottocento*
D	ITALIANO IN PRATICA Regole al museo	• chiedere e dare assistenza alla biglietteria di un museo		• la segnaletica museale

▶ VIDEOCORSO • Questa è un'opera d'arte?   ▶ PROGETTO • Mail per un amico   ▶ CULTURA • Dieci grandi artisti italiani   ▶ TEST

COMUNICAZIONE — p. 135

GRAMMATICA con esercizi — p. 142

VOCABOLARIO illustrato con esercizi — p. 162

ESERCIZI e episodi a fumetti di **VIVERE E PENSARE ALL'ITALIANA** — p. 183

ZOOM GRAMMATICALE — p. 239

ALMA Edizioni | DIECI

DIECI è un manuale diverso dagli altri. Perché?

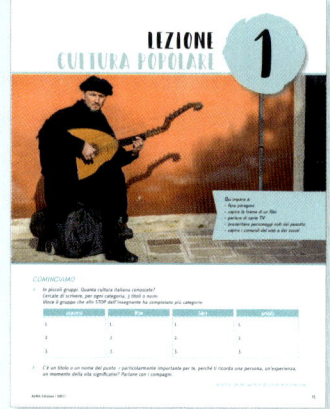

1 Perché ha una struttura agile e innovativa

DIECI B1 comprende **10 lezioni**, oltre a una **lezione 0 di ripasso** sui contenuti del volume precedente.
Ognuna è composta da una pagina introduttiva (1) di presentazione del tema e da **4 sezioni** su doppia pagina affiancata. (1A) (1B) (1C) (1D)

Le sezioni, anche se collegate tematicamente, prevedono **percorsi autonomi** che l'insegnante può completare in uno o due incontri.

Gli elementi grammaticali e lessicali più importanti di ogni sezione sono indicati nella parte alta della pagina.

Alla fine di ogni sezione si rimanda alle relative **schede di GRAMMATICA e VOCABOLARIO** con esercizi sugli elementi grammaticali e lessicali presentati. Lo studente può così esercitare ciò su cui ha appena lavorato.

1A

G tanto... quanto... · più... che...
V fascista, partigiano · strumenti musicali

1B

▶ GRAMMATICA ES 2 e 3 ▶ VOCABOLARIO ES 2

2 Perché ha i testi parlanti

Oltre agli audio dei dialoghi, ogni lezione propone un **TESTO PARLANTE**: una lettura ad alta voce di un testo scritto della lezione.

In un momento successivo al lavoro in classe, lo studente può così tornare su un testo già noto e concentrarsi su intonazione e pronuncia, scoprire ulteriori sfumature di significato, rinforzare la memorizzazione di vocaboli, espressioni o costrutti.

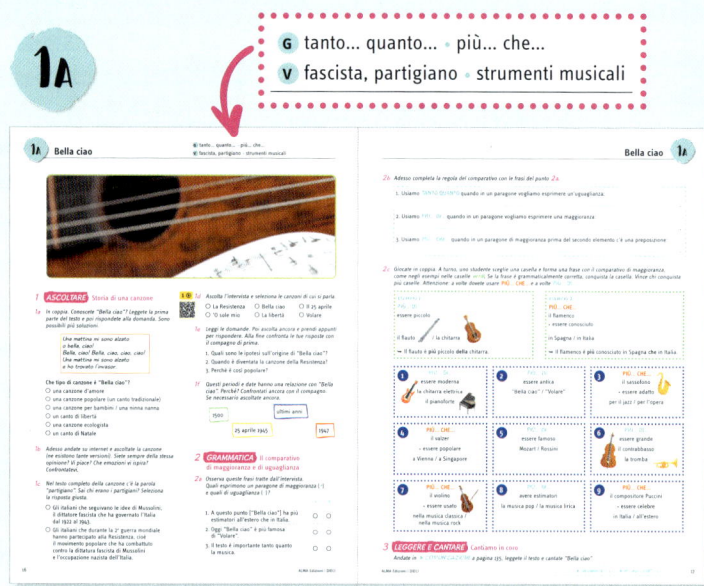

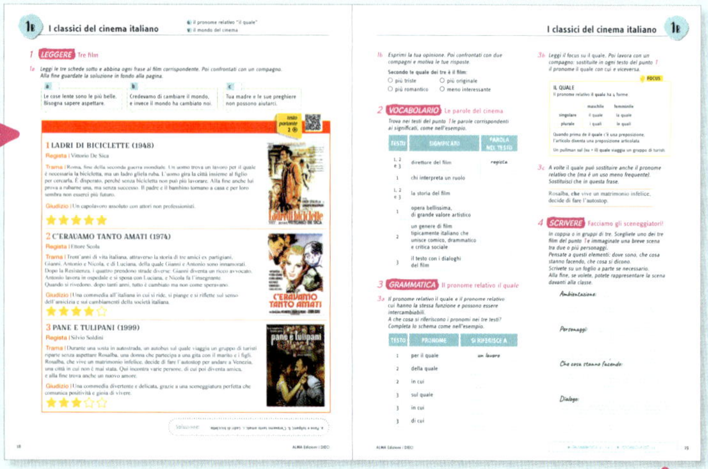

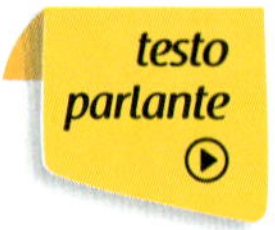

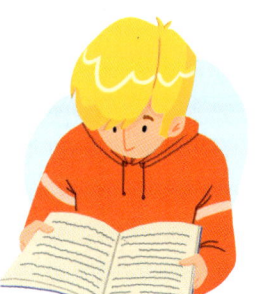

3 Perché presenta la lingua pratica

L'ultima sezione ha un forte **carattere pratico** e permette allo studente di districarsi nelle principali situazioni comunicative previste dal Quadro Comune Europeo di Riferimento per il livello B1.
Si chiama infatti **ITALIANO IN PRATICA**.

4 Perché ha i decaloghi

Alla fine di ogni lezione DIECI propone una **lista riassuntiva** con i 10 elementi lessicali, grammaticali o comunicativi più importanti appena presentati. Un modo efficace per fissare le strutture studiate in classe e un utile strumento di consultazione che lo studente può usare per recuperare parole, forme grammaticali o espressioni.

5 Perché ha l'ascolto immersivo®

Come compito finale, lo studente è invitato ad ascoltare (preferibilmente in cuffia) un audio di durata più lunga che ingloba parti di dialoghi proposti nella lezione appena conclusa. La traccia, accompagnata da una **base musicale**, favorisce una condizione di **"concentrazione rilassata"** e l'**acquisizione profonda** di forme linguistiche, formule comunicative, costrutti analizzati nella lezione.
L'**ASCOLTO IMMERSIVO®**, ideale per lo studio individuale a casa, può essere proposto anche in classe dagli insegnanti interessati a sperimentare nuove tecniche di apprendimento.

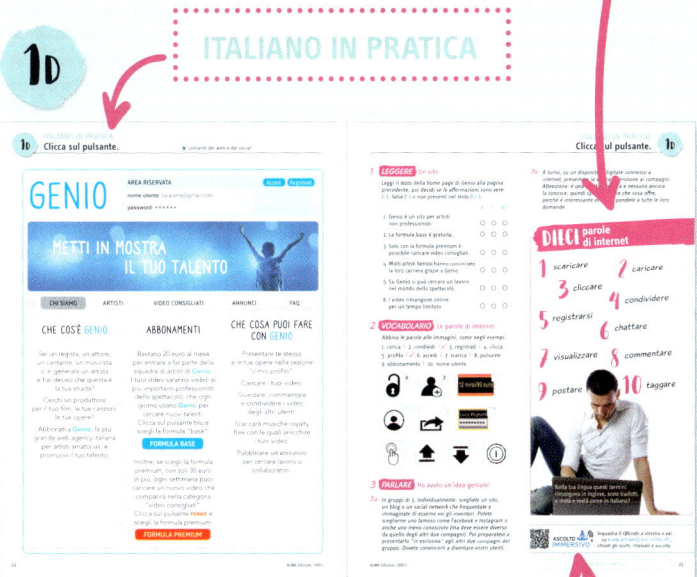

Inquadra il QRcode a sinistra o vai su www.almaedizioni.it/dieciB1, chiudi gli occhi, rilassati e ascolta.

6 Perché è flessibile e adattabile alle diverse esigenze

DIECI ha una struttura che facilita il lavoro degli insegnanti, perché li lascia liberi di decidere di volta in volta se seguire in tutto o in parte il percorso proposto nelle lezioni, in base al tempo e ai bisogni specifici degli studenti.

In particolare la sezione COMUNICAZIONE raccoglie le attività e i giochi di coppia o di gruppo, il cui carattere opzionale permette di scegliere se adottare una modalità di lavoro più o meno dinamica e di decidere se dedicare più o meno tempo all'approfondimento di determinati argomenti della lezione.

7 Perché ha un videocorso a puntate

DIECI è accompagnato da un VIDEOCORSO in 10 puntate. Si tratta di una vera e propria sitcom su una coppia di giovani fidanzati. Gli episodi sono disponibili con o senza sottotitoli.

8 Perché ha progetti, liste di cultura e test a punti

Ogni lezione di DIECI prevede un PROGETTO finale da realizzare in gruppo e una scheda di CULTURA che è anche un vademecum in 10 punti per scoprire l'Italia, sfatare cliché, evitare malintesi.

Inoltre alla fine di ogni lezione lo studente può verificare le proprie conoscenze con i TEST di autovalutazione a punti.

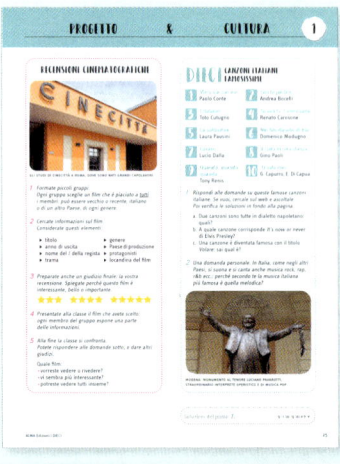

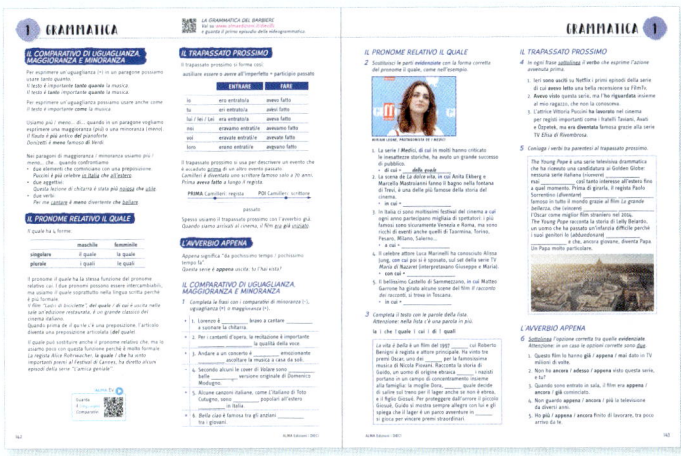

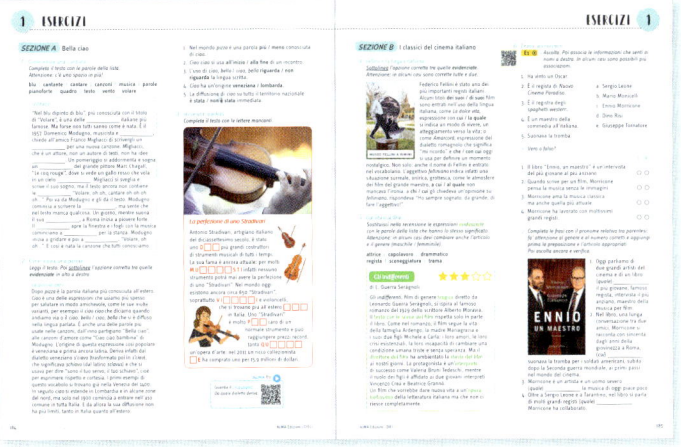

9 Perché ha una grammatica e un vocabolario illustrato con esercizi

Per ogni lezione, DIECI propone una doppia pagina di GRAMMATICA (e la relativa videogrammatica), con tabelle e spiegazioni a sinistra e esercitazioni a destra.
In questo modo, per ogni regola è possibile visualizzare immediatamente i relativi esercizi.

Anche la sezione di VOCABOLARIO è organizzata su doppia pagina affiancata: a sinistra è disponibile un vero e proprio **dizionario illustrato**, con le parole della lezione; mentre a destra sono collocati gli esercizi lessicali.

Infine, è presente anche un ESERCIZIARIO generale alla fine del volume, che segue la suddivisione delle lezioni (A, B, C, D) e propone esercizi di fissazione, rinforzo e ampliamento.

10 Perché ha i fumetti di "Vivere e pensare all'italiana"

Collocato all'interno dell'eserciziario finale, VIVERE E PENSARE ALL'ITALIANA presenta divertenti episodi a fumetti ambientati in diverse città italiane. Ogni episodio illustra le vicissitudini di un turista straniero, Val, e del suo amico Piero, che lo aiuta a districarsi in situazioni difficili per chi non conosce la cultura del nostro Paese.

E non finisce qui! Se hai l'ebook puoi fruire di tutti i materiali del corso da computer, tablet o smartphone, sia online che offline. Con oltre 400 esercizi interattivi e la possibilità per l'insegnante di creare e gestire la classe virtuale, assegnare compiti e monitorare il lavoro e i progressi degli studenti.

vai su www.blinklearning.com

ISTRUZIONI UTILI IN CLASSE

IN QUESTO LIBRO TROVI QUESTE ISTRUZIONI:

LEGGI

ASCOLTA

SCRIVI

PARLA

ABBINA

COMPLETA

SOTTOLINEA

LEZIONE 0
GIOCHIAMO!

Qui riattivo quello che so in italiano:
- il vocabolario
- la grammatica
- le espressioni per comunicare

COMINCIAMO

a   In piccoli gruppi. Leggete la filastrocca. Secondo voi con quali sinonimi è possibile sostituire le parole <u>sottolineate</u>? Provate a trovare sinonimi in rima con le parole blu.

Ci sono parole per gli amici:
"Buongiorno, buon anno, siate <u>contenti</u>",
parole belle e parole buone
per ogni sorta di <u>esseri umani</u>.
La più cattiva di tutta la terra
è una parola che odio: "<u>il conflitto</u>".

Gianni Rodari, Filastrocca delle parole

b   Adesso pensate a qualche parola, espressione o frase "bella e buona" per tutta la classe e questo nuovo inizio di corso. Poi andate alla lavagna e scrivetene alcune, o scrivetele tutte.

0 Giochiamo!

GIOCO Una "gara di italiano"

Gioca contro un compagno (o forma un piccolo gruppo e gioca contro un'altra squadra).

A turno, lanciate il dado e svolgete il compito.
Se la risposta è giusta, conquistate la casella.
Se è sbagliata, tornate alla casella precedente. Se non siete d'accordo sulla soluzione, chiamate l'insegnante.

Attenzione: non si può arrivare su una casella già conquistata. Per andare su una casella libera, rilanciate il dado finché necessario.

Vince chi arriva per primo alla fine o chi è più avanti allo STOP dell'insegnante.

Vocabolario — 14
In Italia in quale posto vai se:
1. devi spedire un pacco?
2. hai bisogno di cure mediche urgenti?
3. ti serve un farmaco?

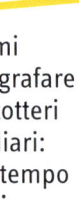

Grammatica — 15
Inserisci 3 volte la parola *ne* nel testo.

Gli italiani esagerano con i farmaci. Il mio medico per esempio prescrive troppi. Io invece non prendo molti. Voi che pensate?

Comunicazione — 16
In quali luoghi o situazioni si possono usare queste frasi?
1. Vorrei provare il 39.
2. Congratulazioni!
3. Guardi, questo è il mio posto.

13
Ti fermi a fotografare i fenicotteri a Cagliari: perdi tempo e **torni alla casella precedente**!

24
Rimani a lungo ad ammirare la "Venere" di Botticelli agli Uffizi a Firenze e fai tardi: **perdi un turno**!

Vocabolario — 25
Andare, fare, avere: a quali di questi tre verbi puoi abbinare queste espressioni?

la fila | tempo | sonno
in bici | una passeggiata
via | a letto | ragione

Comunicazione — 12
Da' 3 o 4 consigli su come imparare l'italiano con successo.

Comunicazione — 23
Descrivi il tuo carattere e il tuo aspetto da bambino/a. Com'eri?

Grammatica — 22
Trasforma gli imperativi **evidenziati** dal *tu* al *Lei*.
1. **Ascoltami**!
2. **Chiudi** la finestra, per favore.
3. **Dimmi**.
4. **Fa'** attenzione.

Grammatica — 11
<u>Uno</u> di questi indefiniti ha la forma plurale: quale?
1. qualcuno
2. qualche
3. alcuno
4. nessuno

Vocabolario — 10
Abbina oggetti e **categorie**.
1. collana
2. lavatrice
3. sciarpa
4. anello

a. gioielli
b. elettrodomestici
c. abbigliamento

Comunicazione — 9
Descrivi queste 2 bambine.

ALMA Edizioni | DIECI

Giochiamo! 0

inizio →

Grammatica 1
Qual è il plurale di queste parole?
1. la mano
2. il ginocchio
3. il braccio

Comunicazione 2
Indica alcune cose che vorresti imparare a fare nella vita.

Vocabolario 3
Fa' 2 esempi per ogni categoria.

sport
oggetti della casa
colori

Grammatica 4
Pensa a un verbo e coniugalo alla seconda persona singolare (*tu*) dell'imperfetto, del futuro e del passato prossimo.

Comunicazione 5
Rispondi alle domande.
1. Da quanto tempo studi italiano?
2. In che anno hai cominciato?
3. Per quanto tempo lo studierai?

6
Vai a vedere un'opera all'Arena di Verona e **guadagni un turno** sulle ali della musica!

Vocabolario 7
Trova delle espressioni sinonime di almeno <u>tre</u> di queste formule.
1. Davvero? 2. Tutto a posto?
3. Non mi va. 4. Non importa.

Grammatica 8
Trasforma il verbo **evidenziato** al condizionale presente per rendere più gentili queste frasi.
1. Salve, **voglio** delle olive.
2. **Può** aprire la finestra?
3. Secondo me **devi** fare sport.

Vocabolario 17
Aggiungi nel disegno i seguenti elementi: baffi, barba, occhiali da sole, capelli ricci, cappello.

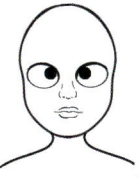

Grammatica 18
Completa con una parola della lista.

te | mi | me | ti

- Sei mai stata ai Musei Vaticani?
▶ No, ____ li consigli?

Comunicazione 19
Va' vicino alla finestra, guarda fuori e descrivi quello che vedi.

20
Attraversi Ferrara, una delle città con più piste ciclabili in Italia, a tutta velocità in bici e **guadagni un turno**!

Vocabolario 21
Di che oggetti si tratta? Sono possibili soluzioni diverse.

un oggetto con cui:
1. vedo meglio
2. pago nei negozi
3. proteggo la testa se fa freddo

fine: hai vinto!

ALMA Edizioni | DIECI 13

LEZIONE 1
CULTURA POPOLARE

Qui imparo a:
- *fare paragoni*
- *capire la trama di un film*
- *parlare di serie TV*
- *presentare personaggi noti del passato*
- *capire i comandi del web e dei social*

IN ALTO: UN MUSICISTA DI STRADA A VENEZIA

COMINCIAMO

a *In piccoli gruppi. Quanta cultura italiana conoscete?*
Cercate di scrivere, per ogni categoria, 3 titoli o nomi.
Vince il gruppo che allo STOP dell'insegnante ha completato più categorie.

canzoni	film	libri	artisti
1.	1.	1.	1.
2.	2.	2.	2.
3.	3.	3.	3.

b *C'è un titolo o un nome del punto a particolarmente importante per te, perché ti ricorda una persona, un'esperienza, un momento della vita significativi? Parlane con i compagni.*

1A Bella ciao

G tanto... quanto... • più... che...
V fascista, partigiano • strumenti musicali

1 ASCOLTARE Storia di una canzone

1a In coppia. Conoscete "Bella ciao"? Leggete la prima parte del testo e poi rispondete alla domanda. Sono possibili più soluzioni.

> Una mattina mi sono alzato
> o bella, ciao!
> Bella, ciao! Bella, ciao, ciao, ciao!
> Una mattina mi sono alzato
> e ho trovato l'invasor.

Che tipo di canzone è "Bella ciao"?
○ una canzone d'amore
○ una canzone popolare (un canto tradizionale)
○ una canzone per bambini / una ninna nanna
○ un canto di libertà
○ una canzone ecologista
○ un canto di Natale

1b Adesso andate su internet e ascoltate la canzone (ne esistono tante versioni). Siete sempre della stessa opinione? Vi piace? Che emozioni vi ispira? Confrontatevi.

1c Nel testo completo della canzone c'è la parola "partigiano". Sai chi erano i partigiani? Seleziona la risposta giusta.
○ Gli italiani che seguivano le idee di Mussolini, il dittatore fascista che ha governato l'Italia dal 1922 al 1943.
○ Gli italiani che durante la 2ª guerra mondiale hanno partecipato alla Resistenza, cioè il movimento popolare che ha combattuto contro la dittatura fascista di Mussolini e l'occupazione nazista dell'Italia.

1d Ascolta l'intervista e seleziona le canzoni di cui si parla.
○ La Resistenza ○ Bella ciao ○ Il 25 aprile
○ 'O sole mio   ○ La libertà ○ Volare

1e Leggi le domande. Poi ascolta ancora e prendi appunti per rispondere. Alla fine confronta le tue risposte con il compagno di prima.
1. Quali sono le ipotesi sull'origine di "Bella ciao"?
2. Quando è diventata la canzone della Resistenza?
3. Perché è così popolare?

1f Questi periodi e date hanno una relazione con "Bella ciao". Perché? Confrontati ancora con il compagno. Se necessario ascoltate ancora.

| 1500 | ultimi anni |
| 25 aprile 1945 | 1947 |

2 GRAMMATICA Il comparativo di maggioranza e di uguaglianza

2a Osserva queste frasi tratte dall'intervista. Quali esprimono un paragone di maggioranza (+) e quali di uguaglianza (=)?

	+	=
1. A questo punto ["Bella ciao"] ha più estimatori all'estero che in Italia.	○	○
2. Oggi "Bella ciao" è più famosa di "Volare".	○	○
3. Il testo è importante tanto quanto la musica.	○	○

Bella ciao 1A

2b Adesso completa la regola del comparativo con le frasi del punto *2a*.

1. Usiamo **TANTO QUANTO** quando in un paragone vogliamo esprimere un'uguaglianza:
   ....

2. Usiamo **PIÙ... DI...** quando in un paragone vogliamo esprimere una maggioranza:
   ....

3. Usiamo **PIÙ... CHE...** quando in un paragone di maggioranza prima del secondo elemento c'è una preposizione:
   ....

2c Giocate in coppia. A turno, uno studente sceglie una casella e forma una frase con il comparativo di maggioranza, come nei 2 esempi nelle caselle *verdi*. Se la frase è grammaticalmente corretta, conquista la casella. Vince chi conquista più caselle. Attenzione: a volte dovete usare **PIÙ... CHE...** e a volte **PIÙ... DI...**

ESEMPIO 1:
PIÙ... DI...
essere piccolo
il flauto / la chitarra
→ Il flauto è **più** piccolo **della** chitarra.

ESEMPIO 2:
PIÙ... CHE...
il flamenco
• essere conosciuto
in Spagna / in Italia
→ Il flamenco è **più** conosciuto in Spagna **che** in Italia.

1 PIÙ... DI... essere moderna la chitarra elettrica il pianoforte 	2 PIÙ... DI... essere antica "Bella ciao" / "Volare"	3 PIÙ... CHE... il sassofono • essere adatto per il jazz / per l'opera
4 PIÙ... CHE... il valzer • essere popolare a Vienna / a Singapore	5 PIÙ... DI... essere famoso Mozart / Rossini	6 PIÙ... DI... essere grande il contrabbasso la tromba 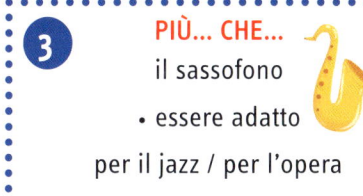
7 PIÙ... CHE... il violino • essere usato nella musica classica / nella musica rock 	8 PIÙ... DI... avere estimatori la musica pop / la musica lirica	9 PIÙ... CHE... il compositore Puccini • essere celebre in Italia / all'estero 

→ **3** **LEGGERE E CANTARE** Cantiamo in coro

Andate in ▶ COMUNICAZIONE a pagina 135, leggete il testo e cantate "Bella ciao".

1B I classici del cinema italiano

G il pronome relativo "il quale"
V il mondo del cinema

1 LEGGERE Tre film

1a Leggi le tre schede sotto e abbina ogni frase al film corrispondente. Poi confrontati con un compagno. Alla fine guardate la soluzione in fondo alla pagina.

a Le cose lente sono le più belle. Bisogna sapere aspettare.

b Credevamo di cambiare il mondo, e invece il mondo ha cambiato noi.

c Tua madre e le sue preghiere non possono aiutarci.

testo parlante 2

1 LADRI DI BICICLETTE (1948)

Regista | Vittorio De Sica

Trama | Roma, fine della seconda guerra mondiale. Un uomo trova un lavoro per il quale è necessaria la bicicletta, ma un ladro gliela ruba. L'uomo gira la città insieme al figlio per cercarla. È disperato, perché senza bicicletta non può più lavorare. Alla fine anche lui prova a rubarne una, ma senza successo. Il padre e il bambino tornano a casa e per loro sembra non esserci più futuro.

Giudizio | Un capolavoro assoluto con attori non professionisti.

2 C'ERAVAMO TANTO AMATI (1974)

Regista | Ettore Scola

Trama | Trent'anni di vita italiana, attraverso la storia di tre amici ex partigiani, Gianni, Antonio e Nicola, e di Luciana, della quale Gianni e Antonio sono innamorati. Dopo la Resistenza, i quattro prendono strade diverse: Gianni diventa un ricco avvocato, Antonio lavora in ospedale e si sposa con Luciana, e Nicola fa l'insegnante. Quando si rivedono, dopo tanti anni, tutto è cambiato ma non come speravano.

Giudizio | Una commedia all'italiana in cui si ride, si piange e si riflette sul senso dell'amicizia e sui cambiamenti della società italiana.

3 PANE E TULIPANI (1999)

Regista | Silvio Soldini

Trama | Durante una sosta in autostrada, un autobus sul quale viaggia un gruppo di turisti riparte senza aspettare Rosalba, una donna che partecipa a una gita con il marito e i figli. Rosalba, che vive un matrimonio infelice, decide di fare l'autostop per andare a Venezia, una città in cui non è mai stata. Qui incontra varie persone, di cui poi diventa amica, e alla fine trova anche un nuovo amore.

Giudizio | Una commedia divertente e delicata, grazie a una sceneggiatura perfetta che comunica positività e gioia di vivere.

Soluzione: a. Pane e tulipani; b. C'eravamo tanto amati; c. Ladri di biciclette.

I classici del cinema italiano 1B

1b Esprimi la tua opinione. Poi confrontati con due compagni e motiva le tue risposte.

Secondo te quale dei tre è il film:
- ○ più triste
- ○ più romantico
- ○ più originale
- ○ meno interessante

2 VOCABOLARIO — Le parole del cinema

Trova nei testi del punto *1* le parole corrispondenti ai significati, come nell'esempio.

TESTO	SIGNIFICATO	PAROLA NEL TESTO
1, 2 e 3	direttore del film	*regista*
1	chi interpreta un ruolo	
1, 2 e 3	la storia del film	
1	opera bellissima, di grande valore artistico	
2	un genere di film tipicamente italiano che unisce comico, drammatico e critica sociale	
3	il testo con i dialoghi del film	

3 GRAMMATICA — Il pronome relativo *il quale*

3a Il pronome relativo *il quale* e il pronome relativo *cui* hanno la stessa funzione e possono essere intercambiabili.
A che cosa si riferiscono i pronomi nei tre testi? Completa lo schema come nell'esempio.

TESTO	PRONOME	SI RIFERISCE A
1	per il quale	*un lavoro*
2	della quale	
2	in cui	
3	sul quale	
3	in cui	
3	di cui	

3b Leggi il focus su *il quale*. Poi lavora con un compagno: sostituite in ogni testo del punto *1* il pronome *il quale* con *cui* e viceversa.

> **FOCUS**
> **IL QUALE**
> Il pronome relativo **il quale** ha 4 forme.
>
> | | maschile | femminile |
> |---|---|---|
> | singolare | il quale | la quale |
> | plurale | i quali | le quali |
>
> Quando prima de **il quale** c'è una preposizione, l'articolo diventa una preposizione articolata.
>
> Un pullman **sul (su + il) quale** viaggia un gruppo di turisti.

3c A volte *il quale* può sostituire anche il pronome relativo *che* (ma è un uso meno frequente). Sostituisci *che* in questa frase.

Rosalba, **che** vive un matrimonio infelice, decide di fare l'autostop.

4 SCRIVERE — Facciamo gli sceneggiatori!

In coppia o in gruppi di tre. Scegliete uno dei tre film del punto *1* e immaginate una breve scena tra due o più personaggi.
Pensate a questi elementi: dove sono, che cosa stanno facendo, che cosa si dicono.
Scrivete su un foglio a parte se necessario.
Alla fine, se volete, potete rappresentare la scena davanti alla classe.

Ambientazione:

Personaggi:

Che cosa stanno facendo:

Dialogo:

1C Serie all'italiana

G il trapassato prossimo • "appena" con il passato prossimo
V il mondo della TV

1 VOCABOLARIO Le parole della TV

Completa la descrizione di tre serie italiane di successo con le parole della lista.

ascolti | episodi | produzione | serie | spettatori | stagione | TV

I MEDICI

Una _____ internazionale per questa *fiction* storica, ambientata a Firenze durante il Rinascimento, che ha appassionato milioni di _____ in tutto il mondo. Un riuscito mix di guerra, arte, amore e passione.

GOMORRA

I protagonisti degli _____ di questa serie *crime*, che è ispirata al *bestseller* di Roberto Saviano, sono i camorristi, che lottano per il controllo criminale della città di Napoli. Record di _____ e di premi.

IL COMMISSARIO MONTALBANO
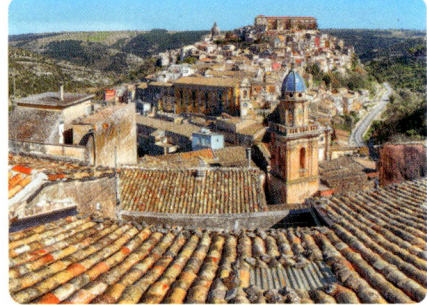

Una _____ poliziesca, nata dai romanzi di Andrea Camilleri, che racconta le avventure di un commissario siciliano. È arrivata alla tredicesima _____, ma è ancora la *fiction* più amata della _____ italiana.

2 ASCOLTARE Andrea Camilleri

3 ▶

Ascolta più volte e completa la scheda su Andrea Camilleri, come negli esempi. Attenzione: i punti non sono in ordine. Dopo ogni ascolto confrontati con un compagno.

1.	luogo di nascita	Porto Empedocle
2.	data di nascita	
3.	età al momento della morte	
4.	città di residenza	
5.	quanto tempo è rimasto in ospedale	
6.	quanti romanzi ha scritto	
7.	in quante lingue sono tradotti	
8.	nome dell'attore che interpreta Montalbano	Luca Zingaretti
9.	che cosa faceva Camilleri prima di diventare scrittore	
10.	a quanti anni è diventato famoso	

Serie all'italiana 1c

3 PARLARE La mia serie preferita

Di solito guardi le serie? Ne guardavi una da bambino o da ragazzo? Ce n'è una di adesso o una del passato che preferisci? Di che cosa parla e perché ti piace? Parlane con due compagni.

4 GRAMMATICA Il trapassato prossimo

4a *In queste due frasi c'è un nuovo tempo verbale, il trapassato prossimo. Leggile e completa la regola.*

Camilleri **era nato** in Sicilia a Porto Empedocle.
Camilleri **aveva fatto** a lungo il regista.

> Il trapassato prossimo si forma con l'_____ degli ausiliari **essere** o **avere** + il participio passato.

4b *Adesso completa la coniugazione.*

TRAPASSATO PROSSIMO		
	NASCERE	FARE
io		
tu		
lui / lei / Lei	era nato/a	aveva fatto
noi		
voi		
loro		

4c *In ognuno dei 3 paragrafi sotto c'è il trapassato prossimo in combinazione con il passato prossimo o l'imperfetto. Scrivi nella parentesi quale azione evidenziata accade prima (P) e quale dopo (D). Poi seleziona l'opzione corretta nella regola sotto.*

1. Lo scrittore Andrea Camilleri **è morto** ☐ questa mattina all'età di 93 anni presso l'ospedale Santo Spirito di Roma, dove **era entrato** ☐ circa un mese fa.

2. Camilleri **era nato** ☐ in Sicilia a Porto Empedocle nel 1925, ma **viveva** ☐ da molti anni nella capitale.

3. Come scrittore **è diventato** ☐ famoso solo a 70 anni. Prima **aveva fatto** ☐ a lungo il regista e l'insegnante di teatro.

> Il trapassato prossimo si usa per descrivere un fatto che è accaduto **prima di / dopo** un altro evento del passato.

4d *Completa con il trapassato prossimo dei verbi tra parentesi.*

1. Quando ho iniziato a vedere la serie su Montalbano, non (*io – leggere*) _____ mai _____ un libro di Camilleri.
2. Roberto Saviano ha scritto "Gomorra" a 27 anni. Prima (*lui – pubblicare*) _____ solo alcuni articoli.
3. Ieri sera ho visto il primo episodio della serie che mi (*tu – consigliare*) _____.

4e *Più difficile: in coppia, scegliete tra passato prossimo e trapassato prossimo.*

1. Recentemente **ho ritrovato / avevo ritrovato** a casa dei classici della letteratura che **ho letto / avevo letto** da ragazzo.
2. **Sono arrivata / Ero arrivata** al cinema in ritardo e il film **è già cominciato / era già cominciato**.
3. **Ho sconsigliato / Avevo sconsigliato** a Pietro di guardare la seconda stagione di questa serie, ma lui non mi **ha ascoltato / aveva ascoltato**.

5 SCRIVERE Un personaggio famoso

5a *In gruppi di 3. Scegliete un personaggio famoso non più vivente: può essere un personaggio del passato (come Leonardo o Shakespeare) o più contemporaneo (come Nelson Mandela o Evita Perón).*

5b *Immaginate di annunciare in TV la notizia della sua morte. Raccontate chi era, perché era famoso/a e che cosa ha fatto di importante. Scrivete insieme il testo della notizia e poi dividetevi i ruoli:*
1. giornalista in studio
2. giornalista in collegamento esterno
3. persona che conosceva il personaggio (un amico, un parente ecc.).

5c *Andate in onda! Potete leggere o recitare il vostro testo davanti alla classe, o registrare un audio o un video.*

> **FOCUS**
>
> **APPENA**
> L'avverbio **appena** significa "da poco tempo".
>
> Apriamo questa edizione con una notizia che è **appena** arrivata in redazione.
> (= che è arrivata pochi minuti fa)

1D ITALIANO IN PRATICA
Clicca sul pulsante.

v comandi del web e dei social

GENIO

AREA RISERVATA

nome utente: luca.erre@gmail.com

password: ******

Accedi Registrati

METTI IN MOSTRA IL TUO TALENTO

| CHI SIAMO | ARTISTI | VIDEO CONSIGLIATI | ANNUNCI | FAQ |

CHE COS'È GENIO

Sei un regista, un attore, un cantante, un musicista o in generale un artista e hai deciso che questa è la tua strada?

Cerchi un produttore per il tuo film, le tue canzoni, le tue opere?

Abbonati a **Genio**, la più grande web agency italiana per artisti amatoriali, e promuovi il tuo talento.

ABBONAMENTI

Bastano 20 euro al mese per entrare a far parte della squadra di artisti di **Genio**. I tuoi video saranno visibili ai più importanti professionisti dello spettacolo, che ogni giorno usano **Genio** per cercare nuovi talenti. Clicca sul pulsante **blu** e scegli la formula "base".

FORMULA BASE

Inoltre, se scegli la formula premium, con soli 30 euro in più, ogni settimana puoi caricare un nuovo video che comparirà nella categoria "video consigliati". Clicca sul pulsante **rosso** e scegli la formula premium.

FORMULA PREMIUM

CHE COSA PUOI FARE CON GENIO

Presentare te stesso e le tue opere nella sezione "il mio profilo".

Caricare i tuoi video.

Guardare, commentare e condividere i video degli altri utenti.

Scaricare musiche royalty free con le quali arricchire i tuoi video.

Pubblicare un annuncio per cercare lavoro o collaboratori.

ITALIANO IN PRATICA
Clicca sul pulsante. 1D

1 LEGGERE Un sito

Leggi il testo della home page di Genio alla pagina precedente, poi decidi se le affermazioni sono vere (V), false (F) o non presenti nel testo (NP).

	V	F	NP
1. Genio è un sito per artisti non professionisti.	○	○	○
2. La formula base è gratuita.	○	○	○
3. Solo con la formula premium è possibile caricare video consigliati.	○	○	○
4. Molti artisti famosi hanno cominciato la loro carriera grazie a Genio.	○	○	○
5. Su Genio si può cercare un lavoro nel mondo dello spettacolo.	○	○	○
6. I video rimangono online per un tempo limitato.	○	○	○

2 VOCABOLARIO Le parole di internet

Abbina le parole alle immagini, come negli esempi.
1. carica | 2. condividi ✓ | 3. registrati ✓ | 4. clicca
5. profilo ✓ | 6. accedi | 7. scarica | 8. pulsante
9. abbonamento | 10. nome utente

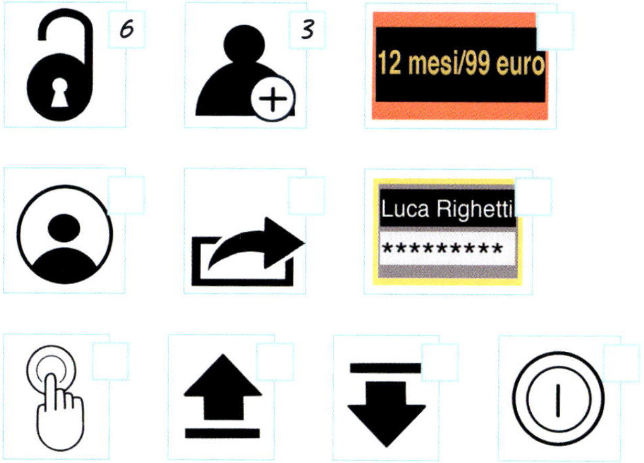

 6
 3

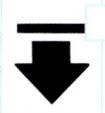

3 PARLARE Ho avuto un'idea geniale!

3a In gruppi di 3. Individualmente: scegliete un sito, un blog o un social network che frequentate e immaginate di esserne voi gli inventori. Potete sceglierne uno famoso come Facebook e Instagram o anche uno meno conosciuto (ma deve essere diverso da quello degli altri due compagni). Poi preparatevi a presentarlo "in esclusiva" agli altri due compagni del gruppo. Dovete convincerli a diventare vostri utenti.

3b A turno, su un dispositivo digitale connesso a internet, presentate la vostra invenzione ai compagni. Attenzione: è una novità assoluta e nessuno ancora la conosce, quindi spiegate bene che cosa offre, perché è interessante ecc. e rispondete a tutte le loro domande.

DIECI parole di internet

1 scaricare
2 caricare
3 cliccare
4 condividere
5 registrarsi
6 chattare
7 visualizzare
8 commentare
9 postare
10 taggare

Nella tua lingua questi termini rimangono in inglese, sono tradotti, o metà e metà come in italiano?

 ASCOLTO IMMERSIVO — Inquadra il QRcode a sinistra o vai su www.almaedizioni.it/dieciB1, chiudi gli occhi, rilassati e ascolta.

1 VIDEOCORSO   Una notizia importante

1 Guarda il riepilogo, poi ordina gli eventi della stagione precedente.

a. Per il film Ivano dovrà rimanere quasi un anno negli Stati Uniti. ☐
b. Ivano ha un incidente poco prima delle riprese del film. ☐
c. Ivano ottiene la parte principale nel film. ☐
d. Anna decide di andare con Ivano e i due si preparano per la partenza. ☐
e. Ivano fa un provino e ottiene una parte in un film importante. ☐

2 Guarda il video fino a quando Anna dice "Scusa, ma ti ho chiamato perché ho appena ricevuto una notizia incredibile!" e fa' ipotesi: quale notizia vuole annunciare Anna? Poi guarda il video completo e verifica.

○ Anna ha vinto un premio alla lotteria.
○ Anna aspetta un bambino.
○ Anna ha avuto una promozione sul lavoro.

3 Vero o falso?

	V	F
1. Ivano sta lavorando in un film di fantascienza.	○	○
2. Ivano aspettava la telefonata di Anna.	○	○
3. Di solito Ivano tiene il cellulare acceso durante il lavoro.	○	○
4. Anna ha una notizia molto brutta da dare a Ivano.	○	○
5. All'inizio Ivano ascolta Anna con poca attenzione.	○	○
6. Anna ha avuto una promozione.	○	○
7. Anna avrà uno stipendio più alto.	○	○
8. Anna lavorerà da sola.	○	○

> **SCUSA, DISTURBO?**
> Anna dice a Ivano: "Scusa, disturbo?". Questa formula di cortesia si usa quando si telefona a qualcuno o si entra in una stanza dove un'altra persona sta facendo qualcosa.
> Sono anche possibili altre formule: *Scusa, ti disturbo?*, *Scusi, La disturbo?*, *Scusa se ti / La disturbo...*

4 Completa quello che dice Ivano con i verbi al trapassato prossimo.

> Io e i ragazzi della squadra omicidi (stare) _____ tutta la notte sul caso della villa abbandonata, e (finire) _____ all'alba. Ma proprio mentre pensavo di riposarmi, ho sentito suonare il telefono...

5 Completa il dialogo tra Anna e Ivano con le parole della lista.

commissario | azione | poliziesco | scene | polizia

> State girando quel film _____? Quello con le _____ d' _____ in città?

> Sì, in realtà adesso stiamo girando più in studio che in città. Io sono un _____ di _____ ...

6 Abbina le parti di destra e sinistra e forma frasi.

1. Hanno deciso chi sarà la responsabile
2. Il lavoro è lo stesso che facevo prima,
3. Certo, avrò più responsabilità, più impegni,
4. Avrò anche due assistenti! Almeno mi aiutano a

a. ma mooolto più in grande!
b. per l'organizzazione dei concerti!
c. non dimenticare le cose come sempre!
d. ma guadagnerò anche di più!

7 Alla fine Anna telefona a un'amica, Stefania. Immagina il loro dialogo.

PROGETTO & CULTURA   1

RECENSIONI CINEMATOGRAFICHE

GLI STUDI DI CINECITTÀ A ROMA, DOVE SONO NATI GRANDI CAPOLAVORI

1 Formate piccoli gruppi.
Ogni gruppo sceglie un film che è piaciuto a <u>tutti</u> i membri: può essere vecchio o recente, italiano o di un altro Paese, di ogni genere.

2 Cercate informazioni sul film.
Considerate questi elementi:

- titolo
- anno di uscita
- nome del / della regista
- trama
- genere
- Paese di produzione
- protagonisti
- locandina del film

3 Preparate anche un giudizio finale: la vostra recensione. Spiegate perché questo film è interessante, bello o importante.

4 Presentate alla classe il film che avete scelto: ogni membro del gruppo espone una parte delle informazioni.

5 Alla fine la classe si confronta.
Potete rispondere alle domande sotto, o dare altri giudizi.

Quale film:
- vorreste vedere o rivedere?
- vi sembra più interessante?
- potreste vedere tutti insieme?

DIECI CANZONI ITALIANE FAMOSISSIME

1 Via con me Paolo Conte	2 Con te partirò Andrea Bocelli
3 L'italiano Toto Cutugno	4 Tu vuò fa' l'americano Renato Carosone
5 La solitudine Laura Pausini	6 Nel blu dipinto di blu Domenico Modugno
7 Caruso Lucio Dalla	8 Il cielo in una stanza Gino Paoli
9 Quando, quando, quando Tony Renis	10 'O sole mio G. Capurro, E. Di Capua

1 Rispondi alle domande su queste famose canzoni italiane. Se vuoi, cercale sul web e ascoltale. Poi verifica le soluzioni in fondo alla pagina.

a. Due canzoni sono tutte in dialetto napoletano: quali?
b. A quale canzone corrisponde *It's now or never* di Elvis Presley?
c. Una canzone è diventata famosa con il titolo *Volare*: sai qual è?

2 Una domanda personale. In Italia, come negli altri Paesi, si suona e si canta anche musica rock, rap, r&b ecc.: perché secondo te la musica italiana più famosa è quella melodica?

MODENA: MONUMENTO AL TENORE LUCIANO PAVAROTTI, STRAORDINARIO INTERPRETE OPERISTICO E DI MUSICA POP

Soluzioni del punto *1*: a. 4 e 10; b. 10; c. 6.

1 TEST

GRAMMATICA

1 Leggi la trama di questo film che ha vinto importanti premi in Italia e <u>sottolinea</u> l'opzione corretta tra quelle **evidenziate**.

> *I cento passi* di Marco Tullio Giordana
>
> A Cinisi, un paese siciliano, Peppino Impastato cresce in una famiglia vicina al boss mafioso locale, Gaetano Badalamenti, **cui / che** tutti chiamano Don Tano. Il titolo del film descrive la distanza (cento passi) **che / chi** separa le case degli Impastato e dei Badalamenti. È il 1968 e tra i giovani siciliani il desiderio di rivoluzione è **tanto / più** forte quanto nel resto del Paese. Peppino si ribella contro il padre e inizia a scrivere articoli di denuncia, fra **quali / i quali** *La mafia è una montagna di merda*. Con coraggio cerca forme di protesta più rivoluzionarie **di / che** quelle classiche: fonda per esempio Radio Aut, con **cui / quale** rivela pubblicamente i crimini mafiosi. La mafia lo uccide il 9 maggio 1978, poco prima delle elezioni locali **alle quali / alle cui** Peppino si era candidato. Solo nel 2002 i giudici condannano definitivamente Badalamenti.

OGNI OPZIONE CORRETTA = 2 PUNTI ___ / 14

2 Coniuga i verbi tra parentesi al passato o al trapassato prossimo.

1. Benito Mussolini (*fondare*) _____ il partito fascista nel 1921, ma prima (*essere*) _____ membro del partito socialista.
2. Nel 1943 gli Alleati (*entrare*) _____ in Italia e con l'aiuto dei partigiani (*riuscire*) _____ a sconfiggere il regime fascista, che (*governare*) _____ per vent'anni.
3. Negli anni Sessanta la canzone *Bella ciao*, che (*nascere*) _____ nel mondo contadino e poi (*diventare*) _____ l'inno della Resistenza, (*acquisire*) _____ popolarità tra i giovani rivoluzionari italiani.

OGNI TEMPO VERBALE CORRETTO = 1 PUNTO ___ / 8
OGNI FORMA VERBALE CORRETTA = 2 PUNTI ___ / 16

VOCABOLARIO

3 Completa i profili dei due compositori in alto a destra con le parole della lista. Attenzione: devi usare una parola <u>due</u> volte.

**episodio | attore | capolavoro | cinema
regista | serie | produzioni**

Ennio Morricone, due volte premio Oscar
- autore delle musiche di più di 500 film e _____ TV
- celebre per: le colonne sonore degli *spaghetti western* del _____ Sergio Leone e di grandi _____ internazionali come *Mission* con Robert De Niro come _____ protagonista.

Nino Rota, maestro della storia del _____
- autore delle musiche del _____ di Luchino Visconti: *Il gattopardo*
- celebre per: la sua lunga collaborazione con il _____ Federico Fellini (per esempio ne *La dolce vita*) e la musica del 1° e 2° _____ de *Il Padrino* di Francis Ford Coppola.

OGNI COMPLETAMENTO CORRETTO = 4 PUNTI ___ / 32

COMUNICAZIONE

4 Abbina ogni messaggio a quello che è successo <u>prima</u>.

i tuoi messaggi di chat	che cosa è successo prima
1. Non mi è piaciuto quello che hai scritto su Facebook.	a. hai caricato dei documenti sul *cloud* per un collega
2. Non riesco a entrare nel mio account!	b. un'amica ti ha taggato
3. Ciao, hai scaricato tutto?	c. un collega non riesce ad aprire un file che hai condiviso con lui
4. Ti prego, toglimi da quella foto, sono orribile!	d. un amico ha commentato un tuo post in modo antipatico
5. Forse non l'hai aperto con il software giusto.	e. hai inserito il tuo nome utente su un sito, ma non ha funzionato

OGNI ABBINAMENTO CORRETTO = 6 PUNTI ___ / 30

TOTALE ___ / 100

AUTOVALUTAZIONE

CHE COSA SO FARE IN ITALIANO? 🙂 😐 🙁

fare paragoni	○	○	○
capire la trama di film o serie	○	○	○
capire i comandi del web	○	○	○

LEZIONE 2
PROBLEMI

Qui imparo a:
- *riformulare*
- *riferire messaggi*
- *protestare ed esprimere rabbia*
- *chiedere e dare delucidazioni*
- *chiedere assistenza a un operatore telefonico*

COMINCIAMO

a In quali di queste situazioni non vorresti mai trovarti?
   Ordinale dalla meno problematica (1) alla più catastrofica (5) per te.

   ○ Ricevere una bolletta (del gas, del telefono, dell'elettricità...) con un conto altissimo da pagare (e non capire perché).

   ○ Telefonare a un centro di assistenza telefonica, ma riuscire a parlare solo con una voce automatica (e non risolvere il tuo problema).

   ○ Arrivare in aeroporto e scoprire che il tuo volo è cancellato.

   ○ Prendere un aereo e non trovare il tuo bagaglio all'arrivo.

   ○ Perdere la carta di credito.

b Confrontati con due compagni e motiva le tue scelte. Poi racconta una tua esperienza legata a una di queste situazioni.

2A Problemi in viaggio

G verbi e pronomi combinati
V rimborso, risarcimento, volo cancellato • in caso di, oltre

Air Tricolore

Volo cancellato o in ritardo: rimborso o risarcimento?
Te lo spieghiamo in questa semplice guida

1 Che differenza c'è tra rimborso e risarcimento?
Il rimborso è la restituzione dei soldi che hai speso (per esempio per comprare il biglietto), il risarcimento invece è un extra che ti paghiamo in caso di problemi con il volo.

2 Quando posso chiedere il rimborso del biglietto?
Quando il volo è cancellato, puoi avere il rimborso del biglietto, cioè la restituzione totale dei soldi che hai pagato per comprare il biglietto.
Te li restituiamo se non ti abbiamo dato un volo alternativo.

3 Posso chiedere anche il rimborso delle spese?
Se hai dovuto sostenere delle spese (come una notte in hotel) puoi chiederci di rimborsartele. In questo caso: conserva sempre le ricevute dei pagamenti e mandacele.

4 Quando posso avere il risarcimento?
Quando il volo è cancellato, oltre al rimborso, puoi avere il risarcimento. Puoi averlo anche quando il volo ha un ritardo superiore a 3 ore.

5 Come si calcola il risarcimento?
250 euro per voli inferiori o pari a 1500 chilometri.
400 euro per voli compresi tra 1500 e 3500 chilometri.
600 euro per voli superiori a 3500 chilometri.

6 Il risarcimento è automatico?
No, devi chiedercelo per mail. Con la mail devi inviare anche la carta d'imbarco e una copia di un documento d'identità (in caso di più passeggeri, devi inviarcene una per ogni passeggero).

7 C'è un limite di tempo per chiedere il risarcimento?
Sì, hai un anno di tempo. Oltre questo periodo non hai più diritto al risarcimento: non dimenticarlo!

Air Tricolore

Problemi in viaggio 2A

1 LEGGERE Guida al risarcimento

1a Leggi il testo alla pagina precedente. Vero o falso?

	V	F
1. In caso di volo cancellato, Air Tricolore rimborsa solo una parte del biglietto.	○	○
2. Quando il volo ha un ritardo di 6 ore, puoi chiedere il risarcimento.	○	○
3. Per un volo di 2000 chilometri il risarcimento è di 400 euro.	○	○
4. Per avere il risarcimento ogni passeggero deve inviare il suo documento.	○	○

1b Adesso scrivi tu un'affermazione vera o falsa sul testo a pagina 28. Poi da' il tuo libro a un compagno e chiedigli di dire se è vera o falsa. Alla fine verificate insieme anche le risposte del punto *a*.

5. _____ ○ ○

2 VOCABOLARIO In altre parole

Lavora con lo stesso compagno. Spiegate con altre parole le espressioni del testo, come nell'esempio.

ESEMPIO:

PUNTO 2 • il rimborso del biglietto
cioè → *la restituzione dei soldi che ho speso per il biglietto*

PUNTO 2 • volo alternativo
cioè → _____

PUNTO 4 • è superiore a 3 ore
cioè → _____

PUNTO 6 • in caso di più passeggeri
cioè → _____

PUNTO 7 • oltre questo periodo
cioè → _____

PUNTO 7 • non hai più diritto
cioè → _____

3 SCRIVERE Semplifichiamo.

3a Lavora con un altro compagno. Scegliete 3 paragrafi del testo a pagina 28 e riscriveteli in modo più semplice per una persona che non parla bene italiano.
Potete:
– sostituire le parole difficili con altre più facili
– riscrivere tutta la frase in modo più semplice.

3b Confrontate le vostre proposte con quella di un'altra coppia.

4 GRAMMATICA Verbi e pronomi combinati

4a Per ogni frase, rispondi alla domanda. Se la risposta è sì, riscrivi la frase. Segui gli esempi.

I pronomi possono stare in un'altra posizione?

ESEMPI:
te lo spieghiamo in questa semplice guida
☑ no | ○ sì
→ _____//_____

devi chieder**celo** per mail
○ no | ☑ sì
→ *ce lo devi chiedere per mail*

1. **te li** restituiamo
○ no | ○ sì
→ _____

2. puoi chiederci di rimborsar**tele**
○ no | ○ sì
→ _____

3. manda**cele**
○ no | ○ sì
→ _____

4. devi inviar**cene** una
○ no | ○ sì
→ _____

5. non dimenticar**lo**
○ no | ○ sì
→ _____

4b In coppia (studente A e B).
Andate in ▶ COMUNICAZIONE. A va a pagina 137, B a pagina 138. Giocate con i pronomi combinati.

▶ GRAMMATICA ES 1 e 2 ▶ VOCABOLARIO ES 1

2B Problemi in banca

G "basta" + infinito • introduzione al discorso indiretto
V le parole della banca • Ma come! • No, scusi...

1 VOCABOLARIO Le parole della banca

Abbina parole e immagini.

1. prelevare / ritirare
2. bancomat
3. sportello
4. conto

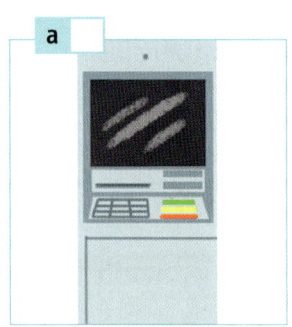
a

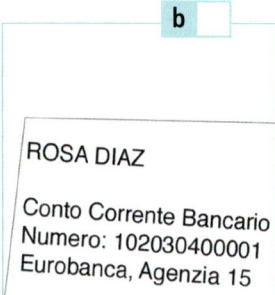
b

c

d

2 ASCOLTARE Il bancomat

2a Ascolta la prima parte del dialogo e prova a immaginare che problema ha la signora. Poi confronta le tue ipotesi con un compagno.

2b Ascolta il dialogo completo. La signora riesce a risolvere il suo problema?
- ○ Sì.
- ○ No.
- ○ Non si capisce.

2c Quante volte una persona interrompe l'altra? Ascolta ancora e poi confrontati con un compagno.

2d Leggi il dialogo e osserva i punti in cui le persone si interrompono (corrispondono alle espressioni evidenziate in azzurro). Poi scrivi alla pagina successiva le espressioni al posto giusto, come nell'esempio.

- ● 2300, 2350, 2400, 2450...
- ▶ **Mi scusi...**
- ● Sì? Mi dica.
- ▶ Senta, ho un problema con la mia carta, ho prelevato dei soldi al bancomat qui fuori, ma la carta è rimasta dentro.
- ● Guardi, purtroppo non posso aiutarLa, deve andare nell'altra sala, allo sportello 8, lì c'è il mio collega responsabile del bancomat, può chiedere a lui e sicuramente...
- ▶ **Ma come**, devo fare la fila? Ho il conto qui da voi da tanti anni.
- ● No, no, non deve fare la fila. Basta dire che la Sua carta è rimasta bloccata nel bancomat.
- ▶ È sicuro? Perché ho già perso molto tempo e non vorrei passare tutta la mattina qui, ecco, devo...
- ● **Ho capito**, aspetti un attimo che lo chiamo.
- ▶ Grazie.
- ■ Sì?
- ● Antonio, scusa, sono Mauro. C'è qui una signora che dice che ha un problema con la sua carta.
- ■ Che problema ha?
- ● Dice che la carta è rimasta bloccata nel bancomat. Posso mandarla da te?
- ■ Sì, sì, sì, può venire qui da me.
- ● Va bene. Grazie. ... Ha detto che può andare lì da lui. È la sala in fondo a destra.
- ▶ Grazie.
...
- ▶ Buongiorno, sono qui per il problema della carta, ha appena parlato con il Suo collega che...
- ■ **Un momento**, signora. Finisco con il signore e arrivo subito da...
- ▶ **No, scusi**, il Suo collega mi ha detto che non devo fare la fila.
- ■ Sì, sì, certo. Mi dia solo un minuto.

> **FOCUS**
> **BASTA**
> **Basta** dire che la Sua carta è rimasta bloccata nel bancomat.
> (= È sufficiente dire che...)

Problemi in banca 2B

1. PER ESPRIMERE DISACCORDO:
   No, scusi.

2. PER ESPRIMERE SORPRESA E RABBIA:
   _____

3. PER CHIEDERE UN'INFORMAZIONE:
   _____

4. PER DIRE CHE IL MESSAGGIO È CHIARO:
   _____

5. PER CHIEDERE TEMPO:
   _____

3 PARLARE Interrompere

In quali di queste affermazioni ti riconosci? Perché? Parlane con due compagni e fa' degli esempi pratici o legati alla tua esperienza.

VERA: Non interrompo mai e mi disturba molto quando qualcuno lo fa. È un segno di maleducazione.

LUIGI: A volte per prendere la parola è necessario interrompere, ma bisogna farlo sempre con gentilezza. Mai alzare la voce.

ANDREA: Quando mi arrabbio, mi succede spesso di perdere la calma e di parlare "sopra" l'altra persona.

CRISTINA: Interrompo soprattutto quando parlo con qualcuno che conosco bene. Con gli amici la conversazione è più naturale.

4 GRAMMATICA Il discorso indiretto

4a Completa le frasi a destra. Poi rileggi il dialogo e verifica.

DISCORSO DIRETTO	DISCORSO INDIRETTO
1. Ho un problema con la mia carta.	C'è qui una signora che dice che _____ un problema con la _____ carta.
2. La carta è rimasta bloccata nel bancomat.	Dice che la carta _____ _____ bloccata nel bancomat.
3. Può venire qui da me.	Ha detto che _____ andare lì da _____.
4. Non deve fare la fila.	Il Suo collega mi ha detto che non (*io*) _____ fare la fila.

4b Vari elementi possono cambiare dal discorso diretto al discorso indiretto. Completa lo schema con gli esempi.

ELEMENTO CHE CAMBIA	ESEMPI
persona del verbo	io ho → lui / lei ha
pronomi	me → lui / lei
possessivi	mio / mia → suo / sua
verbo *venire*	venire → _____
avverbi di luogo	qui → _____

4c Riscrivi i 3 messaggi e cambia gli elementi necessari.

1. **Giulio a Miriam** — *Miriam a Sandra*
   Mi sono dimenticato di passare in banca per ritirare la mia nuova carta.
   Giulio dice che...

2. **José a Nadia** — *Nadia a Ingrid*
   Dopo la lezione io e l'insegnante andiamo al bar, chi vuole può venire con noi.
   José dice che...

3. **Robert a Teo** — *Teo a Paola*
   Tra 10 minuti ho appuntamento qui al pub con i miei amici italiani, mi aiutano a fare gli esercizi.
   Robert dice che...

2C Problemi di pagamento

G ipotesi con il verbo "dovere" • bensì, oppure
V la corrispondenza formale • riguardo a • a causa di

1 LEGGERE Una richiesta inaspettata

1a Leggi e ordina cronologicamente le quattro mail.

Gentili Signori,
Vi ringrazio per la rapida soluzione e per la gentile offerta.
L. F.

Gentili Signori,
riguardo alla Vostra mail del 12 novembre scorso, in cui mi chiedete l'autorizzazione a prelevare dalla mia carta la somma di 1844 euro, Vi comunico che nell'ultimo anno non ho mai soggiornato nel Vostro albergo. Sono venuto all'hotel Salandri solo una volta 3 anni fa, precisamente nel mese di marzo. In quell'occasione tra l'altro non ho preso una *junior suite*, bensì una singola, e solo per due notti. Insomma, deve esserci un errore. Vi prego di verificare meglio.
Cordiali saluti, Luigi Franchini

Gentile Signor Franchini,
abbiamo fatto un controllo sul Suo pagamento del 5 novembre scorso (soggiorno in *junior suite* per 4 notti) e abbiamo verificato che al momento del check out non ha pagato il costo totale, bensì solo quello della camera (665 euro). I costi per frigobar, 4 colazioni, 3 cene e uso della spa per 2 persone pari a 1844 euro, sono ancora da pagare.
Per questo Le chiediamo l'autorizzazione a prelevare dalla Sua carta di credito la somma indicata.
Per maggiori chiarimenti La invitiamo a scriverci oppure contattarci telefonicamente.
Cordiali saluti, Elena Bucci
Customer care - Salandri Hotel Wellness & SPA

Gentile Signor Franchini,
sono lieta di comunicarLe che non ci deve nulla. A causa di un errore del sistema Le abbiamo inviato una richiesta di pagamento che riguardava un altro cliente. La preghiamo di scusarci. Con l'occasione La informiamo che abbiamo deciso di riservarLe uno sconto speciale del 40 per cento. La promozione è valida per tutto il mese di agosto.
Con i nostri migliori saluti, Elena Bucci
Customer care - Salandri Hotel Wellness & SPA

1b Collega le 3 colonne e ricostruisci frasi del punto **1a**, come nell'esempio.

1. La invitiamo		abbiamo deciso di riservarLe uno sconto speciale.
2. Vi comunico	a	comunicarLe che non ci deve nulla.
3. Vi prego	che	la rapida soluzione.
4. Sono lieta	di	nell'ultimo anno non ho mai soggiornato nella vostra struttura.
5. La preghiamo	per	scusarci.
6. La informiamo		scriverci.
7. Vi ringrazio		verificare meglio.

Problemi di pagamento 2c

2 VOCABOLARIO · Il registro formale

Seleziona il significato corretto delle espressioni presenti nelle mail.

MAIL	ESPRESSIONE	SIGNIFICATO
1	per maggiori chiarimenti	○ se vuole altre informazioni ○ per noi è tutto chiaro così
2	riguardo alla	○ in relazione alla ○ grazie alla
2	non ho mai soggiornato	○ non ho mai passato del tempo ○ non ho mai mangiato
	non ci deve nulla	○ non deve fare niente ○ non ci deve pagare niente
3	a causa di un errore	○ non ci sono errori ○ siccome c'è stato un errore
	con l'occasione	○ approfittiamo di questa situazione e ○ con gentilezza

3 PARLARE · Deve esserci un errore.

Lavorate in coppia (studente A e B). Leggete le vostre istruzioni e fate una conversazione al telefono.

STUDENTE A
Sei Luigi Franchini. Hai appena ricevuto la mail numero 1 del Salandri Hotel e decidi di telefonare a Elena Bucci per chiedere una spiegazione. Sei molto arrabbiato.

STUDENTE B
Sei Elena Bucci del Salandri Hotel. Ricevi una telefonata dal cliente Luigi Franchini. È molto arrabbiato. Cerchi di calmarlo.

No, scusi. | Mi scusi. | Guardi... | Ho capito. | Ma come! | Un momento.

FOCUS

DOVERE IPOTETICO
Il verbo **dovere** + infinito si può usare per fare delle supposizioni / ipotesi.

Deve esserci un errore. = Forse c'è un errore.

4 GRAMMATICA · Connettivi e avverbi

4a *Abbina le espressioni al significato corretto.*

MAIL	ESPRESSIONE	SIGNIFICATO
1 e 2	bensì	esattamente
1	oppure	inoltre
2	precisamente	ma invece / al contrario
3	tra l'altro	o

4b *Completa le frasi con le espressioni evidenziate al punto 4a.*

1. Può pagare con la carta _____ in contanti.
2. Mi è arrivata questa richiesta di pagamento, ma io ho già pagato. _____ è scritta malissimo, non si capisce niente.
3. Ho pagato un conto carissimo, _____ di 345 euro.
4. Non ha offerto la cena Gianni, _____ Sandro.

5 SCRIVERE · Gentile Signor...

Dividetevi in gruppi di 3-4 studenti. Ogni gruppo legge la mail sotto e scrive una risposta. Usate l'immaginazione e se volete rispondete in modo divertente.

Gentile Signor Ricci,

Le comunichiamo che non abbiamo ancora ricevuto il pagamento di 259.000 euro per la Ferrari F8 Spider che Suo figlio Piero ha acquistato il mese scorso.

Per questo Le chiediamo l'autorizzazione a prelevare dalla Sua carta la somma indicata.

Cordiali saluti, Riccardo Siri
Ferrari Store

2D ITALIANO IN PRATICA
Digiti uno.

v bolletta • Resti in linea. • Roba da matti!

1 ASCOLTARE Risponde l'operatore 5442.

1a Ascolta la prima parte della telefonata a un centro assistenza clienti: per ogni messaggio indica i tasti che digita (= seleziona) la persona che chiama. Attenzione: * = asterisco.

primo messaggio

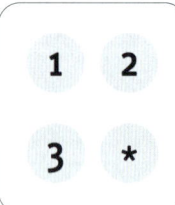

secondo messaggio

ultimo messaggio

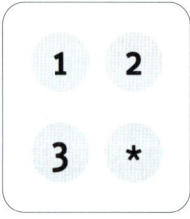

1b In gruppi di 3. Osservate il disegno: secondo voi come continua la conversazione con l'operatore del centro assistenza clienti? Fate ipotesi a partire dalle domande.

- Qual è il problema?
- Che cosa vuole il signor Catucci?
- Che cosa risponde Bernardo, l'operatore?
- Come si risolve il problema?

1c Ascoltate la seconda parte della telefonata al centro assistenza clienti e verificate le vostre ipotesi. Poi rispondete di nuovo alle domande del punto **1b**.

2 VOCABOLARIO L'assistenza telefonica

Per ogni lista, scrivi la parola giusta sotto l'immagine corrispondente.

digitare | interrompere | riempire

1. .... 2. .... 3. ....

bolletta | trimestre | operatore

4. .... 5. .... 6. ....

3 PARLARE Ho un problema.

3a Completa ogni espressione con *due* lettere. Poi ascolta di nuovo la seconda parte della telefonata e verifica.

1. È ___ terza volta che chiamo.
2. Siamo in blackout totale ___ due giorni.
3. Resti ___ linea.
4. Ma forse ha fatto il pagamento ___ ritardo.
5. Roba ___ matti!

ITALIANO IN PRATICA
Digiti uno. 2D

3b In coppia. Scegliete una delle due situazioni e fate un dialogo: uno studente è il cliente, l'altro l'operatore. Poi cambiate ruoli e situazione.
Potete usare le espressioni del punto 3a e le altre che conoscete per prendere la parola, interrompere, protestare, rassicurare ecc.

Situazione 1
Hai pagato un nuovo fantastico ma costosissimo servizio per viaggiare nel tempo. Volevi andare in Francia durante la Rivoluzione francese, ma per un errore ti ritrovi nell'antica Roma. Chiami il servizio clienti dell'azienda "Avanti&Indietro".

Situazione 2
Hai pagato un nuovo fantastico ma costosissimo servizio per viaggiare nello spazio. Sei appena arrivato/a su una stazione spaziale a 10000 km dalla Terra. Doveva accoglierti una guida spaziale e un gruppo di astronauti. Ma nella stazione non c'è nessuno e non funziona niente. Chiami il servizio clienti dell'azienda "Viaggi dell'Altro Mondo".

DIECI espressioni per gestire una conversazione

1. Senta! / _Senti!_
2. Guardi… / _____ …
3. No, scusi! / No, _____!
4. Mi scusi! / _____!
5. Mi dica. / _____.
6. Sì, certo.
7. Va bene, ma…
8. Aspetti / _____ un momento.
9. Ho capito.
10. Ma come!

Completa con le forme che usiamo con tu, come nell'esempio.

 ASCOLTO IMMERSIVO Inquadra il QRcode a sinistra o vai su *www.almaedizioni.it/dieciB1*, chiudi gli occhi, rilassati e ascolta.

VIDEOCORSO Cambio di programma

1 Guarda l'immagine. Secondo te dove sono Anna e Ivano e che cosa stanno facendo? Fa' ipotesi, poi guarda l'episodio e verifica.

2 Vero o falso?

	V	F
1. Il volo di Ivano è cancellato.	○	○
2. Ivano aveva prenotato un volo per Palermo.	○	○
3. In viaggio Ivano è una persona difficile.	○	○
4. Anna conosce il codice del bancomat di Ivano.	○	○
5. Ivano parla con un solo operatore telefonico.	○	○
6. Ivano vuole cambiare il biglietto per la Sicilia e andare in Papua Nuova Guinea.	○	○

3 Ordina il dialogo tra Ivano e la voce registrata, come nell'esempio.

- [ ] Cambio data.
- [1] Qual è la tua richiesta?
- [ ] Hai detto: prenotazione errata?
- [ ] Confermi destinazione: Viareggio?
- [ ] Sì, certo! No, no no no, volevo dire no, no!
- [ ] No! Certo che è proprio scemo...
- [ ] Confermi destinazione: Emo, Papua Nuova Guinea?
- [ ] No, cambio data, cambio viaggio!
- [ ] Confermato volo Roma – Emo del 10 settembre. Unico volo disponibile: ore 12 e 35.

4 Seleziona i verbi che <u>non</u> è possibile associare agli elementi a destra.

- ○ modificare
- ○ annullare
- ○ partire
- ○ cambiare
- ○ prelevare
- ○ cancellare
- ○ confermare

• un volo
• una data
• una prenotazione

5 Trasforma le frasi di Anna e Ivano al discorso indiretto.

DISCORSO DIRETTO	DISCORSO INDIRETTO
Scusa, amore, posso usare il tuo bancomat? Il mio non va, deve avere un problema...	Anna chiede a Ivano se
Non è colpa mia se hanno cambiato il programma e devo partire prima!	Ivano dice all'operatore che
Metti il viva voce? Voglio sentire anch'io.	Anna chiede a Ivano di

NON È COLPA MIA!
Ivano dice: "Guardi, non è colpa mia se hanno cambiato il programma!".
Non è colpa mia significa: "Non sono responsabile di quello che è successo".

PROGETTO & CULTURA 2

ISTRUZIONI FANTASIOSE

1 In coppia.
Ordinate le istruzioni da seguire in caso di smarrimento della carta di credito.

- [ ] Dopo il blocco, devi denunciare lo smarrimento alle forze dell'ordine, e successivamente inviare una copia della denuncia alla banca.
- [ ] Nessun problema: prima chiama la banca e blocca la carta.
- [ ] Solo con la denuncia il blocco diventa effettivo e puoi richiedere una nuova carta alla banca.
- [ ] Hai smarrito la carta di credito?

2 Insieme, preparate delle istruzioni su cosa fare quando si perde qualcosa in circostanze "strane". Sotto trovate due brevi esempi.
Usate l'immaginazione, pensate a una situazione particolare e inventate istruzioni fantasiose o divertenti! Iniziate con "hai perso / smarrito...?".
Attenzione: dovete scrivere il testo tutti e due.

Hai smarrito il gatto dentro casa?
Basta chiamare "SOS Miao!" ...

Hai perso il tuo unico paio di chiavi di casa?
Basta contattare l'azienda "RisolvoTutto"! ...

3 Adesso ognuno lavora in coppia con un compagno diverso: studente **A** e studente **B**.
A legge la domanda iniziale di **B** (per es. "Hai smarrito il gatto in casa?"): quello è il problema di **A**.
B è un operatore telefonico: **A** chiama e **B** lo aiuta a risolvere il problema.
Poi invertite i ruoli: **B** legge la domanda iniziale di **A** e telefona per ricevere aiuto.

DIECI ISOLE MERAVIGLIOSE

1. **CAPRI** (Campania)
2. **SAN PIETRO** (Sardegna)
3. **SAN DOMINO** (Puglia)
4. **LA MADDALENA** (Sardegna)
5. **FAVIGNANA** (Sicilia)
6. **ELBA** (Toscana)
7. **PANTELLERIA** (Sicilia)
8. **ISCHIA** (Campania)
9. **PONZA** (Lazio)
10. **STROMBOLI** (Sicilia)

Conosci le isole italiane? Fa' il breve test.
Poi verifica le soluzioni sotto.

1. Le isole italiane sono:
   a. 80.   b. 800.   c. 8000.
2. Le isole abitate sono:
   a. 80.   b. 5.   c. 20.
3. Si trova a soli 65 km dalla Tunisia:
   a. l'isola d'Elba.   b. Pantelleria.   c. Capri.
4. Le isole di Stromboli, Ischia e Pantelleria sono:
   a. di origine vulcanica.   b. senza abitanti.
   c. nell'arcipelago delle Eolie.

Soluzioni: 1.b; 2.a; 3.b; 4.a.

2 TEST

GRAMMATICA

1 Trasforma come nell'esempio. Fa' attenzione al pronome diretto.

ESEMPIO:
Invio il messaggio a te stasera. → *Te lo invio stasera*.

1. Invii la cartolina a Cristina domani.
   → _____ domani.
2. Paola invia i *file* a te e Simone più tardi.
   → Paola _____ più tardi.
3. Vorremmo inviare il regalo a Beatrice per posta.
   → Vorremmo _____ per posta.
4. Inviate gli auguri a me e Viola ogni Natale.
   → _____ ogni Natale.
5. Devono inviare la mail a Ezio entro le 16.
   → Devono _____ entro le 16.

OGNI TRASFORMAZIONE CORRETTA = 3 PUNTI __ / 15

2 Una ragazza, Lorenza, sta chattando con un'amica. Passa dal discorso indiretto al discorso diretto, come nell'esempio.

1. Lorenza le chiede come sta.	*Come stai?*
2. Dice che stasera si vedono a casa sua per cena.	
3. Dice che ci saranno anche i suoi amici Anna e Marco.	
4. Racconta che Marco le ha scritto che non può andare a casa sua prima delle 19:30.	
5. Quindi ha fissato l'appuntamento alle 20 lì da lei.	
6. Dice che però si è dimenticata di comprare il vino.	
7. Le chiede se può comprarlo lei.	

OGNI FRASE CORRETTA = 4 PUNTI __ / 24

VOCABOLARIO

3 A che cosa servono? Abbina alla funzione.

1. carta di imbarco
2. bolletta del gas
3. operatore

a. a ricevere assistenza telefonica
b. a salire in aereo
c. a sapere quanto devi pagare per il trimestre

OGNI ABBINAMENTO CORRETTO = 5 PUNTI __ / 15

4 Cancella l'elemento intruso tra quelli **evidenziati**. Attenzione: in un caso <u>non</u> ci sono intrusi.

1. **restituire / ricevere / sostenere** dei soldi
2. **sostenere / spendere / rimborsare** delle spese
3. chiedere **un rimborso / un'autorizzazione / un'informazione**
4. inviare **uno sportello / una richiesta / una ricevuta**
5. **prelevare / riempire / rimborsare** una somma

OGNI SERIE CORRETTA = 5 PUNTI __ / 25

COMUNICAZIONE

5 Completa il dialogo tra un cliente e l'impiegato della reception di un albergo con le espressioni della lista.

**dev'esserci | mi dica | ma come | momento
non ci deve niente | senta | ho capito**

● _____, avrei una domanda sulla ricevuta.
▶ Un _____, per cortesia, invio questa mail... Fatto. _____.
● Guardi, sulla ricevuta c'è scritto che ho fatto diverse telefonate a pagamento. _____ un errore.
▶ _____. Verifico. Lei era nella camera 36... Nel computer vedo che ha fatto varie telefonate.
● _____! Io non ho chiamato nessuno!
▶ Sicuramente c'è un errore nel sistema... Ora correggo tutto. _____, non si preoccupi.

OGNI COMPLETAMENTO CORRETTO = 3 PUNTI __ / 21

TOTALE __ / 100

AUTOVALUTAZIONE

CHE COSA SO FARE IN ITALIANO?   🙂 😐 🙁

riferire messaggi   ○ ○ ○
protestare   ○ ○ ○
chiedere assistenza e spiegazioni ○ ○ ○

LEZIONE 3
IN VIAGGIO

Qui imparo a:
- *indicare speranza e volontà*
- *spiegare grafici e statistiche sul viaggio*
- *chiedere e dare consigli su una festa popolare*
- *descrivere differenze tra immagini*
- *chiedere assistenza stradale al telefono*

COMINCIAMO

Rifletti sul tema sotto. Poi confrontati con un compagno. A turno ognuno di voi racconta per almeno 3 minuti le sue riflessioni.

Io viaggio soprattutto:
- in estate / in inverno ecc. perché...
- per lavoro / quando c'è una festa nazionale / quando ho le ferie / quando ho una riunione di famiglia
- in posti lontani / in zone vicino a dove abito ecc.

Il mio viaggio più importante:
- è stato in / a...
- è stato importante perché...

IN ALTO: L'ENTROTERRA DELLA SARDEGNA

3A In autostrada

G il congiuntivo presente
V l'autostrada

1 ASCOLTARE E VOCABOLARIO Isoradio

1a Chiudi il libro e ascolta la prima parte dell'audio. Poi confrontati con un compagno: scambiatevi le vostre impressioni su quello che succede.

1b Ascolta tutto l'audio e completa le due mappe con il numero del cartello giusto.

1.
2.

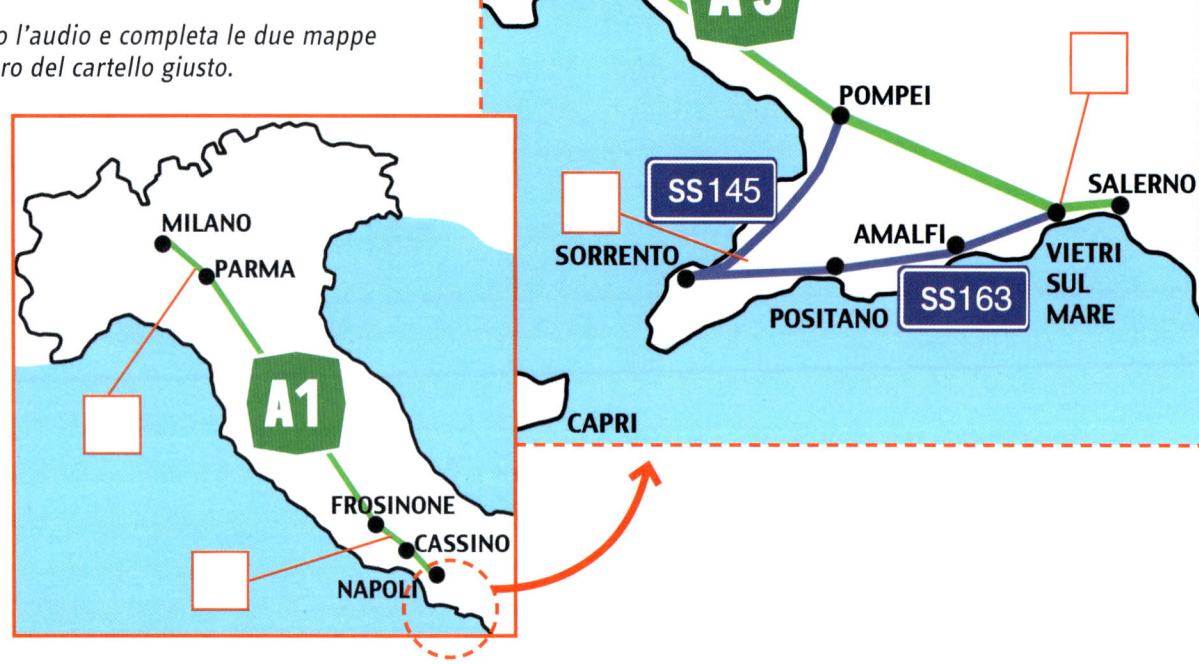

1c Ascolta ancora la seconda parte dell'audio e completa le definizioni, come nell'esempio.

1. una pioggia forte e violenta è un:
   T _ _ P _ R A _ _ _

2. in macchina, li accendo per vedere meglio, se è notte o piove molto:
   I F A R I

3. se molte macchine restano bloccate in fila, si forma una:
   C _ _ _

4. per fare una pausa mentre guido in autostrada, posso fermarmi:
   all'A _ _ _ _ G _ _ _ L L

5. la macchina si ferma se non faccio:
   _ _ N Z I _ _ _

6. in macchina non si chiama "finestra", bensì:
   _ _ _ _ _ _ _ R I _ _ _

1d In coppia. Guardate la mappa della penisola sorrentina sopra (è quella di destra) e rispondete alle domande: secondo voi dove si trovano l'uomo e la donna che parlano? Dove devono andare? E alla fine che cosa decidono di fare? Ascoltate ancora se necessario.

2 GRAMMATICA Il congiuntivo presente

2a Osserva le frasi del dialogo: i verbi **evidenziati** sono coniugati in un nuovo tempo e modo verbale, il congiuntivo presente. Poi completa la regola alla pagina successiva, come negli esempi.

1. Che temporale! Spero che **smetta** presto.
2. Dubito che **serva** a qualcosa.
3. Credo che **sia** inutile.
4. È possibile che le notizie non **arrivino** tutte in tempo reale alla radio.
5. Sembra che non **piova** più molto, vero?
6. Vuoi che **apra** il finestrino?

LA COSTIERA AMALFITANA (CAMPANIA)

In autostrada 3A

Il congiuntivo si usa dopo:	FRASI DI ESEMPIO
• alcuni verbi o espressioni, come __dubito__ e _____, che indicano l'opinione personale di chi parla	__2__ _____
• alcune espressioni impersonali, come __è possibile__ e _____	__4__ _____
• alcuni verbi o espressioni, come _____ e _____, che indicano speranza o desiderio.	_____ _____

2b Adesso completa lo schema con 4 verbi del dialogo: riempi solo le caselle <u>bianche</u>.

	ARRIV**ARE**	SMETT**ERE**	APR**IRE**	IRREGOLARE: **ESSERE**
io	arriv**i**			
tu				
lui / lei / Lei				
noi	arriv**iamo**	smett**iamo**	apr**iamo**	s**iamo**
voi	arriv**iate**	smett**iate**	apr**iate**	s**iate**
loro		sm**e**ttano	**a**prano	s**i**ano

2c Utile da sapere: al congiuntivo presente tutte le forme singolari sono uguali. Finisci di completare lo schema!

2d Completa le frasi con i verbi della lista al congiuntivo presente. I verbi <u>non</u> sono in ordine. Poi abbina ogni frase all'immagine corrispondente. Attenzione: c'è un'immagine in più!

essere | chiudere | fermarsi | rispettare | mandare | pagare

1. In città è importante che gli automobilisti _____ il limite di velocità di 50 km/h.
2. Penso che _____ vietato entrare con la macchina: andiamo a piedi!
3. Vuoi che (io) _____ all'autogrill? C'è una stazione di servizio tra mezzo chilometro.
4. Noo, ho superato il limite di velocità! Spero che (loro) non mi _____ una multa a casa.
5. È probabile che stasera (loro) _____ la statale 38, per fortuna ora è ancora aperta.
6. Suppongo che tra 900 metri si _____ l'autostrada, no?

3 PARLARE In macchina

A te piace viaggiare in macchina? Perché? Pensi che sia un modo di viaggiare migliore o peggiore degli altri? Che vantaggi e svantaggi ha, secondo te? Parlane con due compagni.

3B Abitudini di viaggio

G "buono" davanti ai nomi • il congiuntivo presente irregolare
V Pasquetta, ponte, settimana bianca, gita fuori porta

1 PARLARE In vacanza sono così.

Come sei in vacanza?
Leggi le frasi sotto a destra e spiega a un compagno perché corrispondono o non corrispondono a come sei tu.

sono / faccio così

- organizzo le vacanze nei minimi dettagli
- per me la vacanza è soprattutto riposo
- mi piace stare da solo/a quando viaggio
- adoro fare tante cose nuove in viaggio

non sono / non faccio così

- in vacanza cerco sempre di divertirmi da morire
- in vacanza improvviso

2 LEGGERE Le vacanze degli italiani

2a Lavorate in coppia (studente A e B). **A** copre l'infografica qui sotto a destra e legge l'articolo a sinistra. **B** copre l'articolo qui sotto a sinistra e legge l'infografica a destra.

testo parlante 11

Le vacanze degli italiani: i dati del Centro Studi Touring Club Italiano

In che periodo vanno in vacanza gli italiani? Chi ama sciare parte in pieno inverno, tra gennaio e marzo; a Pasquetta la tradizione vuole che si faccia la classica gita fuori porta (un picnic in campagna, un pranzo al ristorante); il primo maggio c'è la Festa dei Lavoratori, il 25 aprile la Festa della Liberazione. A inizio anno gli occhi sono puntati sul calendario: si spera infatti che i giorni festivi cadano di giovedì o di martedì per poter fare il ponte e stare fuori più a lungo senza prendere troppe ferie. In realtà la maggior parte degli italiani aspetta che venga l'estate, il periodo in cui partono più volentieri. Secondo le statistiche, nella stagione estiva i nostri connazionali preferiscono la montagna, un buon rifugio contro il caldo, e le spiagge del sud e delle isole. Chi va all'estero sceglie i Paesi più vicini alla nostra Penisola. Per metà degli italiani le sistemazioni migliori sono gli alberghi o le strutture simili, dove tutto è organizzato; meno numerose sono invece le persone che affittano una casa autonoma; ancora meno quelle che decidono di passare le vacanze in tenda o in roulotte: molte di loro pensano che queste sistemazioni vadano bene solo per i giovani o per gli spiriti avventurosi. Infine sono ormai poche le persone che pianificano le vacanze grazie alle agenzie di viaggio: si tratta essenzialmente di chi non ha tempo per organizzarsi o ha paura che le vacanze "fai da te" possano trasformarsi in un'esperienza catastrofica. È comunque essenziale per la maggior parte dei turisti italiani che il viaggio abbia un costo ridotto.

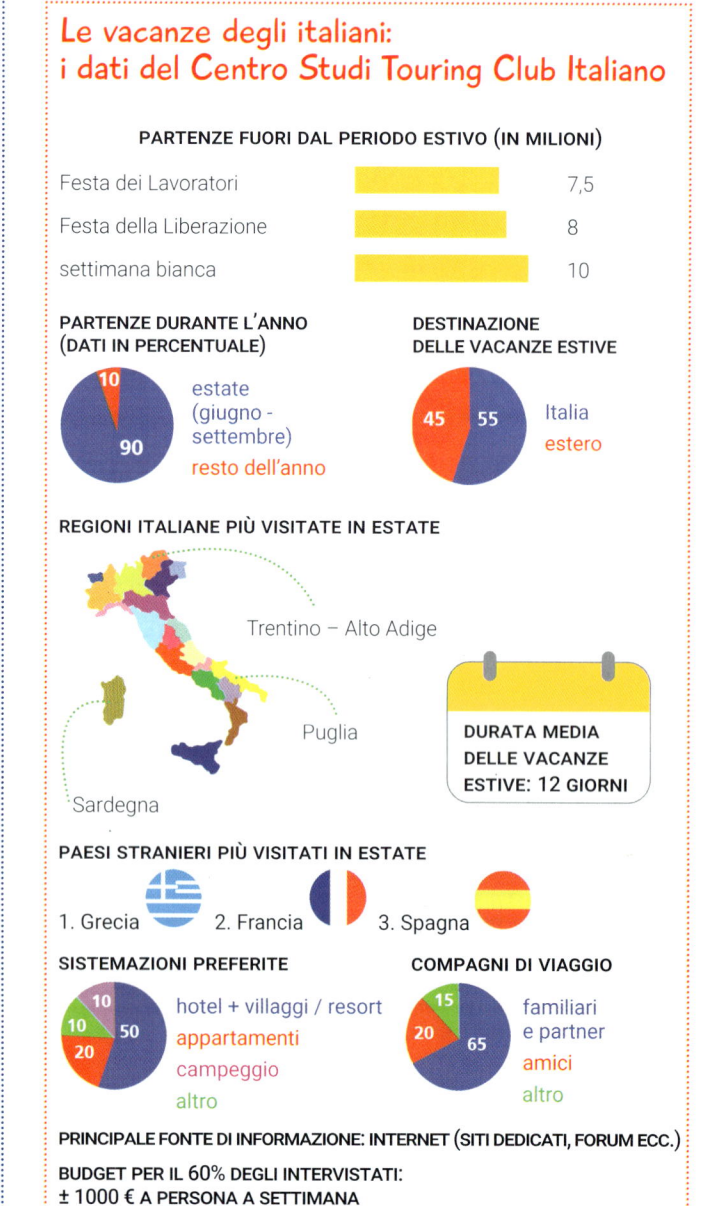

Le vacanze degli italiani: i dati del Centro Studi Touring Club Italiano

PARTENZE FUORI DAL PERIODO ESTIVO (IN MILIONI)

- Festa dei Lavoratori: 7,5
- Festa della Liberazione: 8
- settimana bianca: 10

PARTENZE DURANTE L'ANNO (DATI IN PERCENTUALE)
- 90 estate (giugno - settembre)
- 10 resto dell'anno

DESTINAZIONE DELLE VACANZE ESTIVE
- 55 Italia
- 45 estero

REGIONI ITALIANE PIÙ VISITATE IN ESTATE
- Trentino – Alto Adige
- Puglia
- Sardegna

DURATA MEDIA DELLE VACANZE ESTIVE: 12 GIORNI

PAESI STRANIERI PIÙ VISITATI IN ESTATE
1. Grecia 2. Francia 3. Spagna

SISTEMAZIONI PREFERITE
- 50 hotel + villaggi / resort
- 20 appartamenti
- 10 campeggio
- 10 altro

COMPAGNI DI VIAGGIO
- 65 familiari e partner
- 20 amici
- 15 altro

PRINCIPALE FONTE DI INFORMAZIONE: INTERNET (SITI DEDICATI, FORUM ECC.)

BUDGET PER IL 60% DEGLI INTERVISTATI: ± 1000 € A PERSONA A SETTIMANA

Abitudini di viaggio 3B

2b Con il libro chiuso: racconta al compagno quello che ricordi dell'articolo o dell'infografica. Poi riapri il libro e rileggi lo <u>stesso</u> testo di prima, sempre senza guardare quello accanto. Infine richiudi il libro e racconta al compagno tutto quello che ricordi in più, o meglio.

2c Adesso leggi il testo del compagno. Poi, insieme, collegate le parti dell'articolo e dell'infografica che secondo voi si illustrano o completano reciprocamente.

> **FOCUS**
> **BUONO**
> Quando **buono** è davanti a un nome, funziona come l'articolo indeterminativo.
>
> Un **buon** rifugio contro il caldo.

3 VOCABOLARIO Le parole delle vacanze

Trova nei testi le espressioni che corrispondono alle definizioni. Le espressioni sono in ordine e solo <u>l'ultima</u> è nell'infografica.

1. il lunedì dopo Pasqua
2. escursione breve e vicino alla città
3. unire giorni festivi e non festivi per avere più giorni di vacanza
4. non organizzate professionalmente
5. vacanze sulla neve

4 GRAMMATICA Il congiuntivo irregolare

4a Cerca nell'articolo le forme del congiuntivo presente <u>irregolare</u> dei verbi indicati. I verbi sono in ordine.

1. fare → _____
2. venire → _____
3. andare → _____
4. potere → _____
5. avere → _____

4b Adesso completa la tabella sui congiuntivi irregolari. Ricordi come funziona il singolare?

	FARE	VENIRE	ANDARE	POTERE	AVERE
io			vada		
tu					
lui/lei/Lei				possa	
noi	facciamo	veniamo	andiamo	possiamo	abbiamo
voi	facciate	veniate	andiate	possiate	abbiate
loro	facciano	vengano			abbiano

4c Infine osserva queste due frasi e, sotto, seleziona il modo verbale corretto.

> Secondo le statistiche, nella stagione estiva i nostri connazionali preferiscono la montagna...
>
> Per metà degli italiani le sistemazioni migliori sono gli alberghi...

Con *secondo / per* (*me, il signor...* ecc.) si usa:
○ il congiuntivo.   ○ l'indicativo.

5 SCRIVERE Penso che...

Seleziona un argomento tra quelli sotto.
Poi scrivi *Penso che...* su un foglio e indica tutte le tue idee e opinioni sull'argomento, come nell'esempio.

- viaggiare
- imparare una lingua straniera
- l'Italia
- il mio Paese
- passare un periodo della vita all'estero

Penso che viaggiare:
1. permetta di conoscere gente nuova
2. ...

▶ GRAMMATICA ES 2, 3 e 4   ▶ VOCABOLARIO ES 3

3c Eventi popolari

G alcuni verbi pronominali
V Non vedo l'ora! • Magari! • Smettila!

1 LEGGERE La Santuzza

1a Leggi la chat. Secondo te di che tipo di evento stanno parlando le due persone? Condividi con un compagno tutte le informazioni che hai capito.

Martina Lupi

Ciao amica palermitana, vengo nella tua città dal 12 al 16 luglio: non vedo l'ora!!!

Mi dai qualche consiglio su cose da fare?

Dal 13 al 15 c'è il Festino della Santuzza! Imperdibile!

Noi ci vediamo... vero? Vero?!

Magari! Sarebbe stupendo...
Ma sono a Torino per lavoro fino al 17.

Uffaaaa! Non puoi liberarti prima?

Ho una presentazione. Non ce la faccio.

Lavori troppo, Marti 😠

La smetti di protestare? Non dipende da me 😅

Vieni in macchina?

Sì, non me la sento di prendere il treno. Ci vuole troppo tempo. Mi consigli un posto dove lasciarla?

Lontano dal centro storico, è chiuso al traffico. Credo che non passino neanche gli autobus. Ci saranno decine di migliaia di persone dappertutto per tutta la notte!

Dubito che mi possa entusiasmare un evento del genere... Non sono cattolica come te.

Guarda che intorno alla Statua succede di tutto, non c'è solo la processione! Sai che pure mio fratello fa uno spettacolo?

Davvero? Spero che sia bravo con il fuoco! 😅

Sì, abbastanza! 👍
Si sta preparando da mesi!

1b Adesso andate in ▶ COMUNICAZIONE a pagina 135 e verificate le vostre ipotesi.

1c Rispondete alle domande sotto. Potete rileggere il testo a pagina 135 se necessario.

- Che cos'è la *Santuzza*?
- Dove si tiene l'evento?
- Che cosa succede durante la festa?
- Qual è il mezzo meno indicato per spostarsi durante la festa e perché?

1d Indica nella chat a sinistra le parti in cui una delle due persone compie le azioni indicate, come nell'esempio. Un'azione può corrispondere a più parti. Le azioni <u>non</u> sono in ordine.

protesta
chiede conferma
dà consigli
esprime scetticismo
chiede consigli

2 PARLARE Grandi eventi popolari

Esiste nel tuo Paese una grande festa popolare che attira migliaia di persone? O hai mai partecipato a un evento del genere, anche fuori dal tuo Paese? Che tipo di festa è? Parlane con due compagni.

carnevale (Rio de Janeiro, Brasile)

Mardi Gras (New Orleans, Stati Uniti)

Tomatina (Buñol, Spagna)

3 GRAMMATICA Verbi pronominali

3a *I verbi pronominali, molto diffusi nella lingua parlata, si coniugano insieme a uno o due pronomi. Completa i verbi della chat con i pronomi. Se necessario, rileggi la chat. Poi osserva l'infinito dei verbi.*

FRASE	INFINITO
1. Non ___ ___ faccio.	farcela
2. ___ **smetti** di protestare?	smetterla
3. Non ___ ___ **sento** di prendere il treno.	sentirsela

3b *Solo <u>uno</u> dei tre verbi sopra ha un pronome che cambia ogni volta: quale, secondo te?*

Eventi popolari 3c

3c Completa ogni dialogo con uno dei tre verbi del punto **3a** al presente.

a. Nonno, _____ _____ _____?
Vuoi che ti aiuti?
Volentieri. Grazie, tesoro.

b. Stai ancora giocando con il cellulare? E basta!
Solo un minuto e _____ _____.

c. Ho avuto una settimana terribile.
Se non _____ _____ di uscire stasera, capisco.

4 VOCABOLARIO Espressioni

Indica se le espressioni hanno lo stesso significato (=) o un significato opposto (><).

		=	><
1. Non vedo l'ora!	Non mi va!	○	○
2. Magari!	Spero di no!	○	○
3. dappertutto	da nessuna parte	○	○
4. pure	anche	○	○

5 SCRIVERE Una chat

5a In coppia.
Per questa attività potete scambiarvi i numeri di telefono e usare una app come Telegram, WhatsApp ecc., o scrivere a turno sullo stesso foglio, che dovrete passarvi di volta in volta. Dividetevi in studente A e studente B. Scegliete una delle feste sotto: quale vi sembra più interessante o divertente? Poi seguite le istruzioni in alto a destra e chattate.

- festa della pizza a Napoli (Campania) 
- festival degli aquiloni a Cervia (Emilia-Romagna) 
- festa del cioccolato a Perugia (Umbria)
- festival delle bande di strada a Lecce (Puglia)

STUDENTE A
Stai per andare nella città dove si svolge la festa.
Non hai mai partecipato a questo evento e non ne sai molto.
Contatti via chat un amico / un'amica che ci vive per chiedere consigli e informazioni pratiche, e insisti per organizzare un incontro.

STUDENTE B
Vivi nella città dove si tiene la festa.
Un amico / Un'amica di fuori ti contatta perché parteciperà all'evento, ma tu purtroppo non ci sarai. Dagli / Dalle comunque consigli e informazioni pratiche (usa la fantasia!) e spiega perché non sarai disponibile.

5b Adesso scegliete un'altra festa e invertite i ruoli: A diventa B e B diventa A. Avviate un'altra chat.

▶ GRAMMATICA ES 5

3D ITALIANO IN PRATICA
Mi mandate il carro attrezzi?

G andarsene
V i soccorsi stradali • Non saprei dirLe. • Pazienza.

1 PARLARE E ASCOLTARE Soccorsi

1a In quali situazioni sono necessarie queste cose? Fa' qualche ipotesi o esempio insieme a un compagno.

carro attrezzi

triangolo

corsia di emergenza

1b Con lo stesso compagno: descrivete le differenze tra i due disegni.

12 ▶ 1c Ascolta e seleziona il disegno del punto **1b** che corrisponde alla situazione.

1d Ascolta ancora e completa il dialogo con le parole mancanti.

● Pronto, polizia stradale.
▶ Sì, pronto, ho bisogno di assistenza.
● Mi dica, che cosa è successo?
▶ Eh... La macchina si è spenta all'improvviso. È nuovissima... _____ _____ _____ _____ un problema elettrico, perché i fari funzionano. Avevo pure fatto benzina. Sono rimasto _____ _____ alla _____ ... Per fortuna ero sulla corsia di destra.
● Ma ora la macchina non è ferma lì, vero? _____ _____ ad arrivare alla _____ _____ _____?
▶ Sì, sì, _____ _____ _____ fatta.
● E ci sono altre persone con Lei? Sono in macchina... Sono scese?
▶ Non c'è nessun altro, sono solo.
● _____ _____ _____ _____ a circa 100 metri dalla macchina?
▶ Sì, sì, ma l'ho lasciato a 50 metri perché c'è molta nebbia, ho paura _____ _____ _____ _____ se lo metto più lontano.
● Ha fatto bene.

▶ _____ mandate _____ _____ _____?
● Allora... Lei è al chilometro 100 dell'A1... Direzione nord... Le mando subito i soccorsi, ma è un servizio a pagamento.
▶ Sì, sì, lo so. _____ _____ non _____ _____ troppo, devo essere a Milano entro stasera. _____ _____ _____ secondo Lei ad arrivare tra poco?
● Guardi, non saprei dirLe di preciso, ma parte da Parma e Lei è vicinissimo, suppongo che _____ _____ _____ _____ entro un'ora.
▶ Ah, ok. Speravo prima... Pazienza!
● Mentre aspetta, _____ _____ _____ con molta attenzione queste istruzioni: resti dov'è, non rientri nell'auto e non si avvicini alle macchine che passano, è molto pericoloso.
▶ Sì, sì, tutto chiaro. Non me ne vado, resto qui.

💡 **FOCUS**

ANDARSENE
Andarsene è un verbo pronominale e significa: andare via.
Non me ne vado, resto qui. (= Non vado via, resto qui.)

46 ALMA Edizioni | DIECI

ITALIANO IN PRATICA
Mi mandate il carro attrezzi? 3D

2 VOCABOLARIO Espressioni

Abbina le espressioni della lista alla loro funzione nel dialogo. Le espressioni sono in ordine.

Ha fatto bene. | Allora... | Non saprei dirLe. | Pazienza.

FUNZIONE	ESPRESSIONE
1. SI USA PER DIRE GENTILMENTE CHE NON SI HA UN'INFORMAZIONE	
2. SI USA PER INIZIARE A RACCONTARE UNA STORIA (NELLA LINGUA PARLATA)	
3. INDICA RASSEGNAZIONE	
4. SERVE A CONGRATULARSI CON QUALCUNO PERCHÉ È STATO BRAVO	

3 PARLARE Chiamare il carro attrezzi

In coppia. Dividetevi in studente A e studente B. Leggete le vostre istruzioni, guardate la mappa in basso e improvvisate un dialogo.

STUDENTE A
Stai guidando sulla strada statale 62 per andare a Parma, quando la tua macchina si ferma all'improvviso vicino alla cittadina di Guastalla. Hai finito la benzina!
Chiami direttamente l'azienda del carro attrezzi e chiedi assistenza.

STUDENTE B
Lavori per un'azienda di assistenza stradale di Mantova. Ricevi una telefonata da un automobilista in difficoltà. Chiedi tutte le informazioni necessarie per sapere dov'è e in che situazione si trova e organizzare i soccorsi.

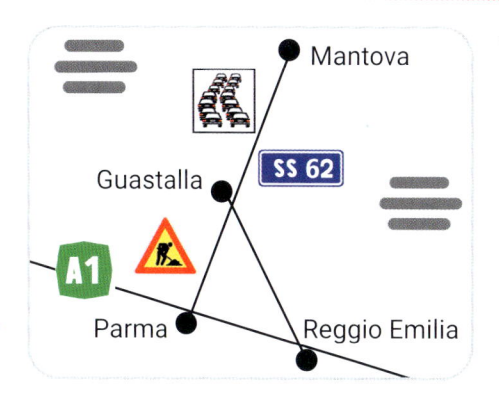

DIECI congiuntivi irregolari

1 andare > vada
2 avere > abbia
3 dovere > debba
4 essere > sia
5 fare > faccia
6 potere > possa
7 sapere > sappia
8 uscire > esca
9 venire > venga
10 volere > voglia

Anche il verbo dare ha il congiuntivo irregolare. Sai qual è?
dare → d _ _

ASCOLTO IMMERSIVO® Inquadra il QRcode a sinistra o vai su www.almaedizioni.it/dieciB1, chiudi gli occhi, rilassati e ascolta.

▶ GRAMMATICA ES 6 ▶ VOCABOLARIO ES 4 e 5

3 VIDEOCORSO Alla ricerca di un architetto

1 *Guarda il primo minuto dell'episodio senza audio e fa' ipotesi: dove si trova Anna? Chi è l'altra donna?*

2 *Guarda l'episodio completo e abbina i colori che usa Giulia ai gruppi di architetti.*

- **ROSSO** a. architetti con un CV interessante
- **GIALLO** b. architetti con un CV molto interessante
- **BLU** c. architetti sicuramente bravi perché hanno fatto cose importanti

LA LOCATION
Giulia dice: "La location non è ancora pronta". In italiano si usano spesso parole inglesi, soprattutto in settori come quello aziendale. Molti italiani non apprezzano questo fenomeno, ma la lingua evolve come la società e non è possibile fermarla!

3 *Seleziona la risposta corretta.*

1. L'ufficio di Anna è: ○ moderno e luminoso. ○ vecchio, ma bello.
2. Per Giulia non è facile: ○ lavorare in fretta. ○ fare amicizia.
3. Giulia non sa che Paolo: ○ è un amico di Anna. ○ è un architetto bravo.
4. Anna vuole fare a Paolo: ○ una sorpresa. ○ uno scherzo.

4 *Completa le frasi con i congiuntivi della lista. Attenzione: ci sono due congiuntivi in più!*

venga | abbiamo | possa | piaccia | sia | abbia | possa | abbiano

1. E questo è il Suo ufficio. Spero che Le _____.
2. Scusa, Anna, ma non riesco a fare amicizia facilmente con le persone. Penso che _____ una questione di carattere...
3. Se vuoi il mio parere, credo che questo Paolo Scherini _____ essere il candidato perfetto.
4. Penso che _____ più o meno la nostra età, vero?
5. Se ricordo bene le foto, non mi pare che _____ essere il mio tipo, comunque.
6. Be', proviamo con lui, se è disponibile. Non credo che _____ molto tempo, vero?

5 *Prova a riformulare queste richieste gentili. Sono possibili soluzioni diverse.*

1. Ti dispiace non chiamarmi così?
2. Potremmo darci del tu, che ne dici?
3. Lo chiameresti tu, per favore?

6 *Abbina le espressioni a sinistra al significato a destra.*

1. fare una confidenza   a. chiamami quando vuoi
2. sono a tua disposizione   b. vedere dal vivo
3. vedere di persona   c. rivelare informazioni private

7 *Immagina quello che dice Paolo Scherini mentre è al telefono con Anna.*

ANNA	PAOLO
Pronto, Paolo! Sono Anna, Anna Bini!	
Sì, la direttrice sono io!	
Ma che sorpresa, vero? Anche per me è stata una sorpresa quando ho visto il tuo nome per questo progetto!	
Sì, adesso ti spiego tutto, sì! Allora...	

PROGETTO & CULTURA 3

UNA GRANDE FESTA POPOLARE

1 In piccoli gruppi. Pensate a una festa popolare e/o tradizionale, religiosa o non, antica o recente, del vostro o di un altro Paese. Sotto trovate alcuni esempi. L'insegnante verifica che ogni gruppo scelga una festa <u>diversa</u>.

- **Día de muertos** (Festa dei morti, Messico)
- **Carnevale di Rio de Janeiro** (Brasile)
- **Saint Patrick's Day** (Festa di San Patrizio, Irlanda)
- **Hanami** (fioritura dei ciliegi, Giappone)
- **Tomatina** (Spagna)
- **Carnevale di Notting Hill** (Inghilterra)
- **Chunjié** (capodanno, Cina)
- **Id al-Fitr** (fine del Ramadan, Paesi di fede musulmana)

2 Cercate informazioni sulla festa che avete scelto:
- ▶ che origine ha
- ▶ dove si tiene
- ▶ quando si tiene
- ▶ qual è il modo migliore per andarci (in macchina, in treno ecc.)
- ▶ quante persone la celebrano

3 Su un grande foglio o con un computer, preparate una presentazione della festa: potete eventualmente aggiungere immagini, audio, video.

4 Mostrate la presentazione alla classe.

5 Tutti insieme, decidete qual è la festa ideale per le fasce di età indicate sotto. Motivate le vostre opinioni.
- giovani • adulti • anziani

DIECI MANIFESTAZIONI IMPORTANTI

1 Mostra internazionale d'arte cinematografica di Venezia È il più antico festival di cinema del mondo.

2 Milan Fashion Week Due volte all'anno la Settimana della Moda presenta le collezioni di grandi stilisti italiani e stranieri.

3 Lucca Comics & Games Enorme fiera in Toscana dedicata al fumetto, all'animazione e ai videogiochi: la prima in Europa.

4 Salone Internazionale del Libro di Torino Uno dei principali festival letterari a livello internazionale.

5 Stagione lirica del Teatro La Scala La Scala di Milano è uno dei teatri più prestigiosi del mondo.

6 Festival di Sanremo Nella città ligure si tiene un'importante gara di musica pop italiana con cantanti famosi e nuovi talenti.

7 Festival dei due mondi Si tiene nei teatri e nelle piazze di Spoleto (Umbria) e prevede anche concerti e spettacoli di danza.

8 Ravello Festival Festival di musica classica e jazz in Campania a cui partecipano artisti e orchestre di fama mondiale.

9 Biennale d'Arte di Venezia È una delle manifestazioni dedicate all'arte contemporanea più importanti al mondo.

10 Salone Internazionale del Mobile La fiera milanese è in assoluto la più prestigiosa nel settore dell'arredamento di design.

In base ai tuoi interessi e alle tue occupazioni, a quale manifestazione ti piacerebbe andare, o tornare? E quale potresti visitare per scoprire qualcosa di nuovo di cui non ti sei mai interessato/a fino a oggi?

3 TEST

GRAMMATICA

1 *Coniuga tutti i verbi al congiuntivo presente tranne uno, che va al presente indicativo.*

Strada della Forra, Lombardia
●●●●● 1200 recensioni

Emilia ha scritto una recensione

Una strada spettacolare!

Secondo molti *blogger* la strada panoramica più bella d'Italia (essere) _____ la leggendaria Strada della Forra, e io penso che (loro – avere) _____ ragione. È lunga pochi chilometri, fa uno zigzag tra le montagne e collega un bellissimo paese (Pieve di Tremosine) al Lago di Garda: la vista è imperdibile! È molto famosa – appare anche in un film di James Bond! –, quindi è possibile che in estate (esserci) _____ un po' di traffico. Inoltre suppongo che non (andare) _____ bene per camper e macchine grandi perché è molto stretta. Dubito anche che si (potere) _____ percorrere a piedi: ci sono molte curve, quindi non si vedono bene le macchine che arrivano dalla direzione opposta. Alla fine del percorso c'è un ristorante buonissimo, ma è molto famoso e ho paura che (essere) _____ spesso pieno di gente: prenotate! Spero che questa recensione vi (essere) _____ utile! Se volete che vi (io – mandare) _____ i link ai blog che ho trovato, sono a vostra disposizione.

OGNI VERBO CORRETTO = 3 PUNTI ___ / 24

2 *Completa le frasi con gli elementi della lista.*

ce la | te la | la | ci | cene

1. Perché parli al telefono mentre guidi? Smetti___, è pericoloso!
2. ___ senti di guidare da Milano a Bari? Sono 880 km.
3. Quanto tempo ___ vuole da Genova a Firenze in macchina?
4. C'è troppa gente in questo autogrill, andiamo___.
5. Senza benzina non ___ facciamo ad arrivare a Napoli.

OGNI COMPLETAMENTO CORRETTO = 3 PUNTI ___ / 15

VOCABOLARIO

3 *Abbina elementi della lista e simboli corrispondenti.*

1. stazione di servizio | 2. limite di velocità
3. polizia stradale | 4. centro storico
5. strada statale | 6. autostrada | 7. code

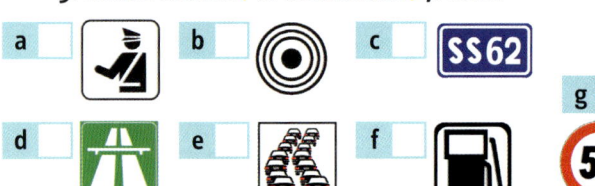

a ___ b ___ c ___ g ___
d ___ e ___ f ___

OGNI ABBINAMENTO CORRETTO = 3 PUNTI ___ / 21

4 *Sottolinea il significato corretto tra quelli evidenziati.*

1. vacanze sulla neve = settimana **fredda** / **bianca**
2. breve escursione vicino alla città = gita fuori **porta** / **strada**
3. il lunedì dopo Pasqua = **Pasquina** / **Pasquetta**
4. unire giorni festivi e non festivi per fare più vacanze = fare **il ponte** / **il lungo**
5. vacanze organizzate senza agenzie di viaggio = vacanze **"fai da solo"** / **"fai da te"**

OGNI SELEZIONE CORRETTA = 4 PUNTI ___ / 20

COMUNICAZIONE

5 *Seleziona la reazione logica.*

1. Mi dispiace, non posso venire in vacanza con te.
   a. ○ Non vedo l'ora!   b. ○ Uffa!
2. Viaggiare per tre mesi: sarebbe bellissimo!
   a. ○ Eh, magari!   b. ○ La smetto.
3. Domani parti per l'isola d'Elba?
   a. ○ Sì, non vedo l'ora!   b. ○ Hai fatto bene!
4. Elisa mi ha detto che non può partire con noi.
   a. ○ Te la senti?   b. ○ Pazienza.

OGNI SELEZIONE CORRETTA = 5 PUNTI ___ / 20

TOTALE ___ / 100

AUTOVALUTAZIONE

CHE COSA SO FARE IN ITALIANO?	🙂	😐	🙁
indicare desideri e speranze	○	○	○
parlare di viaggi e vacanze	○	○	○
chiedere assistenza stradale	○	○	○

LEZIONE 4
TRADIZIONI

Qui imparo a:
- *descrivere superstizioni*
- *evitare argomenti tabù*
- *sintetizzare*
- *esprimere sorpresa, irritazione, esasperazione*
- *raccontare uno shock culturale*

COMINCIAMO

a   Nella tradizione popolare italiana esistono molti proverbi… che a volte si contraddicono!
In coppia: abbinate ogni proverbio a sinistra a quello di significato completamente opposto a destra.

- Chi fa da sé fa per tre.
- Chi va piano va sano e va lontano.
- Quando si chiude una porta, si apre un portone.

- Chi lascia la via vecchia per quella nuova, sa quel che perde e non sa quel che trova.
- L'unione fa la forza.
- Chi ha tempo non aspetti tempo.

b   Con quale o quali di questi proverbi siete d'accordo? Parlatene insieme.

IN ALTO: MONTERIGGIONI (TOSCANA): LA VIA FRANCIGENA, CHE NEL MEDIOEVO PORTAVA I PELLEGRINI CRISTIANI DALL'INGHILTERRA (CANTERBURY) ALL'ITALIA DEL SUD (PUGLIA) VIA ROMA.

4A Superstizioni italiane

G la forma impersonale con "si" dei verbi riflessivi
V superstizioni • vale a dire, dunque, per questo

1 LEGGERE Per scaramanzia

1a Nella tradizione popolare in Italia per proteggersi dalla sfortuna si tocca un materiale: quale, secondo te? La soluzione è in fondo alla pagina.

la pietra   il ferro   il legno

1b In coppia: provate a indovinare quali azioni portano fortuna (F) e quali sfortuna (S) per gli italiani.

- aprire l'ombrello in casa
- mettere un cappello sul letto 
- rompere uno specchio 
- vedere un gatto nero che attraversa la strada 
- trovare un quadrifoglio 
- mettersi a tavola in tredici 
- mangiare lenticchie a capodanno 
- celebrare le nozze di martedì o venerdì 
- passare sotto una scala 

1c Adesso completate le spiegazioni con alcune parole del punto **1b**, come negli esempi, e verificate le vostre ipotesi.

a. Nel Vangelo Gesù Cristo celebra l'Ultima Cena insieme a 12 apostoli prima di morire. Per questo si crede che mangiare in _____ sia di cattivo augurio.

b. Il _____ _____, rappresenta la notte, cioè il male, il Demonio. Una credenza diffusa in molti Paesi dal Medioevo.

c. In passato quando una persona stava per morire si chiamava il medico a casa, che per rispetto lasciava il suo _cappello_ _sul_ _letto_ del povero malato. È un gesto di cattivo augurio.

d. La _____, già nella tradizione cristiana, rappresenta la Trinità (il Padre, il Figlio e lo Spirito Santo), quindi è un simbolo sacro che non si può attraversare.

e. Lo _____ riflette la nostra immagine, vale a dire noi stessi. Fin dall'epoca romana si crede che romperne uno porti sette anni di sfortuna.

f. Un tempo nelle case delle famiglie povere ci si proteggeva con _____ _____ dalla pioggia che entrava dal tetto. Questo gesto ricorda dunque la povertà estrema.

g. Questa credenza è nata in epoca romana. Non ci si sposa _____ o _____ perché nella mitologia classica questi giorni sono legati a Marte, dio della guerra, e a Venere, dea della lussuria... Ma oggi non si segue più spesso questa tradizione.

h. Fin dai tempi dei Romani si pensa che le _____ rappresentino la ricchezza o, più precisamente, i soldi, forse perché ricordano la forma delle monete.

i. Probabilmente questa credenza è di origine nordeuropea. Il _quadrifoglio_ nella tradizione celtica rappresenta la potenza.

Soluzione del punto **1a**: il ferro; l'espressione è: *toccare ferro*.

Superstizioni italiane 4A

FOCUS

POVERO
L'aggettivo **povero** può cambiare significato a seconda della sua posizione.

il **povero** malato = il malato sfortunato
le famiglie **povere** = le famiglie senza soldi

2 GRAMMATICA La forma impersonale

2a Ricordi come funziona la forma impersonale? <u>Sottolinea</u> nei testi a pagina 52 tutte le forme impersonali con si.

2b Due dei verbi che hai sottolineato sono riflessivi: quali? Scrivili all'infinito.

_____ _____

2c Completa la regola.

La forma impersonale dei verbi riflessivi si forma così:
___ + ___ + verbo alla terza persona singolare.

2d Prova a indovinare il verbo necessario in ogni domanda e mettilo nella forma riflessiva con si. Se ne hai bisogno, chiedi l'infinito all'insegnante. Rispondi anche alle domande.

Nel tuo Paese:
1. in genere a che ora _____ per andare al lavoro o a scuola?
   ○ Alle 7.
   ○ Verso le 8.
   ○ Altro: _____
2. Come _____ in città?
   ○ Con i mezzi pubblici.
   ○ In macchina.
   ○ Altro: _____
3. Come _____ in ufficio?
   ○ In modo elegante.
   ○ In modo informale.
   ○ Altro: _____
4. Dove _____?
   ○ In chiesa.
   ○ In Comune.
   ○ Altro: _____

3 VOCABOLARIO Connettivi

Cerca nei testi a pagina 52 le espressioni equivalenti a quelle della prima colonna.

	ESPRESSIONE EQUIVALENTE
cioè (testo **b.**)	(testo **e.**)
quindi (testo **d.**)	(testo **a.**)
	(testo **f.**)
probabilmente (testo **i.**)	(testo **h.**)

4 SCRIVERE Dalle mie parti

Su un foglio elenca alcune superstizioni o credenze della tua famiglia, dei tuoi amici o dei tuoi connazionali. Attenzione: <u>almeno</u> una di queste cose deve essere falsa. Usa la fantasia!
Poi lavora con un compagno. A turno uno di voi legge una credenza della propria lista e l'altro indovina se è vera o falsa.

Nella mia famiglia...
Tra i miei amici...
Nel mio Paese...

▶ GRAMMATICA ES 1 ▶ VOCABOLARIO ES 1

4B Argomenti scottanti

G forme impersonali
V Ma dai! • Eh, già. • Accidenti!

1 ASCOLTARE Tabù

1a Quali sono gli argomenti tabù nel tuo Paese, cioè i temi di cui si evita di parlare <u>con estranei</u> per non rischiare di offenderli o imbarazzarli? Completa il riquadro **azzurro** (1). Poi, se vuoi, parlane con tutta la classe.

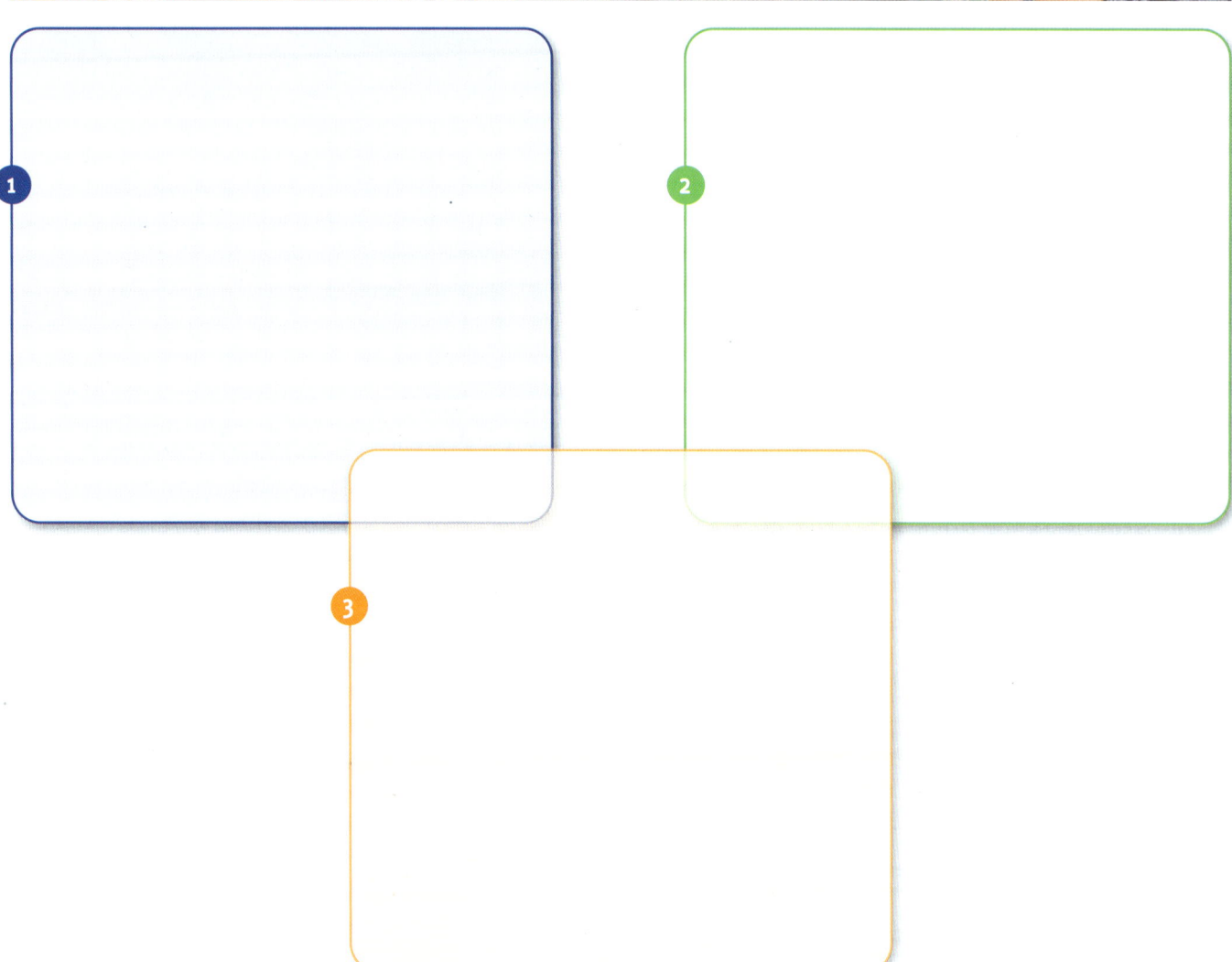

13 ▶ 1b Ascolta il dialogo tra due persone che si sono appena conosciute.
L'uomo fa delle domande o osservazioni inopportune su alcuni argomenti tabù: quali?
Completa il riquadro **verde** (2) del punto **a** (con frasi, singole parole: come vuoi).
Ci sono elementi in comune tra quelli che hai appena scritto e quelli che hai indicato prima?
Se sì, scrivili nel riquadro **arancione** (3) del punto **a**.

Argomenti scottanti 4B

1c La donna come reagisce, secondo te? Seleziona le sue varie reazioni. Poi confrontati con un compagno. Alternate nuovi ascolti e confronti.

- ○ offende l'uomo in modo aggressivo e volgare
- ○ inventa un pretesto e se ne va
- ○ cerca di cambiare argomento
- ○ evita la domanda senza spiegare perché
- ○ non risponde e spiega perché non lo fa
- ○ risponde di no in modo brutale

1d Indica con una ✓ se dal dialogo si ottengono queste informazioni. Ascolta ancora se necessario.

	LUI si sa	LUI non si sa	LEI si sa	LEI non si sa
1. quanto guadagna	○	○	○	○
2. come si trova in azienda	○	○	○	○
3. come si trova nella sua città	○	○	○	○
4. che cosa pensa della politica del proprio Paese	○	○	○	○
5. qual è la sua situazione sentimentale	○	○	○	○
6. che cosa indossa	○	○	○	○
7. come si chiama	○	○	○	○

2 VOCABOLARIO Il filo del discorso

Leggi le frasi del dialogo, poi completa lo schema sotto con le espressioni **evidenziate**.

1. ● **Ma dai**, l'azienda ti ha portato fortuna!
2. ● **Comunque**, al di là del lavoro, io non mi trovo più bene in questa città.
3. ● Sì, sì, **come no**, il lavoro bisogna amarlo.
4. ▶ **Eh, già...** Mi sono sporcata con la torta, **accidenti**!

	ESPRESSIONE
1. SI USA QUANDO SUCCEDE QUALCOSA DI NEGATIVO	
2. ESPRIME ACCORDO (VERO O FINTO)	
3. ESPRIME SORPRESA	
4. AIUTA A RIPRENDERE IL FILO DEL DISCORSO	

3 GRAMMATICA Altre forme impersonali

In coppia. Oltre alla forma con *si* esistono altri modi di esprimere un soggetto generico (*tutti, la gente...*). Osservate le frasi del dialogo e abbinatele alla regola corrispondente.

1. In un'azienda così grande uno conosce solo i colleghi più stretti!
2. In contabilità quanto pagano?
3. Ma uno come può votare per questa gente... No?
4. Il sabato sera suonano musica barocca.
5. Dicono che siano concerti molto belli.

Quando il soggetto è generico possiamo usare:	FRASE NUMERO
a. *si* + verbo alla terza persona singolare	//
b. *uno* + verbo alla terza persona singolare	___ e ___
c. verbo alla terza persona plurale	___ e ___
d. il verbo *dicono* alla terza persona plurale e il congiuntivo.	___

4 PARLARE L'amico/a della Discrezia

In coppia (studente A e studente B).
Andate in ▶ COMUNICAZIONE.
Lo studente A legge le istruzioni a pagina 138, lo studente B le istruzioni a pagina 139.

▶ GRAMMATICA ES 2 e 3

4C La religione in Italia

G la forma impersonale con "si" al passato
V la religione • credere in

1 PARLARE Nomi cristiani

In Italia la tradizione cristiana è presente in molte manifestazioni culturali: anche nei nomi.
Secondo te quali dei nomi sotto si possono dare ai bambini e alle bambine, e quali si evitano?
Questi nomi si usano anche (tradotti) nel tuo Paese?
O se ne usano altri legati a tradizioni religiose diverse?
Parlane con due compagni.

Benedetta • **Salvatore** • **Maria** • **Gesù** • **Immacolata** • **Santo Pasquale** • **Madonna** • **Angelo** • **Cristo** • **Natalia**

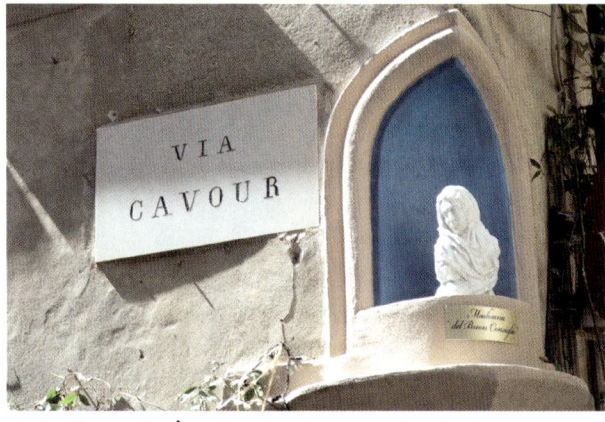

IL CULTO DI MARIA È FORTISSIMO NELLA TRADIZIONE POPOLARE (ALBENGA, LIGURIA)

2 LEGGERE Statistiche sulla religione

2a *In gruppi di tre. Che cosa sapete della religione in Italia? Gli italiani sono molto religiosi, secondo voi? Racconta ai compagni quello che sai o immagini.*

2b *Leggi la voce enciclopedica e completa gli spazi* grigi *con i titoli della lista.*

I cattolici praticanti in Italia | **Culti maggiori** | **L'ora di religione** | **Incertezza delle statistiche ufficiali**

2c *Adesso completa anche gli altri spazi nei paragrafi con* alcuni *o* tutti *gli elementi dei titoli corrispondenti. Sono possibili soluzioni diverse.*

Religione in Italia

1.

La religione cattolica è la più diffusa in Italia. Secondo l'istituto di indagine IPSOS, il 74% degli italiani si dichiara infatti cattolico; gli atei sono il 23% e i fedeli di altre religioni rappresentano il 3%. Riguardo agli altri _____, sono presenti: gli ortodossi, i protestanti, gli ebrei (la loro religione è la più antica presente nel Paese), i testimoni di Geova, i valdesi e i mormoni. Vivono infine in Italia persone di fede musulmana, buddista, induista e sikh.

2.

I numeri delle _____ non sono certi al 100% perché includono le persone che da piccole hanno aderito a una religione per tradizione familiare (come i cristiani battezzati): questo metodo ignora alcuni fenomeni importanti, cioè i casi in cui si è abbandonato il culto in una fase successiva della vita, o si è diventati atei.

3.

Secondo l'istituto di studi Eurispes, _____, vale a dire le persone che frequentano effettivamente la messa e altre cerimonie religiose, sono circa il 25% della popolazione italiana. Nella fascia di età compresa tra i 18 e i 24 anni, frequenta la messa della domenica il 16% delle persone intervistate. In sintesi, credere in Dio non sempre significa aderire a un culto religioso.

4.

Nella scuola italiana si studia la religione cattolica per una o due ore a settimana: nel 1984 si è deciso di renderla opzionale con un accordo tra la Chiesa cattolica e lo Stato. Non esistono statistiche recenti del Ministero dell'Istruzione: si sa che circa dieci anni fa frequentava _____ il 93% degli studenti. Secondo la rivista "Tuttoscuola", la percentuale è meno alta nelle grandi città e nel centro-nord del Paese, in particolare in Toscana, Emilia-Romagna e Piemonte.

Soluzione del punto 1: si evitano i nomi Gesù, Madonna e Cristo.

La religione in Italia 4C

2d Formate 2 gruppi (o 4 se siete una classe numerosa). Ogni gruppo prepara 6 domande sul testo. Poi a turno una squadra legge la prima domanda al gruppo avversario, che deve rispondere. Se la risposta è corretta, si vince un punto. Vince il gruppo che totalizza più punti. Attenzione: se la domanda è scorretta, il gruppo avversario ha il diritto di <u>non</u> rispondere e vince un punto!

ESEMPIO:

> Qual è la religione più diffusa in Italia?

> Il cristianesimo.

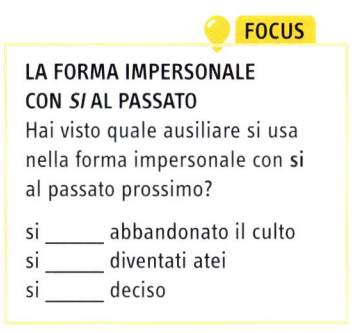

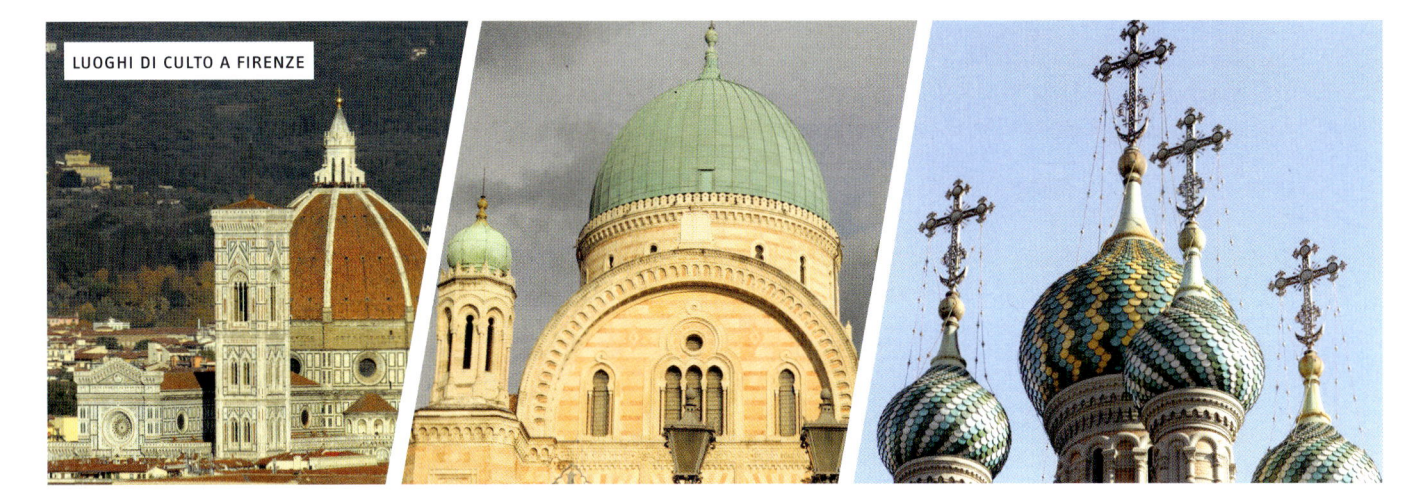

FOCUS

LA FORMA IMPERSONALE CON SI AL PASSATO
Hai visto quale ausiliare si usa nella forma impersonale con **si** al passato prossimo?

si _____ abbandonato il culto
si _____ diventati atei
si _____ deciso

LUOGHI DI CULTO A FIRENZE

3 SCRIVERE Una sintesi

3a Leggi il breve testo: è una possibile sintesi del paragrafo 4 del testo al punto **2c**. Su un foglio a parte, prova a sintetizzare tu in alcune frasi i paragrafi 1, 2 e 3. Se necessario, puoi usare le espressioni sotto.

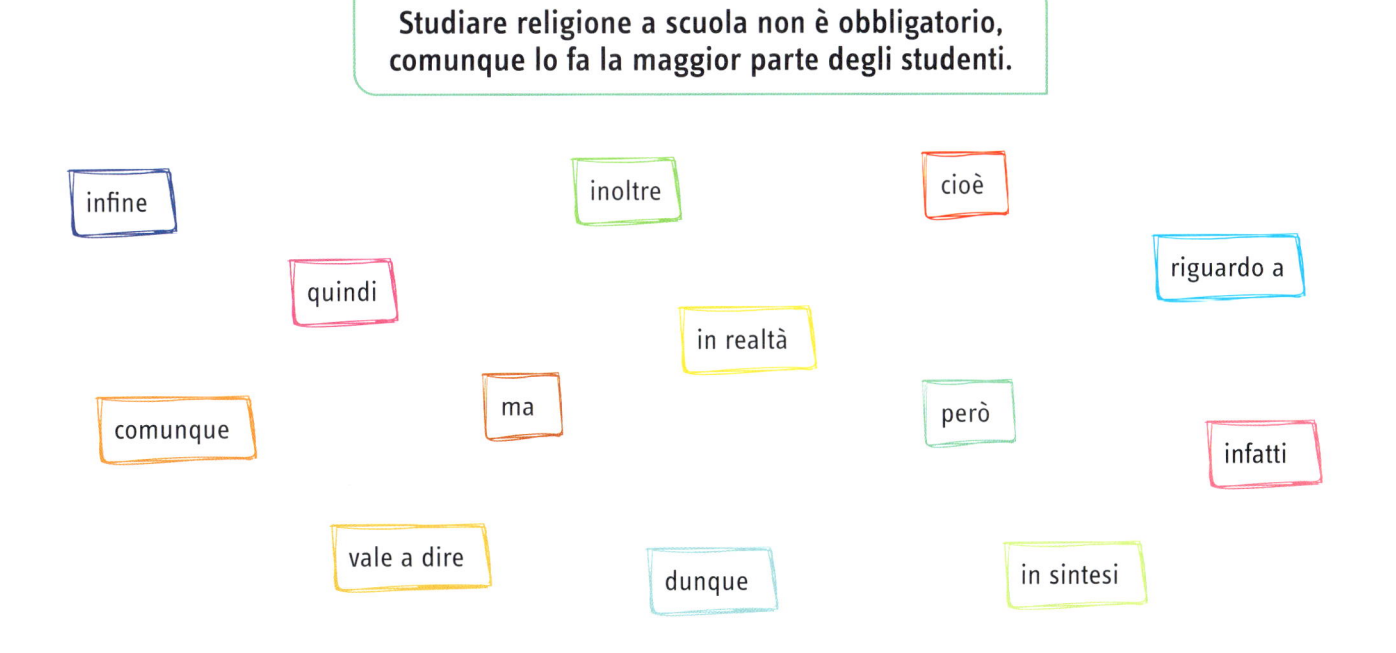

> **Studiare religione a scuola non è obbligatorio, comunque lo fa la maggior parte degli studenti.**

infine — inoltre — cioè — riguardo a — quindi — in realtà — comunque — ma — però — infatti — vale a dire — dunque — in sintesi

3b Adesso confronta le tue frasi con quelle di un compagno.
Insieme usate le vostre proposte per produrre un'unica sintesi dei primi tre paragrafi del testo.

4D ITALIANO IN PRATICA
Incrocio le dita!

G la ripetizione dell'aggettivo
V Incrocio le dita. • Oddio! • In bocca al lupo!

1 ASCOLTARE Come ci si deve comportare?

1a Guarda le immagini e leggi le descrizioni corrispondenti.

stabilire un contatto fisico mentre si parla

starnutire in presenza di altre persone

guardare negli occhi la persona con cui si parla

parlare a voce alta

mangiare davanti a persone che non stanno mangiando

parlare con qualcuno a una distanza molto ridotta

1b Dividete la classe in 4 zone: potete fare dei cerchi per terra, delimitare gli spazi con degli oggetti ecc.
Scrivete le quattro frasi sotto su un grande foglio e lasciatene uno in ogni zona.
L'insegnante dice uno dei comportamenti del punto **1a** ad alta voce: andate dentro la zona che corrisponde alla vostra opinione sui vari comportamenti.
Ogni volta che l'insegnante passa a una frase diversa, spostatevi in un'altra zona se la vostra opinione cambia.

lo trovo normale

lo accetto in funzione del mio stato d'animo

lo trovo sempre irritante

lo accetto solo in contesti intimi

ITALIANO IN PRATICA
Incrocio le dita! 4D

1c Ascolterai due conversazioni: la donna e l'uomo del dialogo della sezione **4A** raccontano ad amici la loro serata all'evento aziendale. Non importa se non hai ascoltato quel dialogo.
Di quali comportamenti del punto **1a** di questa sezione parlano?

> **FOCUS**
> **LA RIPETIZIONE**
> Nella lingua parlata spesso si ripete l'aggettivo per dare enfasi.
> Ho conosciuto un collega **pesante, pesante**. = pesantissimo

2 VOCABOLARIO Espressioni "divine"

2a Ascolta ancora e completa le espressioni `evidenziate`, molto diffuse nella conversazione informale.

dialogo 1
1. Spero che funzioni, **incrocio** _____ _____.
2. Oh _____, e tu?
3. _____ **le corna**: spero di no!

dialogo 2
1. _____ **pace**, ma uno che deve fare per conoscere gente nuova?
2. _____, questa è una cosa che non sopporto.
3. Eh, _____ _____ **al lupo**! Lo spero per te.

2b Completa la tabella con le espressioni precedenti.

FUNZIONE	ESPRESSIONE
1. ALLONTANA LA SFORTUNA	
2. ESPRIME SORPRESA, IRRITAZIONE, ESASPERAZIONE	
3. INVOCA LA FORTUNA	

3 PARLARE Il mio primo shock culturale

3a Pensa alla prima volta che hai interagito con una persona di un Paese lontano e/o di una cultura diversa dalla tua. Che sensazioni hai avuto? Come avete comunicato? Che cosa è successo? Come ti sei sentito/a dopo?
Prendi appunti. Puoi dividerli in categorie, come sotto.

- dove eravamo
- che cosa è successo
- come abbiamo comunicato
- come mi sono sentito/a

3b In coppia. A turno, raccontatevi l'esperienza. Quando ascoltate, non interrompete e non scrivete.

3c Le varie coppie formano gruppi di 4. A turno, ogni studente racconta la storia del compagno alla <u>prima</u> persona singolare.

Dieci anni fa ho conosciuto...

DIECI espressioni che "legano"

1. cioè
2. quindi
3. insomma
4. comunque
5. in realtà
6. vale a dire
7. in sintesi
8. dunque
9. infine
10. magari

Conosci il proverbio **tutto il mondo è Paese**? Completa la spiegazione con una delle espressioni sopra. Sono possibili più soluzioni.

Tutti i popoli e tutte le culture hanno gli stessi difetti, _____ è inutile lamentarci sempre del nostro Paese.

ASCOLTO IMMERSIVO Inquadra il QRcode a sinistra o vai su *www.almaedizioni.it/dieciB1*, chiudi gli occhi, rilassati e ascolta.

4 VIDEOCORSO Porta sfortuna!

1 Osserva l'immagine a destra.
Che cosa succede secondo te, in questo episodio?
Che cosa fa Paolo? E come reagisce Ivano?
Fa' ipotesi, poi guarda l'episodio e verifica.

2 Quali di queste azioni che per tradizione portano sfortuna avvengono veramente nell'episodio?

○ aprire l'ombrello in casa    ○ rompere uno specchio    ○ vedere un gatto nero    ○ passare sotto una scala

○ mettersi a tavola in tredici    ○ mettere un cappello sul letto    ○ buttare il sale per terra    ○ celebrare le nozze di martedì o venerdì

3 Indica a chi si riferiscono queste affermazioni.

	Anna	Ivano	Paolo	nessuno
1. È sulla scala.	○	○	○	○
2. Passa sotto la scala.	○	○	○	○
3. È superstizioso/a.	○	○	○	○
4. Apre l'ombrello.	○	○	○	○
5. Ha un cappello.	○	○	○	○
6. Butta il sale per terra.	○	○	○	○
7. Spolvera i libri.	○	○	○	○
8. Pulisce con la scopa.	○	○	○	○

LE DISGRAZIE
Ivano dice "Sette anni di disgrazie!" dopo che lo specchio si è rotto: *disgrazia* significa "evento negativo e imprevisto", ma è anche sinonimo di "sfortuna".

4 Completa le frasi con le espressioni della lista.

si sa | si rompe | dicono che sia | ci si fa | dicono che porti

1. _____ uno dei più bravi architetti in circolazione...
2. _____ sfortuna, no?
3. Come si dice: "Non ci credo, ma non _____ mai."
4. Tu guarda! Uno specchio!... Se cade _____.
5. Non si toccano i vetri con le mani! Poi _____ male e la sfortuna inizia davvero.

5 Seleziona il significato delle espressioni evidenziate.

1. Ah, **il buon vecchio Ivano** crede ancora a queste cose!

    1. ○ Conosco Ivano da molto tempo.
       ○ Ivano è vecchio e simpatico.

2. Oh, il mio cappello! **Quasi quasi** lo metto sopra il letto!

    2. ○ Il cappello è già sul letto.
       ○ Ho voglia di mettere il cappello sul letto.

PROGETTO & CULTURA   4

LA MORALE DELLA STORIA

1 Formate delle coppie, o piccoli gruppi se siete più di 20. Numerate le coppie da 1 a 10 (o meno): ogni coppia legge il proverbio italiano che corrisponde al proprio numero.
Se ci sono parole difficili o non capite il senso generale, chiedete all'insegnante.

1. L'erba del vicino è sempre più verde.
2. Tra il dire e il fare c'è di mezzo il mare.
3. Una mela al giorno toglie il medico di torno.
4. Quando il gatto non c'è, i topi ballano.
5. Chi trova un amico trova un tesoro.
6. Meglio soli che male accompagnati.
7. Occhio non vede, cuore non duole.
8. Fidarsi è bene, non fidarsi è meglio.
9. Al cuore non si comanda.
10. Meglio un uovo oggi che una gallina domani.

2 Scrivete un dialogo, tra due o più persone, che deve <u>concludersi</u> con il vostro proverbio, come nell'esempio (il vostro dialogo può essere più lungo).

ESEMPIO:
Morto un Papa, se ne fa un altro.

● Sai che Elisa e Dario si sono separati?
▶ Ah, sì? Ma quando?
● Un paio di mesi fa. Comunque adesso stanno tutti e due con qualcun altro.
▶ Ah, hanno già incontrato qualcuno?
● Eh, sì, sai com'è: morto un Papa, se ne fa un altro!

3 A turno, ogni coppia scrive alla lavagna il proprio proverbio. Poi legge il dialogo alla classe.
In plenum, le altre coppie provano a parafrasare il significato del proverbio che hanno appena ascoltato, come nell'esempio.
La coppia che ha scritto il dialogo decide qual è la parafrasi migliore.

ESEMPIO:
Morto un Papa, se ne fa un altro.
= Nessuno è indispensabile.

DIECI GRANDI EVENTI DELLA TRADIZIONE POPOLARE

1. **Notte della Taranta** *(Puglia, agosto)* Festival di musica tradizionale del Salento (sud della Puglia).
2. **Infiorata di Genzano** *(Lazio, primavera)* Le vie dove passerà la processione cattolica del Corpus Domini si ricoprono con mosaici di fiori.
3. **Palio di Siena** *(Toscana, luglio e agosto)* Questa gara a cavallo tra i quartieri di Siena, le contrade, ha origini medievali.
4. **Carnevale di Venezia** *(gennaio e febbraio)* Visitatori da tutto il mondo vengono ad ammirare le tipiche maschere veneziane.
5. **Festino di Santa Rosalia di Palermo** *(Sicilia, luglio)* Enorme processione religiosa che attraversa la città, tra musica e canti.
6. **Mercatini di Natale** *(Alto Adige, dicembre e gennaio)* Tra palazzi e alberi decorati con luci, nei mercati si possono assaggiare prodotti locali.
7. **Calendimaggio di Assisi** *(Umbria, maggio)* Le due parti della città suonano e rappresentano scene di vita medievale.
8. **Battaglia delle arance di Ivrea** *(Piemonte, a carnevale)* Una pittoresca battaglia a colpi di arance tra squadre su carri e squadre a piedi.
9. **Carnevale di Viareggio** *(Toscana, gennaio e febbraio)* Vicino al mare sfilano carri con enormi caricature di politici o altri personaggi celebri.
10. **Concerti degli zampognari** *(centro e sud Italia, Natale)* Per le vie delle città, gli zampognari suonano musiche natalizie tradizionali.

In Italia molte tradizioni popolari sono legate all'epoca medievale, alla religione o al carnevale. Anche nel tuo Paese è così, o le feste tradizionali hanno altre origini?

4 TEST

GRAMMATICA

1 *Coniuga i verbi tra parentesi alla forma impersonale con* si *al presente.*

> **In chiesa per trovare l'anima gemella**
>
> PADOVA | La Basilica di Sant'Antonio organizza un evento particolare per i single della città. I fedeli potranno fare nuovi incontri e, forse, innamorarsi. L'evento si chiama "Sant'Antonio *casamentero*", ("organizzatore di matrimoni" in spagnolo), e si ispira a una tradizione sudamericana, nella quale (*rivolgersi*) _____ al santo per trovare un partner. L'età dei 400 partecipanti va dai 20 ai 50 anni. Questo il programma: prima (*partecipare*) _____ alla santa messa, poi (*spostarsi*) _____ in uno spazio vicino per la festa, intitolata "Love is all around". Un evento gioioso, che però padre Svanera, uno degli organizzatori, considera anche molto serio: per lui oggi (*trovarsi*) _____ sempre più in difficoltà a causa dei ritmi di vita stressanti; non solo non (*sposarsi*) _____ più, ma giorno dopo giorno (*perdere*) _____ l'abitudine di frequentare altre persone.

OGNI VERBO CORRETTO = 4 PUNTI ___ / 24

2 *Leggi le dichiarazioni di questi tre giovani sulla loro spiritualità e* sottolinea *l'opzione corretta tra quelle* **evidenziate**.

1. **Sami B.** • 24 anni, regista
   Ho iniziato a praticare l'Islam tardi, a 18 anni. Per me il dialogo tra religioni produce società armoniose. In fondo non **è / si è** molto diversi, in Occidente: in molti **crediamo / ci si crede** in un unico Dio.

2. **Federico N.** • 27 anni, informatico
   Molte cose che uno **pensa / si pensa** sul Cattolicesimo non sono corrette. Ho ricevuto un'educazione religiosa in famiglia, ma poi ho iniziato a leggere la Bibbia da solo, in modo critico. Cerco di **farmi / farsi** domande in continuazione.

3. **Karen B.** • 22 anni, studentessa
   Da giovani **ci si chiede / ci chiede** spesso: Dio esiste? Prima ero cattolica, ma poi ho smesso di credere. Mi **domandano / domanda** sempre che cosa insegnerò ai miei figli: rispondo che decideranno loro se essere credenti oppure no.

OGNI OPZIONE CORRETTA = 2 PUNTI ___ / 12

VOCABOLARIO

3 *Abbina le espressioni con un significato simile, come nell'esempio.*

dopo — ma — quindi — cioè — poi — o — dunque — però — oppure — vale a dire

OGNI COPPIA CORRETTA = 3 PUNTI ___ / 12

4 *Unisci le parti di sinistra e destra e forma aggettivi.*

1. protest   a. o
2. musulm   b. ista
3. ebre   c. ano
4. budd   d. ante

OGNI AGGETTIVO CORRETTO = 4 PUNTI ___ / 16

COMUNICAZIONE

5 <u>Sottolinea</u> *l'espressione appropriata tra quelle* **evidenziate**.

1. **Santa pace, / Eh, già,** piove! Stavo per uscire!
2. **Come no! / Oddio!** Si è rotto lo specchio, sono 7 anni di sfortuna!
3. ● Monica e Nicola si sono sposati in chiesa ieri.
   ▶ **Ma dai! / Non me la sento.** Ma non erano atei?
4. **Accidenti! / In bocca al lupo!** Non trovo le chiavi di casa.
5. ● Domani ho l'esame all'università.
   ▶ **In bocca al lupo! / Non ce la faccio.**
6. ● Andrea è maleducato e indiscreto.
   ▶ **Eh, già. / Incrocio le dita!** Anche a me sta antipatico.
7. Finalmente vado a Venezia per la prima volta in vita mia, **come no! / non vedo l'ora!**
8. ● Mi aiuti, per favore?
   ▶ **Come no. / Pazienza.**
9. ● Domani vedo Piero, il ragazzo che mi piace.
   ▶ **Magari! / In bocca al lupo!**

OGNI OPZIONE CORRETTA = 4 PUNTI ___ / 36

TOTALE ___ / 100

AUTOVALUTAZIONE

CHE COSA SO FARE IN ITALIANO?	🙂	😐	🙁
descrivere superstizioni	○	○	○
evitare argomenti imbarazzanti	○	○	○
raccontare shock culturali	○	○	○

LEZIONE 5
NON SOLO LIBRI

Qui imparo a:
- *consigliare o sconsigliare un libro*
- *descrivere le mie abitudini di lettura*
- *parlare di mezzi di informazione*
- *formulare supposizioni al passato*
- *ordinare un libro su un sito italiano*

COMINCIAMO

a   Leggi il testo e <u>sottolinea</u> le posizioni di lettura rappresentate nelle immagini. Sono possibili più soluzioni.

Stai per cominciare a leggere il nuovo romanzo *Se una notte d'inverno un viaggiatore* di Italo Calvino. Rilassati. Raccogliti. Allontana da te ogni altro pensiero. (…) La porta è meglio chiuderla, di là c'è sempre la televisione accesa. (…) Prendi la posizione più comoda: seduto, sdraiato, raggomitolato, coricato. Coricato sulla schiena, su un fianco, sulla pancia. In poltrona, sul divano, sulla sedia a dondolo, sulla sedia a sdraio, sul pouf. Sull'amaca, se hai un'amaca. Sul letto, naturalmente, o dentro il letto. Puoi anche metterti a testa in giù, in posizione yoga. Col libro capovolto, si capisce.

da Italo Calvino "Se una notte d'inverno un viaggiatore" Einaudi, Torino

b   E tu come e dove leggi di solito? Parlane con i compagni.

5A Primi in classifica

G tuttavia • il congiuntivo passato
V romanzo, scrittura, lettura

1 LEGGERE La parola ai lettori

1a *Guarda la classifica dei libri più venduti in Italia. Quali dei tre libri leggeresti? Quali non leggeresti mai? Perché? Parlane con due compagni.*

I libri più venduti della settimana

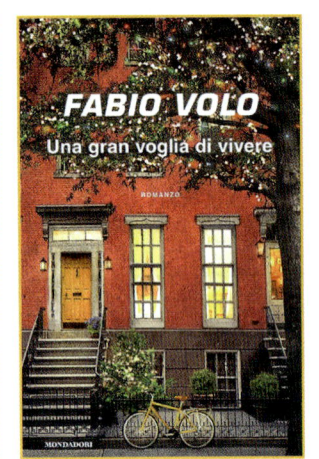

1 Fabio Volo continua a vendere milioni di copie con le sue storie di coppie in crisi, di amori difficili e di viaggi interiori alla ricerca della felicità.

2 La storia vera della famiglia Florio, attraverso 100 anni di successi imprenditoriali, rivalità, amori, sullo sfondo della Sicilia dell'Ottocento.

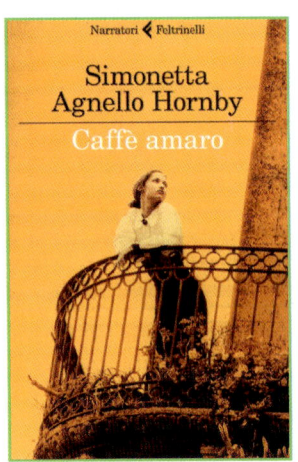

3 Ancora un'autrice siciliana, Simonetta Agnello Hornby, che nel suo ultimo romanzo racconta la vita e le passioni di una donna anticonformista, libera di spirito e divisa tra due uomini.

1b *Leggi le opinioni dei lettori. Di quale di questi libri parlano le quattro persone?*

Virginia
Prima di leggerlo ho sentito alla radio un critico che lo definiva un "inutile romanzo rosa". Quindi la mia idea era di interromperlo dopo poche pagine e invece… l'ho finito in tre giorni! Non è un romanzo ricco di azione, tuttavia quando si finisce si ha solo il desiderio di: a. leggere il numero 2; b: aspettare che **esca** la serie TV. Secondo me quel critico non sa niente di romanzi rosa, penso che non ne **abbia** mai **letto** uno in vita sua.

Luigi58
Gli ingredienti per un libro di successo ci sono tutti: amore, ambizione, ricchezza… Quindi è normale che **abbia venduto** tanto, però mi sorprende che solo pochi **abbiano parlato** della qualità della scrittura. Io credo che **sia** possibile unire qualità e successo e questo libro lo dimostra.

Simona
Ho letto due volte questo romanzo nel giro di poche settimane. Che dire? La descrizione di queste passioni così intense mi ha affascinato (si sente che si tratta di una storia vera), ma alcuni punti non li ho capiti. Insomma, ancora non sono riuscita a farmi un'idea chiara, forse devo leggerlo un'altra volta!

Lunarossa
A me non piacciono molto né le saghe familiari, né i romanzi storici, tuttavia l'ho letto con gusto. È vero, è un libro commerciale. Ma mi sembra che l'autrice **sia riuscita** a creare un mondo di sentimenti veri, autentici, ed è probabile che molti lettori **si siano riconosciuti** in questi personaggi dalle passioni forti. È un po' lungo, forse, e a volte ripetitivo. In conclusione: non è un capolavoro, ma lo consiglio a chi cerca una lettura piacevole.

> **FOCUS**
> **TUTTAVIA**
> A me non piacciono molto né le saghe familiari, né i romanzi storici, **tuttavia** (= ma, però) l'ho letto con gusto.

Primi in classifica 5A

1c Leggi ancora le opinioni e completa lo schema. Poi confrontati con un compagno e motiva le tue scelte. Attenzione: c'è un'opzione in più.

	CHI?
1. Ha un'opinione molto positiva.	
2. Ha un'opinione abbastanza positiva.	
3. Ha un'opinione negativa.	
4. Non ha un'opinione precisa.	

2 GRAMMATICA Il congiuntivo passato

2a Nei testi del punto **1b** c'è un nuovo tempo: il congiuntivo passato.
Osserva i verbi evidenziati in **azzurro** nei testi: sottolinea quelli al **congiuntivo passato** e cerchia quelli al **congiuntivo presente**.

2b In coppia.
Completate la regola sulla formazione del congiuntivo passato.

> Il congiuntivo passato si forma con il _____ presente di **essere** o **avere** + il participio passato del verbo.

FOCUS

CONGIUNTIVO PASSATO		
	LEGGERE	RIUSCIRE
io	abbia letto	sia riuscito/a
tu	abbia letto	sia riuscito/a
lui / lei / Lei	abbia letto	sia riuscito/a
noi	abbiamo letto	siamo riusciti/e
voi	abbiate letto	siate riusciti/e
loro	abbiano letto	siano riusciti/e

2c Congiuntivo presente o congiuntivo passato? Osservate lo schema e poi completate la regola sotto.

VERBO PRINCIPALE		VERBO DIPENDENTE
Credo	che	sia possibile unire qualità e successo.
↑		↑
indicativo presente		congiuntivo presente
È normale	che	abbia venduto tanto.
↑		↑
indicativo presente		congiuntivo passato

> Quando il verbo dipendente indica un'azione che accade PRIMA di quella del verbo principale, usiamo il congiuntivo _____.
> Quando il verbo dipendente indica un'azione che accade SIMULTANEAMENTE a quella del verbo principale, usiamo il congiuntivo _____.

2d Seleziona l'opzione corretta tra quelle **evidenziate**.

1. Mi sembra che Giulia **compri** / **abbia comprato** quel libro la settimana scorsa.
2. Voglio che tu **legga** / **abbia letto** questo romanzo: è bellissimo.
3. **Credo** / **Credevo** che Pinocchio sia una favola meravigliosa.
4. Penso che Italo Calvino **scriva** / **abbia scritto** i suoi libri migliori negli anni '70.
5. Mi dispiace che **oggi** / **ieri** la gente legga meno libri.

3 SCRIVERE Consigli di lettura

Scrivi la tua opinione su un libro che hai letto e consiglia se leggerlo o non leggerlo.

▶ GRAMMATICA ES 1 e 2 ▶ VOCABOLARIO ES 1

5B I classici

G proprio
V generi letterari • espressioni per riassumere

1 VOCABOLARIO I generi letterari

1a Abbina gli elementi delle due colonne, come nell'esempio.

1. poesia
2. romanzo
3. racconto
4. saggio
5. favola

a. libro di carattere scientifico, non narrativo
b. storia per bambini
c. breve storia
d. composizione lirica
e. libro che racconta una storia lunga: può essere storico, poliziesco ecc.

1b Tu che cosa leggi di solito? Parlane con due compagni.

2 ASCOLTARE Intervista a una grande scrittrice

2a In questa intervista ad ALMA.tv la scrittrice Dacia Maraini parla di due libri. Ascolta e scrivi i titoli dei due libri, poi scrivi anche qual è il genere.

LIBRO 1
titolo: _____ Ucrìa.
genere: _____ storico.

LIBRO 2
titolo: _____
genere: _____

2b Ascolta ancora, poi completa il riassunto dell'intervista.

ALMA.tv ha intervistato la grande scrittrice italiana Dacia Maraini, autrice conosciuta in tutto il mondo per il bestseller *La lunga vita di* _____ *Ucrìa*, tradotto in _____ lingue.
Il libro, un romanzo storico ambientato intorno all'anno _____, ha recentemente raggiunto la cifra record di un _____ di copie vendute.
Inizialmente la scrittrice ha parlato dei temi che caratterizzano i personaggi dei suoi libri, come per esempio il _____ di difendere le proprie idee, e ha poi detto che la sua parola preferita è "_____".
Infine, la scrittrice ha parlato di _____, un grande classico della letteratura italiana che la madre le raccontava quando aveva _____ anni. Secondo la Maraini, _____ non è solo una favola per _____, ma anche un libro per adulti perché parla di un tema importante come la _____.

'ALMA.tv
Se vuoi, guarda l'intervista completa a Dacia Maraini nella rubrica 10 domande a.

I classici 5B

3 VOCABOLARIO Espressioni per riassumere

3a Trova nel riassunto del punto **2b** un'espressione equivalente per ogni funzione.

PER COMINCIARE:	
all'inizio in principio	
PER CONTINUARE:	
dopo in seguito	
PER FINIRE:	
in conclusione alla fine	

3b Completa il riassunto de "Le avventure di Pinocchio" con tre espressioni del punto **3a**. Sono possibili soluzioni diverse. Attenzione: ci sono due spazi in più!

> Il vecchio Geppetto costruisce un bambino con un pezzo di legno _____ e lo chiama Pinocchio. Incredibilmente Pinocchio parla e cammina proprio come un vero bambino.
>
> _____ Pinocchio si comporta male: non ha voglia di studiare e non dice mai la verità. Ogni volta che dice una bugia, il suo naso diventa lungo.
>
> _____ le cose peggiorano: Pinocchio scappa di casa e da quel momento _____ vive molte brutte esperienze.
>
> _____, dopo mille avventure, Pinocchio e Geppetto tornano insieme. Pinocchio è cambiato: è diventato bravo e studioso. Una mattina si sveglia e… Sorpresa: è un bambino vero, in carne e ossa!

4 GRAMMATICA Proprio

4a Aggettivo (AG) o avverbio (AV)? Osserva la regola e seleziona l'opzione corretta.

> *Proprio* può essere un aggettivo possessivo o un avverbio.
>
> qui è:
> a. Il coraggio di difendere le proprie (= sue) idee. **AG** **AV**
> b. In "Pinocchio" c'è un uomo anziano che vuole a tutti i costi un bambino e lo vuole proprio (= davvero) carnalmente. **AG** **AV**

4b Completa le frasi con *proprio* e decidi ogni volta se è aggettivo o avverbio.

	AG	AV
1. Tutti hanno il _____ libro del cuore. Il mio è "Pinocchio".	○	○
2. Hai scritto _____ tu questo racconto? Ma allora sei _____ bravo!	○	○
3. "Cappuccetto Rosso" è _____ una bellissima favola.	○	○
4. Ogni scrittore ama i _____ personaggi, anche quelli più negativi.	○	○

5 PARLARE Intervista all'autore

5a In coppia. Scegliete uno scrittore famoso / una scrittrice famosa, del presente o del passato che conoscete o amate tutti e due (la lista è solo un esempio).

Omero | William Shakespeare | Miguel De Cervantes
Jane Austen | Lev Tolstoj | Marcel Proust
Agata Christie | George Orwell | Hermann Hesse
Italo Calvino | Paulo Coelho | J. K. Rowling

5b Dividetevi i ruoli (studente **A** e **B**), leggete le istruzioni e fate l'intervista.

STUDENTE A	STUDENTE B
Sei un / una giornalista e devi intervistare lo scrittore famoso / la scrittrice famosa che avete scelto al punto *a*. Hai 5 minuti per preparare un'intervista come quella che hai ascoltato (puoi pensare anche ad altre domande). Poi fai l'intervista.	Sei lo scrittore famoso / la scrittrice famosa che avete scelto al punto *a*. Hai 5 minuti per prepararti a rispondere a un'intervista: pensa ai libri che hai scritto, ai personaggi che hai inventato, a che tipo di scrittore / scrittrice sei. Poi rispondi all'intervista.

▶ GRAMMATICA ES 3 ▶ VOCABOLARIO ES 2 e 3

5C Leggere e informarsi

G il congiuntivo imperfetto • "magari" + congiuntivo
V mezzi di informazione • bufale, fake news

1 LEGGERE Pensavo fosse vero.

1a *In gruppi di tre. Rispondete alle domande e confrontatevi.*

1. Come ti informi?
   ○ Con la radio e la TV.
   ○ Con giornali e riviste (anche online).
   ○ Su blog e social network.

2. Hai mai creduto a una *fake news*?
   ○ Sì. → Quando?
   ○ No, mai. → Come le riconosci?

1b *Completa l'articolo con l'aiuto dell'infografica a destra.*

testo parlante 17 ▶

Più della metà degli italiani si informa sui social (ma pochi si fidano)

Quante volte abbiamo detto "pensavo fosse vero", e invece era una **bufala**?
Tutti, almeno una volta nella vita, abbiamo preso per vera una notizia falsa: chi ha creduto che l'ananas avesse il potere di rendere tutti più magri (magari fosse così facile!), chi ha pensato che nel 2012 arrivasse la fine del mondo (perché l'avevano detto i Maya!), o chi, ancora oggi, crede che la Terra sia piatta…
Il fenomeno delle *fake news* è sempre più diffuso e riconoscere una notizia falsa, nell'era di internet, diventa più difficile. Secondo uno studio di Agcom, più della metà degli italiani si informa sul web, ma solo il _____ % (cioè uno su quattro) pensa che internet e in particolare i social network siano una fonte **affidabile**. Più precisamente, la percentuale di chi considera i social non affidabili è maggiore tra gli **anziani** (il _____ %), mentre tra i giovani è **minore** (il 53,2%).
A sorpresa, il mezzo considerato più credibile è la _____. Il 69,7% degli italiani, infatti, la considera molto o abbastanza affidabile. Non male anche la _____, che convince il 69,1% degli italiani, e la **stampa**, sia on line che di carta (_____ %).
La televisione è anche il mezzo più usato per informarsi (80%), seguito dalla radio (79,4%).
Al terzo posto il web (55%) e al quarto i giornali (39%). Infine, c'è un _____ % di italiani che non si informa per niente.

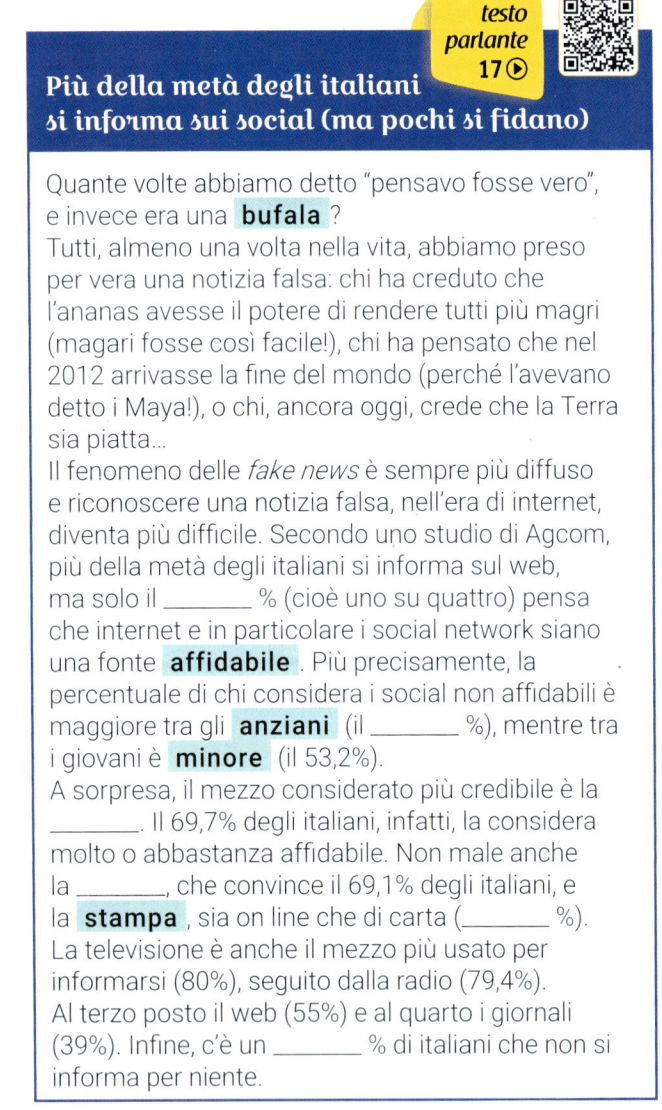

COME SI INFORMANO GLI ITALIANI

TV	radio	social, blog	stampa	non si informa
80%	79,4%	55%	39%	5%

QUALE MEZZO È CONSIDERATO PIÙ AFFIDABILE

TV	radio	social, blog	stampa
69,1%	69,7%	25%	64,3%

AFFIDABILITÀ DEI SOCIAL IN BASE ALL'ETÀ

	giovani	anziani
affidabili	46,8%	21,8%
non affidabili	53,2%	78,2%

1c *Per ogni parola della lista, nell'articolo c'è un sinonimo (=) o un contrario (><) evidenziato in* **azzurro**. *Scrivilo al posto giusto.*

giornali	=	_____
maggiore	><	_____
fake news	=	_____
giovani	><	_____
credibile	=	_____

1d *Completa.*

a. 50% = la metà = uno su _____
b. 25% = un quarto = uno su _____
c. almeno una = una o più di _____

68 ALMA Edizioni | DIECI

2 GRAMMATICA — Il congiuntivo imperfetto

2a Completa la prima parte dell'articolo al punto **1b** con quattro verbi al congiuntivo imperfetto. I verbi mancanti sono nello schema della coniugazione sotto.

> Quante volte abbiamo detto "pensavo _____ vero", e invece era una bufala? Tutti, almeno una volta nella vita, abbiamo preso per vera una notizia falsa: chi ha creduto che l'ananas _____ il potere di rendere tutti più magri (magari _____ così facile!), chi ha pensato che nel 2012 _____ la fine del mondo (perché l'avevano detto i Maya!), o chi, ancora oggi, crede che la Terra sia piatta...

	ARRIVARE	AVERE	ESSERE (VERBO IRREGOLARE)
io	arriv**assi**	av**essi**	f**ossi**
tu	arriv**assi**	av**essi**	f**ossi**
lui / lei / Lei	arriv**asse**	av**esse**	f**osse**
noi	arriv**assimo**	av**essimo**	f**ossimo**
voi	arriv**aste**	av**este**	f**oste**
loro	arriv**assero**	av**essero**	f**ossero**

2b Completa la coniugazione del congiuntivo imperfetto.

ARRIVARE	AVERE	DORMIRE
arriv**assi**	av**essi**	dorm_____

2c In coppia (studente **A** e **B**). Scegliete un verbo e a turno coniugatelo al congiuntivo imperfetto:
A → io, **B** → tu, **A** → lui o lei, **B** → noi, ecc.
Poi coniugate un altro verbo: questa volta comincia **B** e continua **A**. Finite la lista di verbi.

ESEMPIO: **parlare**
A: (Io) parlassi.
B: (Tu) parlassi.
A: (Lui / Lei) parlasse.

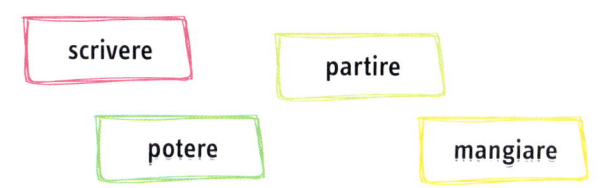

- scrivere
- partire
- potere
- mangiare

Leggere e informarsi 5C

2d In coppia. Quando si usa il congiuntivo imperfetto? Completate lo schema.

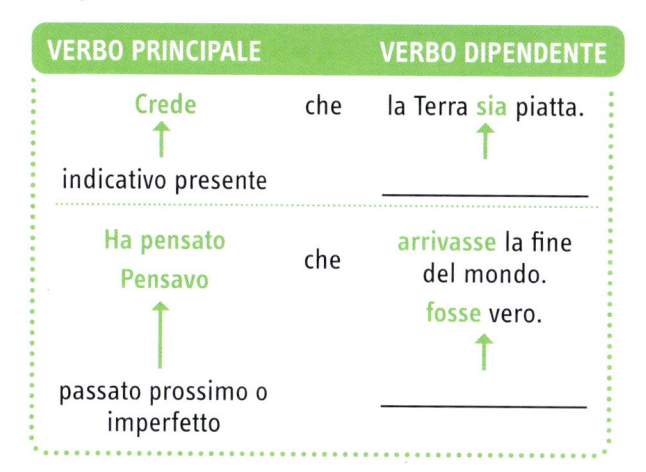

VERBO PRINCIPALE		VERBO DIPENDENTE
Crede ↑ indicativo presente	che	la Terra **sia** piatta. ↑ _____
Ha pensato Pensavo ↑ passato prossimo o imperfetto	che	**arrivasse** la fine del mondo. **fosse** vero. ↑ _____

2e In coppia. Osservate la frase dell'articolo e poi selezionate l'affermazione giusta.

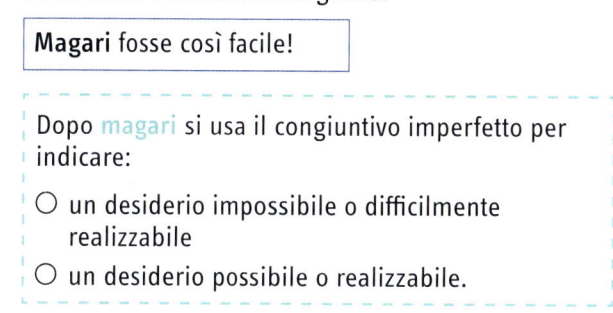

> **Magari** fosse così facile!

Dopo magari si usa il congiuntivo imperfetto per indicare:
○ un desiderio impossibile o difficilmente realizzabile
○ un desiderio possibile o realizzabile.

2f In gruppi di 3 studenti: **A**, **B** e **C**.
Ogni studente prepara l'inizio di 5 frasi che cominciano con pensavo che..., credevo che..., sembrava che... ecc. Poi, a turno, **A** inizia la propria frase e **B** la completa, **B** inizia la propria frase e **C** la completa, e così via. Seguite l'esempio.

ESEMPIO:

> Pensavo che fossi a casa...

> E invece sono in ufficio. Sembrava che piovesse...

> E invece c'è il sole. Non credevo che loro venissero...

3 PARLARE — Il gioco delle bufale

Andate in ▶ COMUNICAZIONE a pagina 136 e giocate al "gioco delle bufale".

5D ITALIANO IN PRATICA
Clicca su "annulla ordine".

G "prima che" + congiuntivo
V e-commerce • Un attimo di pazienza. • Per fortuna che...

1 ASCOLTARE Per fortuna che ci sei tu.

1a Ascolta e seleziona con il numero **1** il prodotto che l'uomo compra per sbaglio, con il numero **2** il prodotto che l'uomo vorrebbe comprare e con il numero **3** il prodotto che compra la donna.

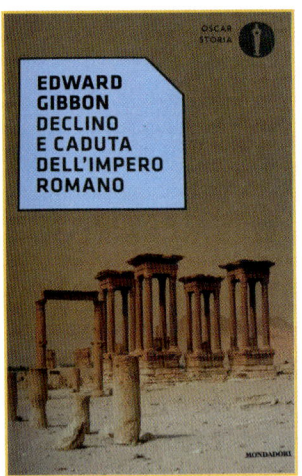

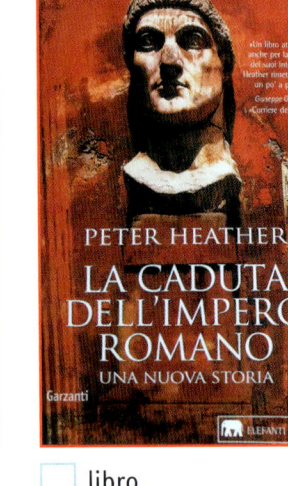

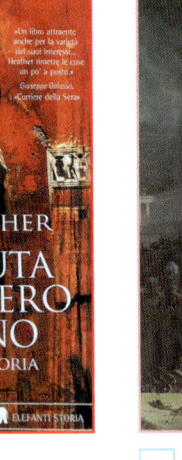

☐ libro   ☐ libro   ☐ libro   ☐ libro
☐ ebook   ☐ ebook   ☐ ebook   ☐ ebook

1b Ascolta ancora e seleziona nelle colonne **rosa** l'atteggiamento di **LUI** e di **LEI** durante il dialogo.

Chi:	LUI	LEI	ESPRESSIONI
è arrabbiato?	○	○	1. _____ 2. _____
cerca di calmare l'altro/a?	○	○	1. _____ 2. _____
esprime gratitudine per l'aiuto?	○	○	1. _____ 2. _____

1c Leggi la trascrizione del dialogo alla pagina successiva. Poi scrivi al posto giusto nello schema sopra le espressioni evidenziate in **azzurro** che esprimono i differenti atteggiamenti.

2 VOCABOLARIO Le parole dell'e-commerce

Scrivi sotto ogni immagine l'espressione corrispondente evidenziata in **grigio** nel dialogo alla pagina successiva, come nell'esempio.

1.  _____ 2.  _____ 3.  _____ 4.  _____ 5. _____

ITALIANO IN PRATICA
Clicca su "annulla ordine". 5D

3 PARLARE Guida all'acquisto

In coppia. Immaginate che il dialogo del punto 1 non finisca così. Invece di andare a dormire, Emiliano decide di seguire le istruzioni di lei per rifare l'ordine. Ma anche questa volta c'è un problema. Dividetevi i ruoli e immaginate il dialogo tra i due.

FOCUS

PRIMA CHE
Con l'espressione **prima che** usiamo il congiuntivo:
Quanto tempo ci vuole **prima che** arrivi?

▶ Oh no!
● Che c'è?
▶ Ho appena fatto un ordine per quel libro di storia di cui ti avevo parlato.
● E allora?
▶ Mi sono accorto adesso che ho sbagliato libro.
● Puoi sempre annullare l'ordine.
▶ Ma ho già fatto il pagamento! **Porca miseria...** Ti sembra possibile che abbiano scritto due libri con lo stesso titolo?
● Ma **stai calmo**, dai. Sei ancora in tempo per annullarlo, clicca su **"annulla ordine"** ... Ecco, così... Ora **torna alla pagina precedente** e fai un nuovo ordine.
▶ Nuovo ordine? No, guarda, lascio perdere, non mi va di ricominciare da zero. Vado a dormire.
● Ma ci vuole un minuto! Lascia fare a me.
▶ Grazie, **sei un tesoro**.
● Eh, lo so... "La caduta dell'impero romano": è questo il libro che devi comprare?
▶ No, questo è quello sbagliato, quello giusto è questo. Si chiama nello stesso modo, ma l'autore è inglese, mentre l'altro è di un italiano.
● Ok, lo **aggiungo al carrello**.
▶ Ma così li selezioni tutti e due!
● **Un attimo di pazienza**, **svuoto il carrello** ... e poi seleziono quello giusto, ecco qua. Controlla.
▶ Ma costa solo 7 euro e 99, è pochissimo, l'altro costava molto di più... Strano.
● Meglio, no? Ora vado al pagamento. "Inserisci i dati della carta"... Ah no, sono già inseriti, perfetto. **Procedo all'acquisto**. Fatto, visto com'è facile?
▶ Grazie. **Per fortuna che ci sei tu**. Quanto tempo ci vuole prima che arrivi?
● In che senso? Il libro è già disponibile. Eccolo.
▶ Cosa? Come, già disponibile? Ma allora...
● Che cosa c'è ancora?
▶ Hai ordinato l'ebook! Ecco perché costava poco.
● Certo che ho ordinato l'ebook, che cosa c'è che non va?
▶ C'è che io non leggo gli ebook! Ecco che cosa c'è. Mi piacciono i libri di carta, da tenere in mano, da sfogliare. Pensavo che lo sapessi. **Cavolo!**
● Scusa, non credevo che fosse così importante per te. E comunque basta fare un'altra volta "annulla ordine" e... Aspetta... Emiliano, dove vai...
▶ A dormire! Buonanotteeee!

DIECI congiuntivi imperfetti

1. *parlare* > *parlassi*
2. *leggere* > *leggessi*
3. *dormire* > *dormissi*
4. *finire* > *finissi*
5. *essere* > *fossi*
6. *avere* > *avessi*
7. *volere* > *volessi*
8. *sapere* > *sapessi*
9. _____ > *facessi*
10. _____ > *stessi*

Qual è l'infinito degli ultimi due congiuntivi imperfetti?

ASCOLTO IMMERSIVO — *Inquadra il QRcode a sinistra o vai su www.almaedizioni.it/dieciB1, chiudi gli occhi, rilassati e ascolta.*

▶ GRAMMATICA ES 5 ▶ VOCABOLARIO ES 5 e 6

5 VIDEOCORSO Notizie false

1 Osserva le tre immagini: secondo te chi è la ragazza accanto a Ivano? Perché Anna piange e poi ride? Fa' delle ipotesi. Poi guarda l'episodio e verifica.

2 Seleziona l'opzione corretta.

1. Che cosa fa Paolo prima di sedersi?
   a. Prepara un caffè.
   b. Porta il caffè a tavola.
   c. Beve un caffè.

2. Perché Paolo è a casa di Anna e Ivano?
   a. Perché Anna crede che Ivano ami un'altra donna.
   b. Perché Anna deve parlare con lui di lavoro.
   c. Perché Anna è innamorata di Paolo.

3. Con chi parla Ivano nell'altra camera?
   a. Con la sua amante.
   b. Con sua madre, al telefono.
   c. Con nessuno, prova la sua parte in un film.

4. Perché Anna piange?
   a. Perché è convinta che Ivano perderà il lavoro.
   b. Perché è malata.
   c. Perché pensa che Ivano abbia un'altra donna.

5. Chi è la ragazza nella foto?
   a. Una cara amica di Ivano.
   b. L'attrice che reciterà insieme a Ivano.
   c. Una fan di Ivano.

3 Coniuga i verbi tra parentesi in **rosso** al congiuntivo passato e quelli in **blu** al congiuntivo imperfetto.

> **Anna:**
> Se hai parlato con Giulia, credo che ti (*spiegare*) _____ tutto, no?

> **Ivano:**
> Non ci amiamo più. Io penso solo a te. E tu, allora? Speravo che (*lasciare*) _____ tuo marito, che (*noi – potere*) _____ cominciare una vita insieme!

> **Anna:**
> È che io pensavo che tu mi (*tradire*) _____ e che (*parlare*) _____ con la tua amante!

4 Completa le affermazioni di Ivano con le parole della lista.

1. battute | amante | amore
   odore | marito | copione

> Scusate, ma ho sentito l'_____ del caffè... Ne è rimasto un po' per me? Anna, quando avete finito, mi aiuti con il _____? Per favore, dovresti leggere le _____ dell'attrice, è una scena d'_____ e io devo convincere la mia _____ a lasciare suo _____. Ma... Che cos'hai? Hai pianto? Amore!

2. scena | falsa | articolo | attore | gossip | girare

> Questa è la classica notizia _____ creata ad arte dai giornalisti di _____! Infatti, guarda, l'_____ ti spiega tutto: "La famosa attrice americana è a Roma per _____ un film sulla mafia... E nella foto il momento di una _____ con Ivano Solari, giovane _____ italiano". Che cosa ti dicevo?

> **LA RETE**
> Paolo dice: "Sarà una delle tante bufale che girano in rete!". La parola *rete* è un sinonimo di *internet*.

PROGETTO & CULTURA 5

NOTIZIE OTTIMISTE

1 Formate dei piccoli gruppi. Leggete i titoli delle notizie sotto: che particolarità ha la lingua?
- ○ non c'è mai la punteggiatura
- ○ non si usa mai il discorso diretto
- ○ si usano pochi verbi

> Il segretario generale dell'ONU: "Pace subito!".

> Riunione dei Paesi industrializzati: l'Italia tra i partecipanti.

> Il 30% della popolazione a favore della bici in città.

> Sì ai supermercati aperti nei weekend.

2 Siete dei giornalisti e lavorate nella redazione di un quotidiano online. Decidete come si chiama il vostro giornale.

3 Oggi lavorerete su un'edizione straordinaria... e ottimista! Non darete notizie sull'attualità vera, bensì su cose che sperate che succedano nel mondo, nel vostro Paese, nella vostra città. Confrontatevi sugli eventi che volete che accadano e selezionatene non più di dieci. Possono riguardare qualsiasi categoria: la politica, l'economia, la cultura, lo sport ecc.

4 Pensate ai titoli delle vostre "notizie ottimiste" di oggi: siate sintetici ma efficaci.
Poi scrivete i titoli su un grande foglio. Immaginate che vadano sulla home page del vostro giornale, come nell'esempio.

ESEMPIO:

> **InfoMondo** notizie e cultura
> Finalmente a scuola il 100% dei bambini nel mondo.
> bla bla bla
> bla bla bla
> bla bla bla bla bla
> bla bla bla

5 Ogni gruppo mostra i propri titoli: quale vi sembra la notizia più bella, tra quelle che hanno scelto gli altri gruppi?

DIECI ROMANZI IMPORTANTI

1 Le avventure di Pinocchio di **Carlo Collodi**
Le avventure di un burattino che vuole diventare un bambino. Un capolavoro della letteratura mondiale.

2 Il fu Mattia Pascal di **Luigi Pirandello**
Un uomo infelice apprende la notizia della propria morte e decide di ricominciare da zero con una nuova identità.

3 La coscienza di Zeno di **Italo Svevo**
Una riflessione psicanalitica sul senso della vita, la paura di invecchiare, l'amore e le relazioni umane.

4 Se questo è un uomo di **Primo Levi**
Lo scrittore, ebreo e partigiano antifascista, racconta la sua scioccante esperienza nel lager di Auschwitz.

5 Il barone rampante di **Italo Calvino**
Nel 1700, dopo una lite con i genitori, un giovane nobile decide di salire su un albero e di non scendere mai più.

6 La storia di **Elsa Morante**
La vita drammatica di una donna, Ida, e dei suoi 2 figli a Roma durante la seconda guerra mondiale.

7 Il nome della rosa di **Umberto Eco**
Romanzo storico e giallo ambientato nel 1327 in un monastero. Ha vinto lo Strega, il più importante premio letterario in Italia.

8 La lunga vita di Marianna Ucrìa di **Dacia Maraini**
Romanzo storico su una ragazza sorda nella Sicilia del '700 che lotta per la libertà e sfida le convenzioni dell'epoca.

9 Va' dove ti porta il cuore di **Susanna Tamaro**
Una donna anziana fa un bilancio della propria vita in una lunga lettera alla nipote. Il libro ha venduto 16 milioni di copie nel mondo.

10 L'amica geniale di **Elena Ferrante**
La relazione intensa e conflittuale di due ragazze in un quartiere povero di Napoli nel dopoguerra. Un successo mondiale.

*Uno di questi scrittori ha vinto il premio Nobel per la letteratura: sai chi è?
La soluzione è sotto (e una sua statua qui a sinistra).*

Soluzione: Luigi Pirandello (1867 – 1936), drammaturgo, scrittore e poeta siciliano, autore di straordinari classici della letteratura e del teatro.

5 TEST

GRAMMATICA

1 Nell'intervista, coniuga i verbi tra parentesi al congiuntivo presente o imperfetto.

> Elena Favilli e Francesca Cavallo, siete le autrici del bestseller mondiale *Storie della buona notte per bambine ribelli*, il libro illustrato sulla vita di 100 "donne straordinarie". Qual è l'idea alla base del vostro libro?
> Molte bambine pensano che i bambini (*essere*) _____ migliori di loro. Ci sembrava importante che un libro (*provare*) _____ a rompere gli stereotipi.
> Qual è per voi l'aspetto più importante del progetto?
> Volevamo che nei racconti (*esserci*) _____ varietà, sia geografica che storica. Crediamo che questa (*essere*) _____ la caratteristica più bella del libro.
> Il successo vi ha sorprese? Pensavate che il libro (*potere*) _____ piacere anche ai bambini maschi?
> Assolutamente. Alcuni adulti credono che il libro (*escludere*) _____ i maschi, ma ai bambini non importa. Magari gli adulti (*essere*) _____ aperti come i bambini!
> Quale donna vi ha ispirate di più?
> Maria Sibylla Merian, pittrice e naturalista tedesca di fine Seicento. All'epoca la gente credeva che le farfalle (*nascere*) _____ dalla terra. Ma Maria pensava che non (*essere*) _____ così. Grazie a lei abbiamo scoperto la metamorfosi delle farfalle.
> Potete spiegare il titolo del libro?
> Il momento della buonanotte è un rito magico. Siamo felici che ogni sera in tutto il mondo migliaia di bambini (*addormentarsi*) _____ con le nostre storie.

OGNI VERBO CORRETTO = 3 PUNTI   __ / 30

2 Completa le frasi con il congiuntivo passato dei verbi della lista. I verbi <u>non</u> sono in ordine.

leggere | vendere | fare | laurearsi | venire

1. Che peccato che voi non _____ a cena ieri!
2. Penso che mio nonno non _____ mai _____ una vera vacanza.
3. Mi pare che Carlotta _____ in fisica due anni fa.
4. Credo che *L'amica geniale* _____ milioni di copie, no?
5. È strano che Eva e Paolo non _____ mai _____ Pinocchio.

OGNI COMPLETAMENTO CORRETTO = 2 PUNTI   __ / 10

VOCABOLARIO

3 Completa il testo con le parole della lista.

aggiungerlo | condividere | somma | cliccare | lettori
acquisto | romanzi | commentare | quarto | affidabile

> Bookdealer è una piattaforma di e-commerce per le librerie indipendenti. Ci trovi ogni tipo di libro: _____, saggi, fumetti ecc. Oggi circa un _____ della popolazione italiana acquista libri sul web: Bookdealer ti propone una piattaforma _____, rapida ed economica con cui puoi sostenere una libreria indipendente. Basta creare un profilo, _____ sulla tua libreria preferita, scegliere un libro, _____ al carrello, procedere all'_____. La _____ che spenderai andrà direttamente alla libreria. Su Bookdealer puoi anche scoprire nuove librerie, trovare consigli di lettura, _____ i libri che hai letto e _____ i commenti di altri _____ sui tuoi social.

OGNI COMPLETAMENTO CORRETTO = 2 PUNTI   __ / 20

4 Completa logicamente le serie con le parole della lista.

metà | in seguito | bufale

1. fake news – notizie false   _____
2. un quarto – un terzo   _____
3. dopo – poi   _____

OGNI COMPLETAMENTO CORRETTO = 5 PUNTI   __ / 15

COMUNICAZIONE

5 Abbina le espressioni con un significato simile.

1. Che c'è?   a. Accidenti!
2. Lascio perdere.   b. Aspetta!
3. Lascia fare a me. c. Qual è il problema?
4. Un attimo.   d. Me ne occupo io.
5. Cavolo!   e. Basta, non insisto.

OGNI ABBINAMENTO CORRETTO = 5 PUNTI   __ / 25

TOTALE   __ / 100

AUTOVALUTAZIONE
CHE COSA SO FARE IN ITALIANO? 🙂 😐 ☹
parlare di quello che leggo	○	○	○
raccontare come mi informo	○	○	○
ordinare un libro su un sito italiano	○	○	○

LEZIONE 6
UN AMBIENTE PREZIOSO

Qui imparo a:
- *indicare comportamenti virtuosi per l'ambiente*
- *indicare pro e contro*
- *partecipare a un dibattito*
- *formulare ipotesi certe o probabili*
- *esprimere dissenso*

COMINCIAMO

a In coppia. Guardate la foto dei due grattacieli a Milano.
Immaginate un nome adatto ai due edifici. Può essere una sola parola, più parole, una frase ecc.
Poi proponete il nome alla classe. Quale vi sembra più adatto o interessante?

b Adesso leggete in basso il nome reale dei due edifici: che cosa ne pensate?
Vi piace di più o di meno dei nomi che ha inventato la classe?

NELLA FOTO:
Il **bosco verticale**, questo il nome dei due grattacieli, è un famoso esempio di bioarchitettura. Nei due edifici si trovano circa duemila alberi.

6A Impatto zero

G sebbene, anche se, nonostante, benché
V ambiente ed ecologia

1 PARLARE Che cosa fa bene all'ambiente

1a Ordina le azioni che secondo te possono essere utili alla protezione dell'ambiente, dalla più alla meno importante. Se vuoi, aggiungi alla tua classifica altre abitudini che consideri importanti.

- mangiare cibo biologico
- usare pochi oggetti di plastica
- usare poco la macchina
- mangiare prodotti locali
- fare la raccolta differenziata
- consumare poca energia elettrica
- comprare poche cose
- avere molte piante

1b Adesso motiva le tue scelte con due compagni.

- Penso che sia importante...
- Secondo me è più utile...
- Per me non serve a molto...

2 LEGGERE E VOCABOLARIO Gli Eco-Hotel

testo parlante 19 ▶

1. Eco-Hotel
La rivoluzione *green* degli alberghi italiani

Sono sempre più numerosi gli alberghi che adottano la filosofia *green* per ridurre l'inquinamento dell'aria, della terra e dell'acqua. Queste strutture fanno attenzione al riciclo, ai materiali ecologici come il legno e alle energie rinnovabili.
Sebbene la maggior parte di questi alberghi sia in montagna o in campagna, sono presenti anche nei centri urbani. E l'ecoturismo, o turismo responsabile, è diventato sempre più importante, anche se è ancora caro.
In Alto Adige si trova il **Vigilius Mountain Resort** di Lana: un albergo nella natura a 1500 metri d'altezza. Si ispira alla "teoria dei 3 zeri": zero emissioni, zero chilometri, zero rifiuti. Anche nelle grandi città sono nati vari *green hotel*, nonostante sia più difficile aprire queste strutture in contesti urbani. In centro a Milano, per esempio, c'è **Milano Scala**, un hotel a zero emissioni in un palazzo dell'Ottocento che è diventato un modello: illuminazione a LED, prodotti cosmetici biodegradabili nei bagni e un "orto urbano" sul tetto dove si coltivano frutta e verdura di stagione.
Benché al sud queste strutture siano meno numerose, alcune sono sicuramente interessanti: a **Lama di Luna**, nella campagna di Andria in Puglia, si mangiano solo specialità locali e i mobili, secondo i principi del *feng-shui*, sono tutti orientati verso nord.

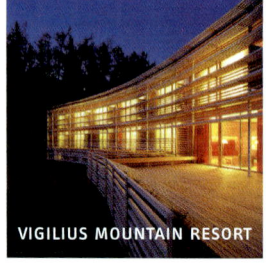

VIGILIUS MOUNTAIN RESORT
MILANO SCALA 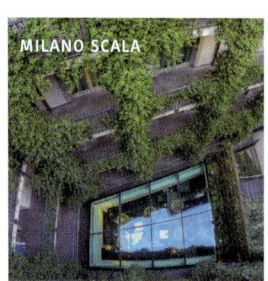
LAMA DI LUNA 

2. Ogni albergo può diventare un Eco-Hotel se rispetta queste regole.

Rifiuti
- ridurre la quantità di rifiuti
- fare la raccolta differenziata
- riciclare i rifiuti organici (per es. i resti di cibo)

Alimentazione
- usare frutta e verdura fresca di stagione, possibilmente biologica o a chilometro zero, cioè proveniente da mercati e produttori locali
- non usare OGM (per esempio la soia transgenica)
- preferire la cucina locale

Energia
- usare lampadine a basso consumo
- usare elettrodomestici a basso consumo
- utilizzare energie rinnovabili (energia solare, eolica ecc.)

Acqua
- ridurre i consumi
- favorire il consumo dell'acqua del rubinetto

Impatto zero 6A

2a Leggi il testo alla pagina precedente e poi indica se le informazioni sono vere (V) o false (F). Attenzione: le informazioni *non* sono in ordine.

	V	F
1. Nel Sud Italia ci sono meno Eco-Hotel.	○	○
2. Negli Eco-Hotel si beve acqua in bottiglia.	○	○
3. È vietato creare un Eco-Hotel in un edificio antico.	○	○
4. Le vacanze negli Eco-Hotel erano care, ma poi sono diventate economiche.	○	○
5. Gli Eco-Hotel comprano cibo che viene da regioni sia vicine sia lontane.	○	○
6. La maggior parte degli Eco-Hotel è fuori dalle città.	○	○
7. Il numero degli Eco-Hotel è in aumento.	○	○

2b Osserva le parole e le formule legate all'ambiente e alla sua protezione. Cercale nella parte 1 e 2 del testo (sono in ordine), poi su un foglio a parte rispondi alle domande sotto.

> **Parte 1 del testo**
> 1. inquinamento 2. riciclo 3. ecologico
> 4. rinnovabile 5. emissioni 6. biodegradabile
>
> **Parte 2 del testo**
> 7. organico 8. biologico 9. a chilometro zero
> 10. OGM 11. a basso consumo

a. Quali parole / formule conoscevi già?
b. Quali capisci perché sono simili nella tua lingua?
c. Quali capisci perché sono simili in un'altra lingua che conosci (per esempio in inglese)?
d. Quali capisci perché conosci le parole prima o dopo?
e. Quali non riesci a capire in nessun modo?
f. Scrivi la traduzione nella tua lingua delle parole della lista sopra.

2c Leggi ancora il testo e completa la colonna destra dello schema. Sono possibili più soluzioni. Poi confrontati con un compagno.

Eco-Hotel (Parte 1 del testo)	quale regola rispetta (Parte 2 del testo)
Vigilius Mountain Resort	
Milano Scala	
Lama di Luna	

3 GRAMMATICA Congiunzioni e congiuntivo

3a Osserva queste congiunzioni presenti nella parte 1 del testo.
Quali si usano con il congiuntivo (C), quali con l'indicativo (I)?

sebbene [C] [I]   anche se [C] [I]
nonostante [C] [I]   benché [C] [I]

3b Sottolinea l'opzione corretta tra quelle **evidenziate** e completa la regola.

> *Sebbene, anche se, nonostante, benché* hanno lo stesso significato.
> Si usano per unire due frasi: una delle due frasi **è / non è** la logica conseguenza dell'altra.

3c Sottolinea la congiunzione corretta.

1. Quest'estate passiamo le vacanze in un Eco-Hotel, **anche se / sebbene / ma** sia una grossa spesa.
2. Ridurre i consumi è necessario per l'ambiente, **nonostante / siccome / anche se** può essere difficile.
3. Generalmente gli Eco-Hotel si trovano in campagna **oppure / bensì / anche se** in montagna.
4. L'ecoturismo si è sviluppato molto, **benché / ma / bensì** è ancora caro.
5. **Benché / Siccome / Anche se** nel Sud Italia ci siano pochi Eco-Hotel, ne ho trovato uno molto interessante.

4 SCRIVERE Il nostro "Super Eco-Hotel"

In coppia. Su un foglio a parte, preparate una breve descrizione di un "Super Eco-Hotel" in Italia. Attenzione: per essere "super" deve seguire delle regole estreme, come negli esempi!
Alla fine condividete le descrizioni con quelle dei compagni: qual è l'Eco-Hotel più superecologico?

ESEMPI:
- eliminare completamente l'elettricità
- consumare solo il cibo dell'orto dell'hotel

il nostro Super Eco-Hotel	le sue regole
nome:	
località:	

6B Dove viviamo

G il periodo ipotetico del 1° e 2° tipo
V città, paese, campagna, isola

1 SCRIVERE Pro e contro

Com'è, in base alla tua esperienza, alle tue opinioni personali o alle tue supposizioni, vivere in questi luoghi? Pensa ai vantaggi (i pro) e agli svantaggi (i contro).

vivere in una grande città / metropoli

pro 🙂	contro 🙁

vivere in una piccola città / in un paese

pro 🙂	contro 🙁

vivere in un luogo isolato (per es. in campagna, su un'isola...)

pro 🙂	contro 🙁

2 ASCOLTARE Quattro punti di vista

20 ▶ 2a Ascolta le interviste. Le quattro persone che parlano rispondono alla stessa domanda. Quale, secondo te? Seleziona una domanda, poi confronta la tua scelta con quella di un compagno. Alla fine ascoltate ancora e riconfrontatevi.

- Che cosa vorresti cambiare del posto dove vivi? ○
- Dove ti piacerebbe andare a vivere? ○
- Perché hai scelto di vivere qui? ○

2b Ascolta ancora. Dove vorrebbero vivere le quattro persone intervistate? Le foto non sono in ordine. Attenzione: in un caso <u>non</u> è possibile saperlo!

Guglielmo

Cloe

Yuri

Arianna

2c Ascolta un'ultima volta.
Le 4 persone indicano pro e contro di luoghi dove abitano o vorrebbero abitare in futuro. Se sei <u>d'accordo</u> con tutte o alcune delle loro osservazioni, scrivile negli schemi del punto **1**.

FERRARA (EMILIA-ROMAGNA)

Dove viviamo 6B

3 GRAMMATICA Il periodo ipotetico

3a *Sottolinea con una riga la frase che esprime un'**ipotesi**, con due righe la frase che esprime una **conseguenza**. Poi confrontati con due compagni.*

Yuri
1. Se uno abita a Roma, o a Milano, può andare al cinema, a vedere un concerto, una mostra...

Arianna
2. Se abiti in un paesino ed esci, sanno tutti dove sei... con chi sei... che cosa fai...
3. Avrei troppa paura di perdere la mia privacy, se vivessi in un posto così.

Guglielmo
4. Sarebbe bello se le grandi città fossero come Ferrara.

Cloe
5. Se potessi, vivrei lontano da tutto, su un'isola.

3b *Sempre insieme, rispondete alle domande.*
- Quali frasi esprimono un'ipotesi certa o molto probabile?
- Quali un'ipotesi possibile o poco probabile?

3c *Completate la regola sul periodo ipotetico.*

PERIODO IPOTETICO DEL PRIMO TIPO	PERIODO IPOTETICO DEL SECONDO TIPO
Che cosa indica: un'ipotesi certa o probabile.	Che cosa indica: un'ipotesi possibile o poco probabile.
Con quale tempo e modo verbale si forma:	Con quale tempo e modo verbale si forma:
nell'**ipotesi** (la frase con *se*) → _____	nell'**ipotesi** (la frase con *se*) → _____ imperfetto
nella **conseguenza** → _____	nella **conseguenza** → _____ presente

3d *Una coppia contro una coppia: giocate con il periodo ipotetico del 2° tipo.*
A turno, una coppia sceglie una casella e completa quella frase per formare un periodo ipotetico, come nell'esempio. Attenzione: a volte bisogna inventare la conseguenza, a volte l'ipotesi.
Se la frase è corretta e logica, si conquista la casella. Vince la coppia che conquista più caselle.

ESEMPIO:
Se facessimo più attenzione all'ambiente...
→ *le generazioni future vivrebbero meglio.*

Se mi proponessero di trasferirmi all'estero...	Sarebbe una catastrofe se...	Se io potessi realizzare il mio grande sogno...
... andrebbero a vivere in un altro posto.	... la chiameremmo Serafina.	Se tu andassi al lavoro sempre a piedi...
Se bastasse...	La temperatura mondiale diminuirebbe se...	... se non costasse così tanto.

4 PARLARE Dibattito sul luogo ideale

La classe si divide in gruppi di 5 studenti: A, B, C, D e E. Gli studenti A e E vanno in ▶ COMUNICAZIONE (A va a pag. 138, E a pag. 139). Gli studenti B, C e D leggono le istruzioni qui sotto.

Studente B, C e D

Guarda quello che hai scritto al punto *1* e confrontati con i compagni sul tema: qual è il luogo migliore in cui vivere, secondo te? Perché?

L'ISOLA DI STROMBOLI (SICILIA)

▶ GRAMMATICA ES 2 e 3

6C La montagna d'estate

G Se fossi in te...
V la montagna: natura e animali

1 VOCABOLARIO E LEGGERE — La montagna

1a Osserva gli animali nel disegno per 20 secondi, poi chiudi il libro e lavora con un compagno. Quali animali ricordate? Quanti? Alla fine aprite il libro: quanto ricordavate?

aquila, lupi, cinghiali, orso, stambecchi, marmotte

1b Leggi e abbina elementi dell'immagine e parole evidenziate in grigio del testo, come nell'esempio. Non importa che le parole siano singolari o plurali.

Qua e là – il blog di Piero

1 Le solite ferie al mare? E se un giorno scopriste che il vero relax è la montagna d'estate?

L'Italia è ricca di parchi nazionali. Ecco i miei cinque luoghi del cuore, parchi magnifici e rilassanti dove passeggiare tra prati pieni di fiori, antiche foreste e laghi azzurri. Che cosa aspettate a esplorare questi paradisi? Io prenoterei subito la prossima vacanza!

2 PARCO NAZIONALE D'ABRUZZO, LAZIO E MOLISE | La particolarità di questo parco è che include tanti bellissimi paesini ricchi di storia, come Scanno. Il simbolo del parco è l'orso.

3 PARCO NAZIONALE DEL POLLINO (Basilicata e Calabria) | Se incontraste un lupo, scappereste subito, o gli fareste una foto da postare su un social? Scopritelo in questo parco meraviglioso, il più grande d'Italia. Alzate gli occhi al cielo: vedrete delle aquile!

4 PARCO NAZIONALE DELLE DOLOMITI BELLUNESI (Veneto) | È un parco ricco di fiumi e ruscelli. Ci vivono numerose specie animali, fra cui la marmotta. Attenzione: i percorsi da trekking non sono facilissimi! Principianti: meglio che restiate in collina.

5 PARCO NAZIONALE DEL CIRCEO (Lazio) | È uno dei migliori esempi di biodiversità nel nostro Paese. Si può visitare in bicicletta. In autunno vedrete parecchi cinghiali.

6 PARCO NAZIONALE DEL GRAN PARADISO (Piemonte e Valle d'Aosta) | È il parco più antico d'Italia, ricco di laghi alpini e cascate. L'animale simbolo del parco è lo stambecco. Era una specie in pericolo, ma le abitudini sono cambiate (non si caccia più nel parco): oggi la popolazione di stambecchi è di 3000 esemplari. La montagna più alta è il Gran Paradiso (4061 m).

La montagna d'estate 6C

DOLOMITI (VENETO)

paragrafo numero	parola/e prima	opzione mancante
1	paradisi?	1. Secondo me 2. Bensì 3. Se fossi in voi
3	subito, o	1. prima 2. dappertutto 3. quindi
3	cielo:	1. in realtà 2. sicuramente 3. comunque
4	Principianti:	1. siete 2. è 3. fosse
5	visitare	1. in piedi o 2. a piedi oppure 3. con i piedi oppure
6	pericolo, ma	1. ormai 2. prima di tutto 3. non ancora
6	stambecchi è di	1. meno 2. più 3. circa

1c Completa lo schema con le informazioni del blog. Le informazioni <u>non</u> sono in ordine.

IL PARCO:	SI CHIAMA:
di maggiori dimensioni	
dove la flora e la fauna sono estremamente varie	
che è nato per primo in Italia	
in cui si trovano paesi pieni di tradizioni	
meno accessibile a chi non è esperto di alta montagna	

> 💡 **FOCUS**
>
> **DARE CONSIGLI**
> **se fossi in voi / te** = al posto vostro / tuo
>
> Dopo queste formule si usa il condizionale.

2 GIOCARE Il periodo ipotetico del 2° tipo

Volete esercitarvi ancora con il periodo ipotetico del 2° tipo? Andate in ▶ COMUNICAZIONE a pagina 136.

3 SCRIVERE Fantascienza o futuro prossimo?

Osserva gli scenari: come diventerebbe il mondo se succedessero queste cose?
Scegli una o più ipotesi e immagina un mondo possibile.

> Ecco che cosa succederebbe se:
> - non ci fosse più internet
> - gli esseri umani parlassero un'unica lingua
> - smettessimo tutti di mangiare carne
> - non si usasse più la macchina
> - lavorassimo 4 ore al giorno

1d Nell'articolo al punto **1b** mancano delle parole o gruppi di parole. Completalo: seleziona l'opzione mancante in ogni serie in alto a destra, come nell'esempio.

ESEMPIO:

paragrafo numero	parola/e prima	opzione mancante
1	scopriste	1. cioè 2. ✓ invece 3. siccome

↓ *invece*

E se un giorno scopriste che il vero relax è la montagna d'estate?

ALMA Edizioni | DIECI   ▶ GRAMMATICA ES 4 e 5   ▶ VOCABOLARIO ES 2   81

6D ITALIANO IN PRATICA
Posso parlare?

G Me lo ricordo come se fosse ieri.
V In che senso? • Lasciamo perdere. • Esagerato!

1 **ASCOLTARE** Accendo o non accendo?

1a Secondo te, quale di questi elettrodomestici consuma di più? Confronta la tua risposta con quella di un compagno. Poi verificate la soluzione in fondo alla pagina.

frigorifero   ventilatore   lavatrice   condizionatore   asciugacapelli

21 ▶ 1b Ascolta e seleziona l'opzione corretta. Poi confrontati con due compagni.

1. I due uomini:
   ○ vivono insieme.
   ○ sono in vacanza insieme.
   ○ lavorano insieme.

2. Uno dei due:
   ○ sta morendo di caldo.
   ○ accende il condizionatore.
   ○ va a farsi una doccia.

3. I due uomini:
   ○ litigano violentemente.
   ○ non sono d'accordo.
   ○ alla fine sono d'accordo.

1c Uno dei due suggerisce alcuni rimedi contro il calore. Quali? Ascolta ancora e seleziona.

○ chiudere le tende   ○ mangiare molta frutta   ○ accendere meno luci   ○ mettere piante nella stanza
○ usare il ventilatore   ○ bere molto   ○ farsi una doccia fredda   ○ portare solo abiti di cotone

1d Una di queste opzioni <u>non</u> corrisponde a quello che succede: quale? Ascolta ancora se necessario.

I due uomini: ○ alzano la voce   ○ si interrompono   ○ si insultano   ○ parlano contemporaneamente

1e Leggi la trascrizione sotto e verifica tutto.

Adriano: Mamma mia, qui dentro non si respira! Accendo l'aria condizionata, ti dispiace?
Bruno: Eh, ma sarà sempre peggio se continui ad accenderla.
Adriano: In che senso?
Bruno: Nel senso che il condizionatore produce aria calda! Per questo le città sono sempre più...
Adriano: No, ti prego, il discorso ecologista no! E il condizionatore fa male all'ambiente, e la macchina inquina, e l'aereo produce emissioni... Ormai non si può più...
Bruno: Se mi lasci finire... Hai mai sentito parlare di "riscaldamento globale"? Dove hai passato gli ultimi vent'anni? Su un altro pianeta?
Adriano: Ok, ok, allora dimmi tu che cosa devo fare.
Bruno: Innanzitutto chiudi le tende, così non entra la luce del sole. Poi se le finestre fossero più nuove e si chiudessero meglio, entrerebbe meno calore...
Adriano: Sì, ok...
Bruno: E poi...
Adriano: ... vado a parlare con la Direzione...
Bruno: E poi...
Adriano: ... e chiedo se possono cambiare...
Bruno: E poi...
Adriano: ... le finestre adesso!
Bruno: Posso parlare? E poi con tutte queste luci accese, è normale che aumenti...

Adriano: Aspetta, aspetta, aspetta: quindi devo chiudere le tende per bloccare il sole, ma spegnere le luci per non produrre calore. Allora torniamo alla preistoria e viviamo senza elettricità e senza...
Bruno: Esagerato! E comunque in passato si usavano solo i ventilatori e non c'erano problemi, mi pare. Me lo ricordo come se fosse ieri.
Adriano: Forse in passato non c'erano 40 gradi in estate!
Bruno: Non ci sarebbero 40 gradi se smettessimo di usare l'aria condizionata dalla mattina alla sera!
Adriano: Ancora!
Bruno: Poi quando fa caldo basta bere tanto e farsi una doccia fredda: i vecchi rimedi funzionano ancora.
Adriano: Sì, adesso mi faccio la doccia in ufficio, come se fosse...
Bruno: Perché, che male c'è?
Adriano: Vabbe', lasciamo perdere, è meglio. Accendo o non accendo?
Bruno: Per me no, ma chiedi agli altri. Siamo in democrazia, vince la maggioranza.

Soluzione del punto **1a**: il condizionatore.

ITALIANO IN PRATICA
Posso parlare? 6D

FOCUS

COME SE
Dopo **come se** si usa il congiuntivo imperfetto.
Me lo ricordo come se **fosse** ieri.

1f Osserva le frasi e prova a finirle in un modo per te logico. Rileggi il dialogo se necessario. Poi confrontati con il resto della classe.

1. Per questo le città sono sempre più...
2. Ormai non si può più...
3. E poi con tutte queste luci accese, è normale che aumenti...
4. Allora torniamo alla preistoria e viviamo senza elettricità e senza...
5. Sì, adesso mi faccio la doccia in ufficio, come se fosse...

1g Trova nel dialogo le espressioni sinonime.
Le espressioni della prima colonna sono in ordine.

1. Che vuoi dire? = ...
2. Voglio dire che... = ...
3. Per prima cosa = ...
4. Qual è il problema? = ...
5. Preferisco non parlarne più. = ...

2 PARLARE Accendere o spegnere?

Formate gruppi di 3 studenti (**A**, **B** e **C**).
Seguite le vostre istruzioni.

STUDENTE A
Sei Adriano. Chiedi a Paolo / Paola, un tuo / una tua collega, se puoi accendere il condizionatore. Difendi la tua posizione: stai morendo di caldo e non puoi lavorare in queste condizioni!

STUDENTE B
Sei Bruno. Come gli hai suggerito, Adriano chiede a un / una collega se può accendere il condizionatore. Intervieni e difendi la tua posizione, esistono alternative all'aria condizionata!

STUDENTE C
Sei Paolo / Paola, un / una collega di Bruno e Adriano. Hai ascoltato la loro discussione e speri che ti chiedano che cosa ne pensi: anche tu lavori in quell'ufficio e hai il diritto di esprimerti!

| No, ti prego! | Esagerato! | Posso parlare? |

| Aspetta, aspetta... | Se mi lasci finire... |

DIECI espressioni "buone" per l'ambiente

1. naturale
2. biologico
3. a basso consumo
4. riciclabile
5. ecologico
6. biodegradabile
7. a chilometro zero
8. responsabile
9. rinnovabile
10. sostenibile

In italiano si dice "sviluppo sostenibile": secondo te come si traduce nella tua lingua?
_____

ASCOLTO IMMERSIVO
Inquadra il QRcode a sinistra o vai su *www.almaedizioni.it/dieciB1*, chiudi gli occhi, rilassati e ascolta.

▶ VOCABOLARIO ES 3 e 4

6 VIDEOCORSO La grande occasione

1 Guarda il video fino al momento in cui Anna riceve il messaggio. Secondo te, che cosa dice il messaggio? Seleziona un'opzione, poi guarda il video fino alla fine e verifica.

Paloma Delgado:
○ non può venire al gala.
○ sarà presente al gala.
○ chiede molti soldi per essere presente al gala.

2 Rispondi alle domande.

1. Che tipo di serata di gala sta organizzando Anna?
2. Perché Anna vuole che Paolo faccia un discorso durante la serata?
3. Chi è Paloma Delgado?
4. Perché Paolo è così emozionato?

3 Unisci gli elementi della prima e della seconda colonna, forma le espressioni e poi abbinale al significato nella terza colonna, come nell'esempio.

		significato
1. cambiamento	ambientale	riduzione dei consumi di energia
2. energie	energetico	energia solare, eolica…
3. abitazioni	climatico	variazione del clima
4. impatto	rinnovabili	effetti sull'ambiente
5. risparmio	sostenibili	case che consumano e inquinano poco

UNA PERSONA ALLA MANO
Per Anna "Paloma è una persona molto alla mano". L'espressione *essere alla mano* descrive chi si comporta in modo molto semplice e cordiale con tutti.

4 Coniuga i verbi al congiuntivo imperfetto o al condizionale semplice e completa le frasi del dialogo.

1. (io – Potere) _____ dire qualcosa sui materiali a basso impatto ambientale.
2. Vuoi che usi un linguaggio come se (io – essere) _____ in una chiacchierata tra amici.
3. Oddio, allora se (lei – venire) _____, (io – potere) _____ conoscerla?
4. Se (lei – venire) _____, (lei – essere) _____ molto interessata al tuo intervento!

5 Seleziona il significato delle espressioni *evidenziate*.

1. Non fare il modesto!
a. Non dire che non sei bravo!
b. Non parlare in modo complicato!

2. Ma che combinazione!
a. Che bella cosa!
b. Che coincidenza!

PROGETTO & CULTURA 6

TEST: QUANTO INQUINI?

1 Formate piccoli gruppi.
Metà dei gruppi è A, l'altra metà è B.

2 Ogni gruppo prepara un test sul tema Quanto inquini? Il test deve avere le caratteristiche sotto.

- 8 domande
- ogni domanda ha 3 possibili risposte
- ogni risposta ha un punteggio, da 1 a 3 punti
- alla fine c'è un risultato, con un breve profilo e alcuni consigli per inquinare ancora meno

3 Per preparare il test, ogni gruppo segue le proprie istruzioni.

ISTRUZIONI PER I GRUPPI A
Le domande del test si concentrano su questi punti:
che cosa si mangia
(alimentazione bio, vegetariana, carnivora ecc.)
come e quanto ci si sposta
(macchina, mezzi pubblici, aereo ecc.)
che tipo di energia si usa in casa per riscaldare e cucinare
(gas naturale, energia solare, elettrica ecc.)

ISTRUZIONI PER I GRUPPI B
Le domande del test si concentrano su questi punti:
quali elettrodomestici si hanno e quanto li si usa
(frigo, condizionatore, lavatrice ecc.)
come si gestiscono i rifiuti
(raccolta differenziata, riciclo ecc.)
cosa e quanto si compra (escluso il cibo)
(prodotti ecologici o riciclati ecc.)

4 Formate delle coppie di studenti A + B.
Ogni studente fa il test all'altro e legge il suo profilo finale.

5 Tutti insieme: ci sono comportamenti che potreste cambiare in meglio per proteggere l'ambiente?

DIECI PERCORSI TRA NATURA E CULTURA

1 Il centro della Terra: GROTTE DI CASTELLANA (Puglia)

2 Le cave di marmo di Michelangelo: CARRARA (Toscana)

3 Un giardino all'inglese: NINFA (Lazio)

4 Il Colorado d'Italia: FIUME DORA BALTEA (Val d'Aosta)

5 Il paradiso dei fenicotteri: STAGNO NOTTERI (Sardegna)

6 Il mare che sposa la montagna: ALPI LIGURI (Liguria)

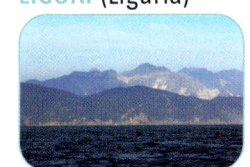

7 Un luogo infernale: SOLFATARA DI POZZUOLI (Campania)

8 Un trekking meraviglioso: LAME ROSSE (Marche)

9 Un paesaggio lunare: SALINE DI MARSALA (Sicilia)

10 Un'opera di ingegneria romana: CASCATE DELLE MARMORE (Umbria)

Qui Greci, Romani, Arabi e Normanni prendevano una risorsa preziosa per conservare il cibo: il sale.
Di quale località si tratta?

Soluzione: le saline di Marsala (9).

6 TEST

GRAMMATICA

1 Completa l'intervista con i verbi tra parentesi al congiuntivo imperfetto o al condizionale presente.

Se (*tu – potere*) _____ cambiare città o regione, dove (*andare*) _____ a vivere?

Giada | Se ne (*io – avere*) _____ la possibilità, (*andare*) _____ a vivere in Cilento, in Campania. È un posto speciale, c'è un mare meraviglioso e un parco nazionale bellissimo.

Arturo | Se io e mia moglie non (*dovere*) _____ rimanere a Roma per lavoro, (*noi – trasferirsi*) _____ a Mantova, una città stupenda piena di piste ciclabili.

Ernesto | Se (*essere*) _____ possibile, (*io – vivere*) _____ a Macerata, nelle Marche: è la città più ecologica d'Italia.

| OGNI VERBO CORRETTO = 3 PUNTI | __ / 24 |

2 Completa il testo con le parole della lista. Attenzione: due parole sono intercambiabili.

prima | anche | sebbene | se | come | nonostante

I consigli di Camilla: la "Transiberiana d'Italia"

SULMONA E LA VALLE PELIGNA

_____ il suo percorso non sia lungo come Mosca – Vladivostok, il "Treno della Neve" Roma – Roccaraso (Abruzzo) è la linea ferroviaria più panoramica del Paese. In inverno potete ammirare le magnifiche montagne abruzzesi e i suoi borghi in treni storici, _____ se foste viaggiatori degli anni Quaranta. _____ i treni siano antichi, si viaggia comodamente. Si parte alle 10 di mattina da Roma e ci si ferma a Sulmona (_____ se è possibile scendere prima e riprendere il treno dopo). Si dorme a Sulmona e la mattina dopo si arriva a Roccaraso: qui potete andare a sciare, mangiare in un ristorante tipico, o visitare il borgo _____ che il treno riparta per Roma. _____ fossi in voi, prenoterei subito!

| OGNI COMPLETAMENTO CORRETTO = 2 PUNTI | __ / 12 |

VOCABOLARIO

3 Abbina immagini e significato.

a ☐   b ☐   c ☐   d ☐   e ☐

1. ambiente   2. inquinamento   3. rifiuti organici
4. riciclo   5. riscaldamento globale

| OGNI ABBINAMENTO CORRETTO = 2 PUNTI | __ / 10 |

4 Completa le definizioni con le lettere appropriate.

1. Una grande città è una M _ T _ _ P _ _ I.
2. Molti alberi insieme formano una _ O _ E S _ _ .
3. Una città piccolissima è un _ A _ _ E.
4. Un fiume che cade da una montagna forma una _ _ S _ A T _ .

| OGNI COMPLETAMENTO CORRETTO = 6 PUNTI | __ / 24 |

COMUNICAZIONE

5 Cancella l'espressione intrusa, poi abbina ogni serie alla funzione corrispondente, come nell'esempio.

ESEMPIO: Non ce la faccio!
Non me la sento.
Esagerato! ········→ non sei in grado di fare qualcosa

1. a. Posso parlare?
   b. Che male c'è?
   c. Se mi lasci finire...

2. a. Pazienza.
   b. Cavolo.
   c. Accidenti!

3. a. Un attimo di pazienza.
   b. Stai calmo.
   c. Non saprei dirti.

vuoi rassicurare qualcuno

vuoi (ri)prendere la parola

vuoi esprimere rabbia o sorpresa

| OGNI ELIMINAZIONE CORRETTA = 5 PUNTI | __ / 15 |
| OGNI ABBINAMENTO CORRETTO = 5 PUNTI | __ / 15 |

| TOTALE | __ / 100 |

AUTOVALUTAZIONE

CHE COSA SO FARE IN ITALIANO?   🙂 😐 ☹️

parlare di ecologia e ambiente	○ ○ ○
formulare ipotesi probabili	○ ○ ○
argomentare e dibattere	○ ○ ○

LEZIONE 7
LA CITTÀ ETERNA

Qui imparo a:
- *descrivere i problemi di una città*
- *mediare e argomentare*
- *proporre soluzioni*
- *ampliare e sintetizzare le mie conoscenze su Roma*
- *consigliare e sconsigliare*

COMINCIAMO

a Qui sotto trovi un famoso modo di dire. Dalla frase mancano tutte le vocali. Sai ricostruirlo?

T☐TT☐ L☐ STR☐D☐ P☐RT☐N☐ ☐ R☐M☐

b Sai che cosa significa? Confrontati con un compagno, poi verifica la soluzione in basso.

SOLUZIONE:

Tutte le strade portano a Roma: questo modo di dire significa che si possono prendere molte strade per arrivare alla soluzione di un problema, ma il risultato finale non cambia. L'origine è storica: infatti le principali vie che collegavano l'Impero romano cominciavano e finivano tutte a Roma.

IN ALTO: LA VIA APPIA, LA PIÙ IMPORTANTE STRADA DELL'ANTICA ROMA

7A I numeri di Roma

G qualunque • il passivo
V basilica, cupola, colonnato, fontana

1 LEGGERE Dieci cose da sapere su Roma

1a *Prova a completare il testo con i numeri della lista, come negli esempi. Poi confrontati con un compagno: ci sono differenze?*

67 | ✓ 90 | 254 | 1000 | 1000 | 1871 | ✓ 2000 | ✓ 2700 | 25000 | 2900000

FORO ROMANO

COLONNATO DI SAN PIETRO

FONTANA DI TREVI

ISOLA TIBERINA

DIECI cose da sapere su Roma

Roma è considerata da tutti una delle città più belle del mondo e proprio per questo ogni anno viene visitata da milioni di turisti. Ecco 10 cose che forse non sapete.

1. Dopo Atene e Gibilterra, è la capitale più antica d'Europa. Secondo la leggenda, è stata fondata più di __2700__ anni fa da Romolo e Remo. Per questa sua lunga storia, viene chiamata anche "la città eterna".
2. È diventata capitale d'Italia solo nel _____. Prima le capitali erano state Torino e Firenze.
3. Con i suoi _____ abitanti, è la città più popolosa d'Italia e la quarta d'Europa, dopo Londra, Berlino e Madrid.
4. Con più di _____ siti di interesse archeologico o ambientale, è la città con più monumenti al mondo.
5. È la città europea con più parchi e giardini. Infatti il _____ % del suo territorio è occupato da aree verdi.
6. Ha quasi _____ chiese, più di qualunque altra città al mondo. Chiese piccole e chiese grandissime, come la basilica di San Pietro con la famosa cupola di Michelangelo e il colonnato del Bernini.
7. Roma è anche la città delle fontane: sono circa __2000__. Molte sono state realizzate da grandi artisti del Rinascimento e del Barocco.
8. Ospita sul suo territorio lo Stato più piccolo del mondo, la Città del Vaticano, dove vivono meno di _____ persone.
9. Roma è attraversata dal Tevere, il secondo fiume più lungo d'Italia, in mezzo al quale si trova l'Isola Tiberina, l'isola abitata più piccola del mondo, lunga 300 metri e larga __90__.
10. E infine Roma ha anche un record negativo: si calcola che in un anno i suoi abitanti passano circa _____ ore nel traffico (più di 10 giorni!). Solo a Bogotà, in Colombia, la situazione è peggiore.

FOCUS

QUALUNQUE
Ha quasi 1000 chiese, più di **qualunque** altra città al mondo. = più di ogni città al mondo

Soluzione del punto **1a**:
1. 2700; 2. 1871; 3. 2900000; 4. 25000; 5. 67;
6. 1000; 7. 2000; 8. 1000; 9. 90; 10. 254.

1b *Verificate la soluzione a destra. Quanti numeri avete indovinato?*

I numeri di Roma 7A

1c Giocate in gruppi di quattro, due studenti contro due studenti. A turno, una coppia chiude il libro e l'altra coppia fa una domanda su uno dei numeri del testo. La prima coppia deve rispondere con l'informazione giusta.

ESEMPIO: ● Quante fontane ha Roma? ▶ 2000!

2 VOCABOLARIO Le parole dell'architettura

In coppia. Andate in ▶ COMUNICAZIONE a pagina 137 e scoprite parole dell'architettura.

3 GRAMMATICA La forma passiva

3a Usa il nuovo inizio e riscrivi le due frasi del testo.

1. Roma **è considerata** da tutti una delle città più belle del mondo.
   → Tutti considerano _____

2. Ogni anno Roma **viene visitata** da milioni di turisti.
   → Ogni anno milioni di turisti _____

3b Leggi le definizioni di forma attiva e passiva. Poi rispondi alla domanda.

FORMA ATTIVA ha un soggetto (chi fa l'azione), un verbo attivo e un oggetto			FORMA PASSIVA ha un soggetto (chi subisce l'azione) e un verbo passivo; qualche volta c'è anche un agente (chi fa l'azione)		
I turisti	visitano	il museo.	Il museo	è visitato / viene visitato	dai turisti.
soggetto	verbo attivo	oggetto	soggetto	verbo passivo	agente

Che cosa hai fatto al punto 3a?
Ho trasformato le frasi: ○ dalla forma attiva alla forma passiva. ○ dalla forma passiva alla forma attiva.

3c Completa lo schema come nell'esempio. Attenzione: la frase 4 non ha l'agente. Poi confrontati con un compagno.

FRASE PASSIVA	SOGGETTO	INFINITO DEL VERBO	AUSILIARE	TEMPO DELL'AUSILIARE	AGENTE
1. Roma **è considerata** da tutti una delle città più belle del mondo.	Roma	considerare	essere	presente	tutti
2. Ogni anno Roma **viene visitata** da milioni di turisti.					
3. Roma **è stata fondata** più di 2700 anni fa da Romolo e Remo.					
4. Roma **viene chiamata** anche "la città eterna".					/
5. Molte fontane **sono state realizzate** da grandi artisti.					
6. Roma **è attraversata** dal Tevere.					

3d Insieme completate la regola dell'ausiliare.

> Nella forma passiva l'ausiliare _____ si può usare solo con i tempi semplici, invece l'ausiliare _____ si può usare anche con i tempi composti (passato prossimo, trapassato prossimo ecc.).

3e In coppia: studente A e studente B. Andate in ▶ COMUNICAZIONE e giocate con il passivo: A va a pag. 139, B a pag. 140.

7B La parola ai cittadini

G Non è mica facile. • i prefissi "dis-", "s-", "in-"
V cittadino, periferia, sindaco

1 VOCABOLARIO Le parole della città

Abbina definizioni e parole, come nell'esempio. Attenzione: una definizione ha una parola sbagliata: quale?

1. l'amministratore della città
2. chi vive in una città
3. una città molto piccola
4. la città in cui c'è il governo di un Paese
5. la parte della città intorno al centro
6. le diverse zone della città

a. cittadino
b. periferia
c. quartieri
d. sindaco
e. metropoli
f. capitale

2 ASCOLTARE La parola ai cittadini

2a Ascolta il programma radiofonico: seleziona nella colonna **azzurra** chi ha una buona 🙂 e chi una cattiva 🙁 opinione del sindaco. Seleziona ❓ se non è possibile saperlo.

2b Ascolta ancora e cerca di capire le opinioni degli ascoltatori. Scrivi le tue ipotesi nelle colonne **grigie**. Poi confrontati con un compagno.

	🙂	🙁	❓	i problemi di Roma	le soluzioni proposte
Emma	○	○	○		
Giulio	○	○	○		
Caterina	○	○	○		
Teresa	○	○	○		

2c Leggi la trascrizione delle opinioni degli ascoltatori e verifica.

EMMA Pronto, sono Emma, buongiorno. Dunque... Sappiamo tutti che amministrare Roma è difficile. Ma se ci fossero amministratori migliori, e non così incapaci come quelli che abbiamo, le cose funzionerebbero meglio. Invece da anni abbiamo sempre gli stessi problemi irrisolti, il traffico, l'inquinamento, la sporcizia nelle strade... Io dico che è ora di cambiare. Basta con queste persone irresponsabili e inadatte a amministrare la nostra città. Basta con questa disorganizzazione. È una situazione inaccettabile per una grande metropoli. [...]

GIULIO Buongiorno, sono Giulio. Io invece penso che il nostro sindaco sia una persona capace che ha fatto molte cose buone. Diamogli tempo. Ma è anche una persona molto fortunata perché non deve prendere ogni mattina l'autobus o la metro per andare a lavorare. Ecco, vorrei invitarlo a fare questa esperienza: sarebbe utile per capire i problemi che ogni giorno viviamo noi cittadini che abitiamo in periferia e lavoriamo in centro: mezzi pubblici affollati, spesso in ritardo... E le cose non vanno meglio per chi usa la macchina: traffico infernale, pochi parcheggi. Servirebbero più autobus, più linee della metropolitana, più parcheggi. [...]

CATERINA Pronto, sono Caterina. Io credo che siamo molto fortunati a vivere a Roma. È una città piena di verde e di bellezza, il clima è magnifico e ci sono tante cose da fare nel tempo libero: mostre, spettacoli, concerti... Secondo me il problema più grande della nostra città è che sta aumentando la disuguaglianza tra chi ha tanto e chi ha poco. In alcuni quartieri i prezzi delle case sono impossibili, e molta gente non ce la fa a pagare l'affitto. Non è mica facile vivere in questa situazione. Ci vorrebbero più case popolari e più aiuti economici per chi è in difficoltà. [...]

TERESA Salve. A tutti quelli che criticano, voglio dire che abitiamo nella città più bella del mondo, immersi nella storia e nella cultura. Vi sembra poco? E negli ultimi anni ci sono stati molti miglioramenti, per esempio l'inquinamento è diminuito e la città è più vivibile. Capisco che sia facile prendersela col sindaco, ma non è giusto: Roma ha i problemi di tutte le grandi capitali, né più né meno. E il suo futuro dipende da noi, non dal sindaco, che fa quello che può. Perciò: basta con questa sfiducia, smettiamola di lamentarci e godiamoci la nostra città, che è meravigliosa.

La parola ai cittadini 7B

FOCUS

MICA
L'avverbio **mica** è tipico della lingua parlata e si usa per rafforzare la negazione.

Non è **mica** facile vivere in questa situazione.
= non è per niente facile

2d In piccoli gruppi. Secondo voi i problemi della vostra città sono simili o diversi da quelli di Roma?

3 GRAMMATICA Contrari e prefissi

3a Trova nelle trascrizioni del punto **2c** i contrari (><) delle parole sotto, come nell'esempio.

CONTRARI

1. capaci — *incapaci*
2. risolti — _____
3. responsabili — _____
4. adatte — _____
5. organizzazione — _____
6. accettabile — _____
7. _____ — sfortunata
8. _____ — inutile
9. uguaglianza — _____
10. possibili — _____
11. fiducia — _____

3b Completa la regola con un esempio per ogni prefisso.

In italiano per formare parole di significato opposto si possono usare i prefissi:
- **dis-** →
- **s-** →
- **in-** →

Attenzione: il prefisso **in-** diventa:
- **im-** davanti a **p, b, m**: →
- **ir-** davanti a **r**: →
- **il-** davanti a **l**: → **il**legale

'ALMA.tv

Guarda il video *Roma / Seconda parte* nella rubrica *In viaggio con Sara*.

3c In coppia. Giocate con i prefissi.
A turno, scegliete una casella e formate una frase con il contrario della parola. L'altro studente reagisce e commenta.

ESEMPIO: giusto

- Il mondo è **ingiusto**: c'è chi ha tanto e chi poco.
- Sono d'accordo. / Non sono d'accordo perché...

sicuro	comodo	preciso
ragionevole	attento	corretto
umano	mangiabile	felice

4 PARLARE Il sindaco risponde

In gruppi di quattro o più studenti: un conduttore radiofonico, un sindaco e due o più cittadini. Scegliete una città, dividetevi i ruoli, seguite le istruzioni e iniziate il dibattito.

CONDUTTORE / CONDUTTRICE

Conduci il programma radiofonico "La nostra città", che oggi ospita il sindaco / la sindaca e alcuni cittadini. Presenta il sindaco / la sindaca e i cittadini, poi dagli la parola. I cittadini fanno domande e il sindaco / la sindaca risponde. Commenta le varie opinioni e conduci il dibattito. Fa' attenzione: devono parlare tutti!

SINDACO / SINDACA

Sei il sindaco / la sindaca della città. Il programma radiofonico "La nostra città" ti ha invitato a un confronto con i cittadini. Rispondi alle loro domande, difendi la tua politica e proponi delle soluzioni ai problemi.
Quando i cittadini parlano, puoi prendere appunti.

CITTADINO / CITTADINA

Il programma radiofonico "La nostra città" ti ha invitato a un confronto con il tuo sindaco / la tua sindaca. Hai molte domande da fare: perché alcune cose non funzionano? Che cosa si potrebbe migliorare? Come?
Ascolta le sue risposte e se non sei soddisfatto spiega perché.

7C I Romani: antichi ma moderni

G dato che, a meno che, a condizione che, poiché
V architettura romana

1 LEGGERE — Una lingua ancora viva

1a In gruppo. Conoscete queste dieci parole o espressioni latine? Alcune si usano anche nella vostra lingua? Ne conoscete altre?

ET CETERA — carpe diem — VIRUS — vice versa — junior — SENIOR — AGENDA — post scriptum — curriculum vitae — status quo

1b Completa ogni domanda del testo con la parola che ti sembra più appropriata (sono possibili più soluzioni). Poi confrontati con un compagno. Infine verificate una soluzione possibile in fondo alla pagina.

1c Rileggi, poi alla pagina successiva seleziona solo le informazioni presenti nel testo, come nell'esempio.

testo parlante 23

Cosa ci hanno lasciato i Romani
I ponti, le strade e una lingua ancora viva.

È il latino, non l'inglese o il cinese, la lingua più parlata del mondo. E non quello classico, ma il latino che usiamo ogni giorno. È quanto sostengono alcuni studiosi per rispondere a chi vorrebbe eliminare lo studio del latino dalle scuole. Vediamo perché con il Prof. Claudio Spalletti, studioso di storia romana.

BATH (REGNO UNITO), TERME ROMANE

Professore, da dove nasce questa _____?
Dal fatto che lo spagnolo, il francese, l'italiano, il portoghese e tutte le altre lingue neolatine sono parlate da più di 900 milioni di persone. Queste lingue sono il latino dei nostri giorni. Non solo: dato che il latino è presente anche nell'inglese, nel tedesco, nel russo e in quasi tutte le lingue europee, arriviamo a un numero altissimo di persone che in un modo o nell'altro "parlano" latino.

Insomma, il latino è una lingua ancora _____.
Vivissima. Per questo è importante conoscerla e studiarla. A meno che non si voglia dimenticare la nostra storia e la nostra cultura. Pensiamo poi che i Romani non ci hanno lasciato solo la loro lingua, ma anche il loro alfabeto, che usiamo ancora oggi e che chiamiamo appunto alfabeto latino: un sistema semplice, completo, facile da imparare.

Quali _____ cose importanti ci hanno lasciato i Romani?
L'elenco sarebbe lunghissimo. Sicuramente le strade, che collegavano tutto l'impero e che erano costruite secondo metodi modernissimi. A cominciare dalla via Appia, la regina delle strade romane. E poi i ponti e gli acquedotti, progettati più di duemila anni fa e che funzionano ancora oggi. Sono un vero miracolo.

Dunque gli antichi romani non sono solo degli eccezionali soldati ma anche dei grandi _____.
I Romani amano l'architettura. Ma attenzione: per loro l'architettura è importante, a condizione che sia utile e non solo bella da vedere. Le grandi opere che ci hanno lasciato sono principalmente per l'uso pubblico: terme, palazzi e teatri dove ancora si svolgono spettacoli.

Tra tutte queste, qual è secondo Lei l'_____ più importante?
Poiché me lo chiede, dico il Colosseo: un'opera immortale che è il simbolo di Roma nel mondo.

Soluzione possibile del punto **1b**: affermazione, viva, altre, architetti, opera.

I Romani: antichi ma moderni 7C

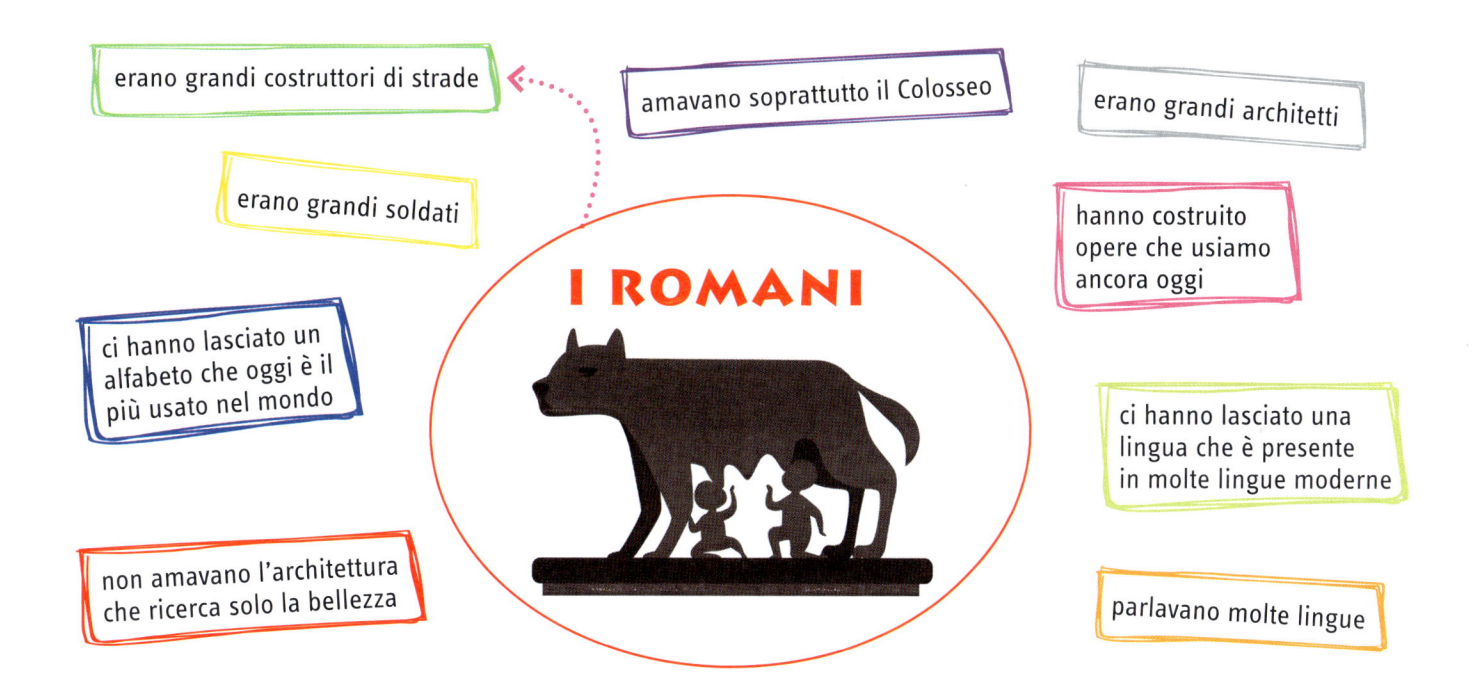

I ROMANI

- erano grandi costruttori di strade
- amavano soprattutto il Colosseo
- erano grandi architetti
- erano grandi soldati
- hanno costruito opere che usiamo ancora oggi
- ci hanno lasciato un alfabeto che oggi è il più usato nel mondo
- ci hanno lasciato una lingua che è presente in molte lingue moderne
- non amavano l'architettura che ricerca solo la bellezza
- parlavano molte lingue

2 GRAMMATICA — Espressioni con indicativo e congiuntivo

2a Guarda il significato delle espressioni del testo. Con quali usiamo l'indicativo (I)? Con quali il congiuntivo (C)?

ESPRESSIONE DEL TESTO	I	C	SIGNIFICATO
1. **dato che** il latino è presente anche nell'inglese	○	○	siccome il latino è presente anche nell'inglese
2. **a meno che non** si voglia dimenticare	○	○	se non si vuole dimenticare
3. **a condizione che** sia utile	○	○	solo se è utile
4. **poiché** me lo chiede	○	○	siccome me lo chiede

2b In coppia (studente A e studente B). A turno, completate le frasi della vostra lista. Usate l'immaginazione!

STUDENTE A	STUDENTE B
1. Dato che il mio insegnante di italiano…	1. Poiché quest'estate…
2. A me piace viaggiare, a condizione che…	2. Andiamo in macchina, a meno che tu non…
3. Vorrei andare al mare, a meno che il tempo non…	3. Dato che il mio livello di italiano…
4. Poiché ancora non…	4. Verrò a teatro, a condizione che…

3 SCRIVERE — Quello che so di Roma

Scrivi un breve testo su Roma con alcune delle informazioni che hai scoperto in questa lezione e altre che già avevi. Usa il più possibile le parole sotto.

antica   arte   latino   romani   capitale   storia   monumenti   Vaticano   strade   opere   eterna   turisti

7D ITALIANO IN PRATICA
Cornetto o brioche?

v pizza bianca / focaccia • Ti sconsiglio / suggerisco di...

1 ASCOLTARE Attento al nome!

1a *In coppia. Guardate le foto intorno alla mappa. Conoscete queste specialità? Sapete come si chiamano?*

ITALIANO IN PRATICA
Cornetto o brioche? 7D

1b Ascoltate e completate la mappa alla pagina precedente con i nomi della lista al posto giusto.

brioche | cornetto | carbonara | focaccia
granita | grattachecca | michetta
cacio e pepe | pizza bianca | rosetta

💡 **FOCUS**

MEZZA PORZIONE
Quando al ristorante ordiniamo una **mezza porzione** di un piatto, significa che ne vogliamo la metà.

1c Collega le 3 colonne e riordina le espressioni dell'audio, come nell'esempio. Se necessario, ascolta ancora e verifica.

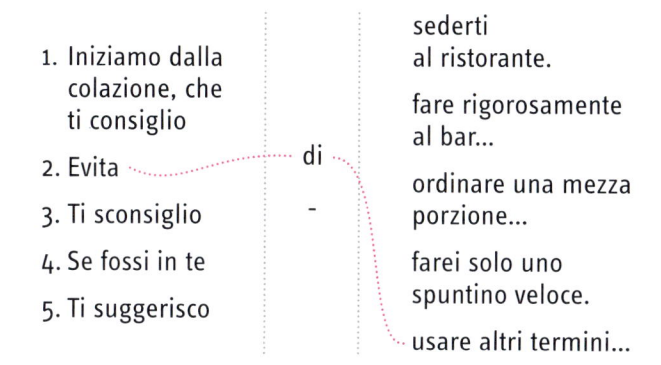

1. Iniziamo dalla colazione, che ti consiglio — sederti al ristorante.
2. Evita ···· di ···· fare rigorosamente al bar...
3. Ti sconsiglio — ordinare una mezza porzione...
4. Se fossi in te — farei solo uno spuntino veloce.
5. Ti suggerisco — usare altri termini...

1d Osserva le espressioni della prima colonna del punto **1c**: quali si usano per consigliare di fare qualcosa? Quali per consigliare di <u>non</u> fare qualcosa? Completa lo schema come nell'esempio.

FUNZIONE	ESPRESSIONE
CONSIGLIARE DI FARE	ti consiglio
CONSIGLIARE DI NON FARE	

2 PARLARE E SCRIVERE Consigli gastronomici

In coppia o piccoli gruppi.
Scegliete una città, una zona o una regione (la vostra o quella in cui vi trovate) e immaginate di dover dare dei consigli gastronomici a chi ci va per la prima volta. Parlatene in gruppo, poi registrate un video o un audio di consigli con uno smartphone o un altro dispositivo (ogni studente fa una parte).

DIECI parole della città

1. capitale
2. sindaco/a
3. mezzi pubblici
4. cittadino/a
5. abitante
6. quartiere
7. centro
8. periferia
9. strada
10. piazza

Completa con il numero della parola corrispondente.
- includono metro, tram e autobus ☐
- negli indirizzi si chiama *via* ☐
- nelle città antiche viene detto *storico* ☐

ASCOLTO IMMERSIVO Inquadra il QRcode a sinistra o vai su *www.almaedizioni.it/dieciB1*, chiudi gli occhi, rilassati e ascolta.

ALMA Edizioni | DIECI ▶ VOCABOLARIO ES 6 95

7 VIDEOCORSO Una turista speciale

1 Prima di guardare il video, osserva le immagini e completale con le parole della lista, come nell'esempio.

cupola | arco | basilica | colonna | ✓ anfiteatro

anfiteatro Flavio (Colosseo)

_____ di San Pietro

2 Guarda il video e rispondi: vero o falso?

	V	F
1. La serata di gala inizia con un intervento del sindaco.	○	○
2. Paloma Delgado arriva il giorno prima.	○	○
3. Anna parla al telefono con il fioraio.	○	○
4. Anna è scontenta che Paolo sia venuto nel suo ufficio.	○	○
5. Paolo farà un giro per Roma con Paloma.	○	○
6. Dalla cupola di San Pietro si vedono molti monumenti romani.	○	○
7. Ivano arriva nell'ufficio di Anna a sorpresa.	○	○

3 Riscrivi le frasi evidenziate in rosso nella forma passiva, le frasi evidenziate in blu nella forma attiva, come nell'esempio.

1. Sì, sì, allora, la serata inizia con **il sindaco che dà il benvenuto**. *L'OK è stato dato dal sindaco*, giusto?
   → _Sì, sì, allora, la serata inizia con il benvenuto che viene dato dal sindaco. Il sindaco ha dato l'OK, giusto?_

2. Allora, **qualcuno metterà i fiori** sulle scale e nel salone.
   → Allora, _____ sulle scale e nel salone.

3. Paolo, non mi disturbi affatto! *Sei stato chiamato* da me!
   → Paolo, non mi disturbi affatto! _____ io!

4. Indovina **chi ho proposto** come guida!!
   → Indovina _____ come guida!!

5. **L'imperatore Vespasiano ha costruito il Colosseo**, vero?
   → _____, vero?

4 Anna fa due gesti: che cosa significano? Abbina le frasi ai gesti corrispondenti. Attenzione: ci sono due frasi in più!

1. Silenzio!
2. Ma chi è?
3. Non mi importa!
4. Aspetta!

a
b

🔍 **AFFATTO**
Anna dice a Paolo: "Non mi disturbi affatto!". *Affatto* è un sinonimo di "per niente" e si usa in frasi negative.

PROGETTO & CULTURA   7

UN'ANTICA CIVILTÀ

1 Leggi il testo sugli Etruschi.

Gli Etruschi erano un'importante civiltà nata intorno all'800 avanti Cristo. Controllavano il Mar Tirreno e occupavano una vasta area dell'Italia centrale, tra l'Emilia-Romagna a nord e la Campania a sud. Usavano l'alfabeto greco, ma parlavano una lingua che ancora non capiamo del tutto. La civiltà etrusca ha influenzato profondamente quella romana. Roma, tuttavia, è diventata sempre più forte e nel 246 a.C. ha conquistato tutta l'Etruria.
Grazie agli Etruschi:
- i Romani hanno scoperto l'arco in architettura
- abbiamo parole come *mondo* e *persona*
- la cultura greca antica si è diffusa in Italia.

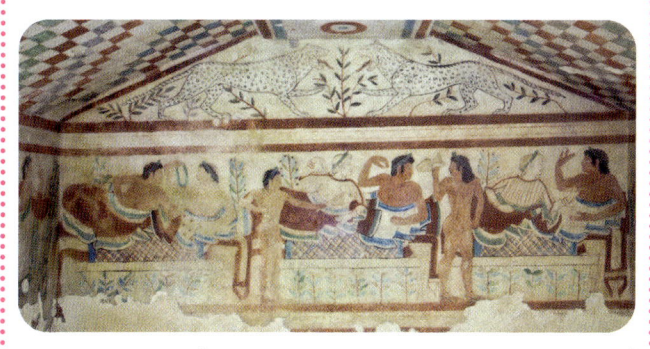

TOMBA DEI LEOPARDI (NECROPOLI ETRUSCA DI TARQUINIA, LAZIO, 473 A.C.)

2 Tutti insieme. Fate una breve lista di civiltà antiche che vi sembrano interessanti o importanti, della vostra area geografica o di luoghi lontani. Sotto trovate alcuni esempi.

i Maya   gli Egizi   i Persiani

3 In coppia (o in piccoli gruppi).
Ogni coppia sceglie una civiltà e cerca informazioni sulle sue caratteristiche principali.
Sotto trovate esempi di elementi da cercare.

- area geografica
- lingua
- arte
- periodo storico
- rapporti con altre civiltà
- che cosa ci ha lasciato

4 Producete, su un grande foglio o al computer, una breve presentazione della civiltà scelta, con immagini e mappe.

5 Tutti insieme. Avete imparato qualcosa di nuovo e interessante sulle civiltà presentate in classe?

DIECI PIAZZE STORICHE BELLISSIME

1. Piazza di Spagna (Roma) 
2. Piazza San Marco (Venezia) 
3. Piazza Unità d'Italia (Trieste) 
4. Piazza dei Miracoli (Pisa) 
5. Piazza del Plebiscito (Napoli) 
6. Piazza dell'Anfiteatro (Lucca) 
7. Piazza delle Erbe (Padova) 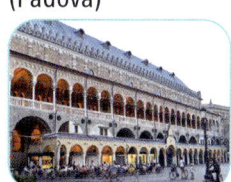
8. Piazza del Campo (Siena) 
9. Piazza Duomo (Siracusa) 
10. Piazza della Signoria (Firenze)

La piazza è un importante luogo di incontro nelle città italiane, soprattutto in quelle più piccole.
Osserva i nomi e la forma delle varie piazze: qual è chiaramente nata su delle antiche rovine romane?

Soluzione: Piazza dell'Anfiteatro a Lucca (6): costruita sui resti di un anfiteatro romano del II secolo dopo Cristo.

7 TEST

GRAMMATICA

1 Completa il testo con i verbi tra parentesi alla forma passiva. Usa il presente sulle righe ___ e il passato prossimo sulle righe _ _ _ _.

Lo Stato della Città del Vaticano, il più piccolo al mondo, spesso (*chiamare*) _____ semplicemente: Vaticano. (*Creare*) _ _ _ _ _ _ _ _ _ _ _ _ _ _ _ nel 1929 ed è il successore dello Stato della Chiesa, che ha governato gran parte dell'Italia centrale fino al 1861. Il Papa, la massima autorità, (*nominare*) _____ nella Cappella Sistina e la sua protezione (*affidare*) _____ alle guardie svizzere. La lingua ufficiale del Vaticano è l'italiano, ma le leggi (*scrivere*) _____ in latino. Nello Stato si trova la sede di Radio Vaticana, che (*ascoltare*) _____ in tutto il mondo grazie alle sue trasmissioni in 34 lingue diverse. In Vaticano (*chiamare*) _ _ _ _ _ _ _ _ _ _ _ _ _ _ _ a lavorare alcuni importantissimi artisti, come Michelangelo, Raffaello e Bernini. Per le sue ricchezze storiche e artistiche, il Vaticano (*dichiarare*) _ _ _ _ _ _ _ _ _ _ _ _ _ _ _ patrimonio UNESCO nel 1984.

GUARDIA SVIZZERA A SAN PIETRO

OGNI VERBO CORRETTO = 3 PUNTI ___ / 24

2 Seleziona la forma corretta tra quelle **evidenziate**.

1. Dato che domani **sia / è** festa, vorrei fare un picnic in campagna.
2. Vengo con te al museo, a condizione che **c'è / ci sia** l'aria condizionata.
3. Poiché non mi **piace / piaccia** cucinare, ceno spesso al ristorante.
4. Non approvo più la politica della sindaca, benché **abbia / ho** votato per lei.
5. Anche se Roma **è / sia** caotica, mi piace.
6. Rimango a vivere qui, a meno che il mio ufficio non si **sposta / sposti** in un'altra città.

OGNI OPZIONE CORRETTA = 2 PUNTI ___ / 12

VOCABOLARIO

3 Abbina le parole della lista alle immagini corrispondenti.
1. **sindaci** | 2. **colonna** | 3. **tempio**
4. **fontana** | 5. **palazzo** | 6. **basilica**

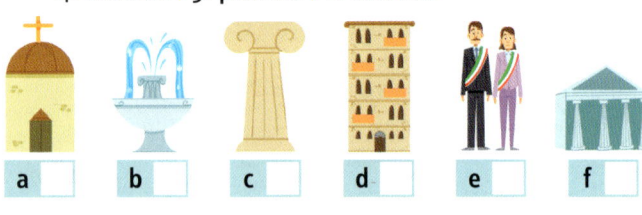

a ___ b ___ c ___ d ___ e ___ f ___

OGNI ABBINAMENTO CORRETTO = 3 PUNTI ___ / 18

4 Aggiungi un prefisso agli aggettivi e forma il contrario.
1. responsabile >< ....
2. organizzato >< ....
3. fortunato >< ....
4. sicuro >< ....

OGNI OPZIONE CORRETTA = 4 PUNTI ___ / 16

COMUNICAZIONE

5 Sostituisci le parti **evidenziate** con gli elementi della lista equivalenti, come nell'esempio.

✓ ci vorrebbero | al posto tuo | mica
ti sconsiglio | basta | secondo me | consiglio

ESEMPIO: *ci vorrebbero*
In questa città ~~servirebbero~~ più autobus.

1. **Evita** di mangiare lì, è un ristorante pessimo.
2. Ti **suggerisco** di assaggiare questa pizza bianca.
3. **Se fossi in te** prenderei una mezza porzione.
4. Non è **per niente** facile vivere in questa città!
5. **Smettiamola** con tutte queste proteste!
6. **Io dico che** è ora di cambiare!

OGNI OPZIONE CORRETTA = 5 PUNTI ___ / 30

TOTALE ___ / 100

AUTOVALUTAZIONE

CHE COSA SO FARE IN ITALIANO?	😊	😐	☹️
descrivere i problemi di una città	○	○	○
mediare e proporre soluzioni	○	○	○
consigliare e sconsigliare	○	○	○

LEZIONE 8
GUSTO ITALIANO

Qui imparo a:
- *raccontare eventi concomitanti*
- *esprimermi su stile e oggetti di design*
- *ideare uno slogan*
- *sintetizzare a partire da parole chiave*
- *ordinare l'aperitivo in un bar*

COMINCIAMO

a Fra i vari prodotti italiani, la pasta è sicuramente uno dei più famosi nel mondo.
Rispondi alle domande insieme ad alcuni compagni: quante cose sapete sulla pasta?

1. Quanti tipi di pasta esistono in Italia?

   a. Più di 30.　　　　　　　　b. Più di 300.　　　　　　　　c. Più di 3000.

2. Sapreste fare un esempio di questi tipi di pasta?

   a. pasta lunga　　　　　　　b. pasta corta　　　　　　　c. pasta ripiena

b Esistono molti tipi di pasta perché ognuno va con un condimento diverso (per esempio, con i frutti di mare in genere si scelgono gli spaghetti o le linguine). Che cosa pensi di questa tradizione? Scegli una risposta e parlane con la classe.

○ Non ha senso: la pasta è pasta, ha tutta lo stesso sapore.
○ È logica: anche io mangio un tipo diverso di pasta a seconda della salsa.
○ Non posso esprimermi perché non mangio pasta!

SOLUZIONE DEL PUNTO *a*
1. b. 2. Esempi: a. spaghetti, b. penne, c. ravioli.

8A Un'icona dello stile italiano

G il gerundio modale e temporale
V calzature, marchio

2 ASCOLTARE Il "calzolaio delle stelle"

2a Ascolta la biografia di Salvatore Ferragamo, il fondatore di un'importante casa di moda. Secondo te qual è la frase di Ferragamo che non si sente all'inizio?
Confronta la tua ipotesi con quella di un compagno e motiva la tua risposta.

○ Io ho sempre e solo voluto fare il calzolaio.
○ Facevo il calzolaio, ma volevo disegnare vestiti.

2b Ascolta l'audio completo e ordina i momenti della sua vita, come negli esempi.
Ascolta più volte se necessario.

- crea il marchio "Ferragamo" in Italia
- l'azienda comincia a produrre anche abbigliamento — *9*
- si sposa e diventa padre
- muore a 62 anni
- viene aperto il Museo Ferragamo
- produce scarpe per film western
- nasce in una famiglia povera e numerosa — *1*
- emigra negli Stati Uniti
- produce calzature per dive come Marylin Monroe
- frequenta un corso universitario

UN MODELLO DI CALZATURE FERRAGAMO

1 PARLARE Questione di stile

Le foto sopra sono state fatte a Firenze durante un'edizione di Pitti Uomo, un evento importantissimo dedicato all'abbigliamento maschile che attira ogni anno stilisti, manager della moda, modelli, appassionati ecc.
Rispondi alle domande sotto insieme ad alcuni compagni.

- Che cosa pensi dello stile degli uomini nelle foto?
- Secondo te c'è qualcuno che ha uno stile "tipicamente italiano"? Perché?
- Conosci o hai mai conosciuto qualcuno con uno stile simile?

Un'icona dello stile italiano 8A

2c *Adesso leggi la trascrizione e verifica le tue risposte.*

Storie di successo: Salvatore Ferragamo, il calzolaio dei sogni.

Raccontando la propria vita, Salvatore Ferragamo diceva questa frase: "Io ho sempre e solo voluto fare il calzolaio."
Nato il 5 giugno 1898 a Bonito, piccolo e isolato paese della Campania, undicesimo di 14 figli di una famiglia molto povera, fin da giovanissimo Ferragamo inizia a lavorare come calzolaio. A soli 13 anni apre un suo negozio. A 14 parte per gli Stati Uniti e si trasferisce a Boston, dove vive il fratello Alfonso. Si sposta poi a Santa Barbara in California dove abitano altri fratelli e sorelle, e qui apre un negozio di riparazione di calzature da donna: diventa presto famoso **lavorando** per l'American Film Company, per cui produce stivali per film western. Nel frattempo approfondisce le proprie conoscenze in anatomia **frequentando** dei corsi all'Università di Los Angeles. Nel 1923, a Hollywood, inizia a realizzare modelli per alcune delle più grandi star dell'epoca: d'ora in poi sarà il "calzolaio delle stelle". Nel 1927 decide di tornare in Italia, a Firenze, dove fonda l'azienda che porta il suo nome, la "Salvatore Ferragamo". **Visitando** il proprio paese natale, Bonito, si innamora di una ragazza del luogo, Wanda, che sposerà e da cui avrà sei figli. Nel dopoguerra le sue creazioni diventano sinonimo di eleganza e originalità, un simbolo assoluto del *made in Italy*: realizza scarpe per Marilyn Monroe, Audrey Hepburn e Sophia Loren, e molte altre attrici. Salvatore Ferragamo, dopo una vita di successi internazionali, si spegne nel 1960 a 62 anni. Wanda assume la direzione dell'azienda, in cui entrano a lavorare tutti i figli della coppia. Nel 1965 il marchio Ferragamo lancia le prime collezioni di accessori e abbigliamento da donna e nel 1970 nasce la linea di abiti per uomo. Nel 1995 apre a Firenze il Museo Salvatore Ferragamo, uno spazio unico nel suo genere che racconta la storia dell'azienda attraverso più di 14000 calzature.

3 GRAMMATICA Usi del gerundio

3a *Osserva i 4 verbi* **evidenziati** *nella trascrizione sopra e completa lo schema sugli usi del gerundio.*

il gerundio ha una funzione	
modale	temporale
Risponde alla domanda: come / in che modo?	Risponde alla domanda: quando / in che momento?

3b *Prova a trasformare le due frasi come negli esempi. Sono possibili soluzioni diverse. Alla fine confronta le tue proposte con quelle dei compagni.*

ESEMPI:

Raccontando la propria vita, Ferragamo diceva questa frase…
→ **Quando raccontava la propria vita,** Ferragamo diceva questa frase…

Diventa presto famoso **lavorando** per l'American Film Company.
→ Diventa presto famoso **grazie alla collaborazione** con l'American Film Company.

1. Approfondisce le proprie conoscenze in anatomia **frequentando** dei corsi all'università.
   → _____
   _____

2. **Visitando** il proprio paese natale, Bonito, si innamora di Wanda.
   → _____
   _____

4 PARLARE Un racconto collettivo

In piccoli gruppi. Uno studente inizia un racconto con una frase al gerundio. Lo studente successivo prosegue formando il gerundio con il verbo principale che ha appena usato il compagno. Formate 3 o 4 frasi come nel modello, poi fate un nuovo racconto (ogni volta comincia uno studente diverso).

Passeggiando in centro, <u>ho visto</u> Giulio.

Vedendo Giulio, <u>ho pensato</u> a sua sorella, Daria.

Pensando a Daria, mi sono ricordata che era il suo compleanno.

8B Classici del design italiano

G aggettivi in "-bile" • il gerundio con i pronomi
V veicoli, autovetture, illuminazione

1 LEGGERE Oggetti iconici

1a *Osserva gli oggetti: come ti sembrano? Parlane con un compagno. Puoi usare gli aggettivi sotto, o altri.*

bello • banale • originale • volgare • utile • elegante • brutto

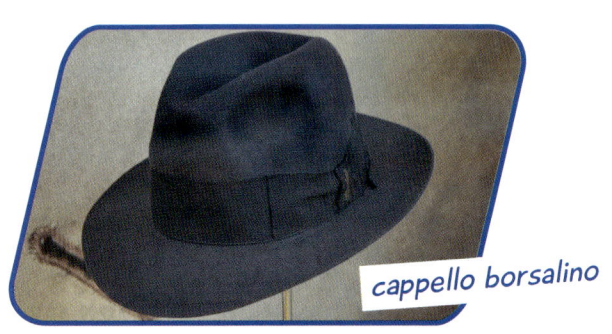

cappello borsalino

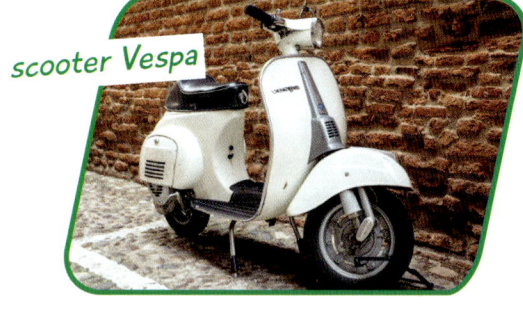

scooter Vespa

lampada Eclisse

Ferrari 250 GTO

1b *Leggi le descrizioni, poi alla pagina successiva indica con una ✓ a quale oggetto si riferiscono le affermazioni. Le affermazioni non sono in ordine e alcune si riferiscono a vari prodotti.*

---

1. Azienda: BORSALINO (Alessandria, Piemonte)

- **Prodotti**: copricapi maschili e femminili.
- **Modello iconico**: il cappello "borsalino", spesso chiamato *fedora* all'estero.
All'inizio del XX secolo veniva portato soprattutto dalle donne, ma in un secondo momento si è diffuso come accessorio maschile. In anni recenti gli uomini hanno "modernizzato" il borsalino indossandolo in occasioni informali.
- **Slogan pubblicitario**: "Un borsalino è molto più di un cappello."
- **Curiosità**: leggendario il borsalino di Humphrey Bogart e Ingrid Bergman nel *cult movie* "Casablanca".

---

2. Azienda: PIAGGIO (Pontedera, Toscana)

- **Prodotti**: veicoli a due ruote e commerciali.
- **Modello iconico**: la Vespa, uno dei prodotti di design industriale italiano più famosi al mondo. Questo scooter, nato alla fine degli anni '40, ha avuto e ha tutt'oggi un successo mondiale incredibile. Questo perché ha costi più bassi di quelli dei veicoli concorrenti ed è utilizzabile nei centri urbani o fuori dalla città. Da allora ne sono state prodotte molte versioni diverse.
- **Slogan pubblicitario**: "Con Vespa si può."
- **Curiosità**: Gregory Peck guida una Vespa nel celebre film "Vacanze romane" con Audrey Hepburn.

---

3. Azienda: FERRARI (Maranello, Emilia-Romagna)

- **Prodotti**: autovetture.
- **Modello iconico**: la Ferrari 250 GTO; considerata "la Ferrari per eccellenza", è una delle automobili più famose di sempre. Per la rivista "Motor Trend Classic" è "la Ferrari migliore".
Il Museo Ferrari Maranello, dove la si può ammirare tutti i giorni, è raggiungibile in circa un'ora da Bologna.
- **Curiosità**: è la macchina di Tom Cruise nel film "Vanilla Sky".

---

4. Azienda: ARTEMIDE (Pregnana Milanese, Lombardia)

- **Prodotti**: oggetti per l'illuminazione.
- **Modello iconico**: la lampada regolabile Eclisse. Creato alla fine degli anni Sessanta, fin da subito questo oggetto, mito del design italiano, ha vinto i più importanti premi del settore.
La parte interna e la parte esterna sono sferiche: ruotandole è possibile regolare la luce.
- **Curiosità**: fa parte della collezione di oggetti di design del MoMA di New York.

Classici del design italiano — 8B

	il borsalino	la Vespa	la 250 GTO	l'Eclisse
1. È stato premiato/a molte volte.	○	○	○	○
2. È esposto/a in un museo.	○	○	○	○
3. È chiamato/a in modo diverso a seconda del Paese.	○	○	○	○
4. Si vede in un film.	○	○	○	○
5. Prima lo/la comprava un pubblico diverso.	○	○	○	○
6. In molti lo/la scelgono per il prezzo.	○	○	○	○

1c In coppia: rileggete gli slogan del borsalino e della Vespa. Secondo voi che cosa significano? Parlatene insieme.

> Un borsalino è molto più di un cappello.

> Con Vespa si può.

1d Adesso provate voi a scrivere un breve slogan pubblicitario per la Ferrari GTO e la lampada Eclisse. Potete usare le informazioni dei testi e/o la vostra fantasia.

FOCUS

AGGETTIVI IN -BILE
un museo **raggiungibile** in un'ora
= che è possibile raggiungere in un'ora
una lampada **regolabile**
= che si può regolare

VERBI IN -ARE	VERBI IN -ERE	VERBI IN -IRE
regolare	raggiungere	aprire
regol**abile**	raggiung**ibile**	apr**ibile**

2 VOCABOLARIO — Espressioni di tempo

Trova nei testi le espressioni equivalenti a quelle della terza colonna.

testo	espressione	espressione equivalente
1		successivamente
1		recentemente
2		ancora
2		da quel momento
3		di tutti i tempi
4		immediatamente

3 GRAMMATICA — Gerundio e pronomi

3a Inserisci i pronomi della colonna sinistra prima del o dopo il verbo in azzurro. Poi verifica rileggendo i paragrafi sul borsalino e sulla lampada Eclisse.

lo	Gli uomini hanno "modernizzato" il borsalino indossando in occasioni informali.
le	La parte interna e la parte esterna sono sferiche: ruotando è possibile regolare la luce.

3b Trasforma il verbo in azzurro al gerundio e aggiungi il pronome appropriato, come nell'esempio.

a. **borsalino** — _Portandolo_ con abiti informali, si ha un look "cool".
   portare

b. **borsalino** — _____ in un film famosissimo, Bogart l'ha reso leggendario.
   indossare

c. **Vespa** — Enrico Piaggio la crea nel '46, _____ così perché fa lo stesso rumore di una... vespa!
   chiamare

d. **Museo Ferrari** — _____ si possono ammirare auto storiche e trofei.
   visitare

e. **lampada Eclisse** — _____ si può coprire la luce, come in un'eclissi solare.
   muovere

4 SCRIVERE — Il nostro museo del design

Prendi un oggetto che hai portato in classe, come un accessorio, una penna, una bottiglia: va bene tutto! Immagina che sia un importantissimo oggetto di design. Su un foglio, fanne una breve descrizione creativa: racconta chi l'ha prodotto, perché è iconico, che storia ha, e inventa una curiosità sull'oggetto. Usa l'immaginazione! Alla fine tutti gli studenti espongono in aula i propri oggetti con le descrizioni corrispondenti: fate un giro nel museo del design della classe!

▶ GRAMMATICA ES 2, 3 e 4   ▶ VOCABOLARIO ES 2

8C Una lingua armoniosa

G "il cui"
V parole derivate

1 LEGGERE E SCRIVERE Il museo della lingua italiana

1a Leggi la frase sotto: lo pensi anche tu? Basandoti sulla tua esperienza diretta, quello che hai letto e sentito o quello che ipotizzi, parlane con un compagno.

"La musica è una cosa molto comune in Italia; gli italiani cantano nella culla, cantano tutti i giorni, cantano dappertutto".

1b Adesso leggete l'articolo del blog letterario: che cosa pensa il Prof. Antonelli della frase precedente?

1c Ogni paragrafo dell'articolo ha delle "parole chiave": leggile a destra dell'articolo e prova a sintetizzare ciascuna sezione includendole come ti sembra opportuno, come nell'esempio.

testo parlante 27

Parole chiave 🗝

Il museo della lingua italiana

Questo libro, il cui autore insegna linguistica all'università di Pavia, illustra la storia della nostra lingua in 60 articoli. Una panoramica affascinante in cui la lingua mostra la sua vitalità e il suo dinamismo attraverso scambi costanti con i dialetti locali e le lingue straniere. Qui un estratto dalla sezione "l'italiano moderno / l'italiano in Europa" (pagine 141 - 144).

- scambi
- storia • italiano
- dinamismo • lingue

→ *Il dinamismo dell'italiano nasce dagli scambi con altre lingue. Questo libro illustra la sua storia.*

❝Bambino prodigio, genio precoce, Mozart affronta il suo primo viaggio in Italia quando ha solo tredici anni. L'italiano, come il francese, era una lingua che in Austria le persone di cultura conoscevano e praticavano abitualmente. Non solo: l'italiano era particolarmente diffuso, in tutta Europa, tra le persone che frequentavano l'ambiente musicale. Wolfgang lo aveva imparato da bambino sentendo parlare suo padre Leopold. Risale agli anni in cui stava scrivendo *Le nozze di Figaro*, il *Don Giovanni* e *Così fan tutte* l'acquisto di un vecchio dizionario italiano-tedesco su cui si legge ancora oggi: "Questo dizionario appartiene a me Wolfgango Amadeo Mozart." Nelle lettere di Mozart, tra le parole italiane, una parte importante hanno quelle legate alla musica: *concerto, maestro, opera, sinfonia*.

- Austria • Mozart
- ambiente musicale
- Europa • italiano

→

L'italiano è considerato da secoli la lingua musicale per eccellenza. Scriveva alla metà del Settecento il filosofo Jean-Jacques Rousseau: "Se c'è in Europa una lingua adatta alla musica è certamente la lingua italiana; infatti questa lingua è dolce, sonora, armoniosa e accentata più di ogni altra". Questo pregiudizio positivo sconfinava facilmente nel mito, al punto che in un libro francese si poteva leggere: "La musica è una cosa molto comune in Italia; gli italiani cantano nella culla, cantano tutti i giorni, cantano dappertutto".

- musicale • pregiudizio
- musica • Rousseau

→

Sono moltissime le parole italiane d'ambito musicale che, fin dal Seicento, si diffondono in tutta Europa. Tra queste, il *pianoforte*, che poi nel mondo è diventato soprattutto *piano*; o il *violino* e il *violoncello*. Poi le parole dell'*opera*: *aria, baritono, soprano, tenore, bel canto* o *fiasco* per indicare un clamoroso insuccesso; *adagio, allegro*, riferite all'andamento della musica.❞

- ambito musicale • opera

→

★★★★☆ Giuseppe Antonelli, Il museo della lingua italiana, Mondadori

104 ALMA Edizioni | DIECI

Una lingua armoniosa 8C

2 PARLARE | I suoni dell'italiano

Nelle tue orecchie come suona l'italiano? Sei d'accordo con gli intellettuali europei del Settecento, o la lingua italiana suscita altre emozioni in te? Parlane con due compagni facendo degli esempi. Potete ispirarvi alle opinioni sotto, o esprimerne altre. Alla fine potete condividere i vostri esempi con il resto della classe.

tiramisù
bacio **tesoro** **basta!**
zanzara
chiacchierare

"dolce, sonoro, armonioso"

duro — buffo e divertente

monotono — come tutte le altre lingue

3 GRAMMATICA | Il cui

3a *Osserva l'esempio e la regola.*

Questo libro illustra la storia della nostra lingua.
L'autore di questo libro insegna linguistica.

→ Questo libro, **il cui** autore insegna linguistica, illustra la storia della nostra lingua.

> La costruzione *il cui* ha valore di possessivo. Il primo elemento, l'articolo determinativo, concorda con l'elemento che si trova dopo *cui*.

3b *Trasforma le frasi come nell'esempio.*

ESEMPIO:
La lingua italiana è spesso considerata armoniosa.
L'influenza della lingua italiana è forte in ambito musicale.
→ La lingua italiana, **la cui** influenza è forte in ambito musicale, è spesso considerata armoniosa.

1. Mozart ha imparato questa lingua da bambino.
   Il padre di Mozart parlava italiano.
   → _____

2. Mozart ha visto l'Italia per la prima volta a 13 anni.
   Le opere di Mozart sono spesso in italiano.
   → _____

3. La parola *piano* è di origine italiana.
   La versione estesa della parola *piano* è *pianoforte*.
   → _____

4 VOCABOLARIO | Gioco: parole "sorelle"

In coppia. Seguite il percorso cominciando dalla prima casella. Per ogni parola in ciascuna casella, indicate nella parte su sfondo **azzurro** nel testo al punto **1** un nome o un aggettivo che ha la stessa origine, come negli esempi. Attenzione: le parole <u>non</u> sono in ordine. Vince la coppia che completa per prima il percorso.

ESEMPI: diffusione / *diffuso* → culturale / *cultura*

inizio → 1. personale → 2. armonia → 3. eccellente → 4. importanza ↓
8. suono ← 7. linguistico ← 6. mondiale ← 5. sinfonico
↓
9. geniale → 10. filosofico → 11. dolcezza → 12. secolare → *fine*

▶ GRAMMATICA ES 5

8D ITALIANO IN PRATICA
Facciamo l'aperitivo.

v aperitivo, stuzzichini, acqua gassata

1 ASCOLTARE Il rito dell'aperitivo

1a Conosci la tradizione dell'aperitivo? Se sì, ti piace? Leggine la descrizione: esiste anche nel tuo Paese, o ce n'è una simile? Parlane con un compagno.

> L'aperitivo: una tradizione torinese che si è diffusa in tutta Italia, assumendo varie forme.
> Di solito si fa nei bar tra le 18 e le 21, prima di cena o al posto della cena, mangiando stuzzichini vari e degustando un cocktail alcolico - per esempio uno Spritz, un Negroni, un Americano - un bicchiere di vino o di birra, o una bevanda analcolica.

1b Ascolta il dialogo e seleziona le informazioni che corrispondono al tipo di aperitivo che propone il bar. Le informazioni non sono in ordine.

- APERITIVO CON STUZZICHINI: 14 € ☐
- SERVIZIO AL TAVOLO: + 14 € ☐
- FORMULA BEVANDA + BUFFET ☐
- BUFFET ALL'INTERNO ☐
- FORMULA APERITIVO CON BEVANDA ALCOLICA O ANALCOLICA ☐
- SI PREGA DI FARE LO SCONTRINO PRIMA DI CONSUMARE, GRAZIE ☐
- BUFFET A VOLONTÀ: 14 € ☐

1c Ascolta ancora e seleziona i prodotti che alla fine decidono di bere o mangiare le due donne.

- ○ bruschettina
- ○ olive
- ○ birra chiara
- ○ salatini
- ○ cocktail di frutta senza ghiaccio
- ○ birra scura
- ○ Spritz Campari
- ○ noccioline
- ○ acqua naturale
- ○ acqua frizzante
- ○ cocktail di frutta con ghiaccio
- ○ patatine
- ○ Spritz Aperol
- ○ acqua leggermente frizzante

ITALIANO IN PRATICA
Facciamo l'aperitivo. 8D

FOCUS

ACQUA: NATURALE O...?
In italiano l'acqua con le bollicine, a seconda della regione, può avere nomi diversi: acqua **con gas, gassata, frizzante, effervescente, mossa**.

1d Ascolta ancora e completa le frasi.

1. Va benissimo. Ma... Secondo te _____ _____ _____ _____ alla cassa, prima?
2. Come funziona? C'è un _____ _____, una formula...?
3. Altrimenti prendete solo da bere e vi porto io _____ _____ _____ _____.
4. Io prendo un cocktail analcolico. _____ _____ _____ un succo di arancia, limone e ananas?
5. Io no, non ho tanta fame. _____ _____ _____ un bicchiere... stuzzicando qualcosa... _____ _____ _____ dei salatini o delle noccioline?
6. Ah, senti, entrando puoi dire al cameriere che ho cambiato idea? _____ _____ _____ _____ una birra scura... Sì.

2 PARLARE Al bar

In gruppi di 3 (studente A, B e C). Dividetevi i ruoli e fate un dialogo al bar seguendo le vostre istruzioni.

STUDENTI A e B	STUDENTE C
Siete due amici / amiche che si sono dati/e appuntamento al Bar Bollicine. Volete fare l'aperitivo. Leggete la lavagna fuori dal locale per capire come funziona.	Lavori come cameriere / cameriera al Bar Bollicine. Fuori dal locale vedi due clienti. Preparati a dare informazioni e a prendere il loro ordine.

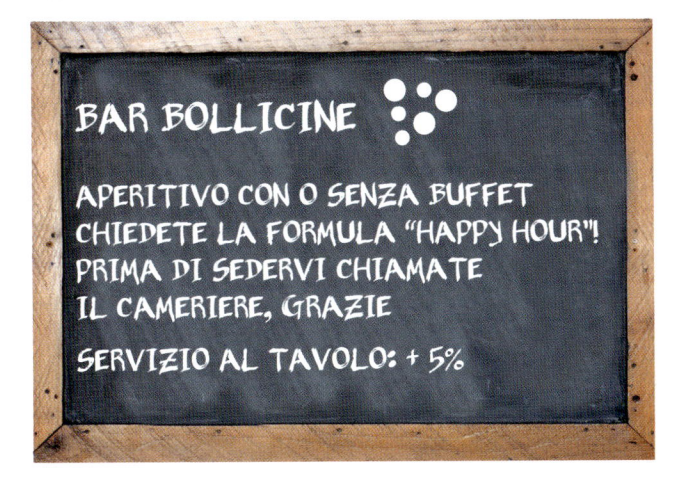

BAR BOLLICINE
APERITIVO CON O SENZA BUFFET
CHIEDETE LA FORMULA "HAPPY HOUR"!
PRIMA DI SEDERVI CHIAMATE
IL CAMERIERE, GRAZIE

SERVIZIO AL TAVOLO: + 5%

DIECI espressioni di tempo

1. _____ un primo momento
2. _____ un secondo momento
3. recentemente
4. da quel momento
5. fin _____ subito
6. successivamente
7. _____ anni recenti
8. finora
9. _____ allora
10. d'ora in poi

Completa le espressioni con le preposizioni corrette.

ASCOLTO IMMERSIVO® Inquadra il QRcode a sinistra o vai su www.almaedizioni.it/dieciB1, chiudi gli occhi, rilassati e ascolta.

▶ VOCABOLARIO es 3, 4 e 5

8 VIDEOCORSO Facile dire "pasta"

1 In questo episodio si parla di tipi (o formati) di pasta. Guarda il video e seleziona i formati di pasta che Anna e Giulia scelgono per il gala.

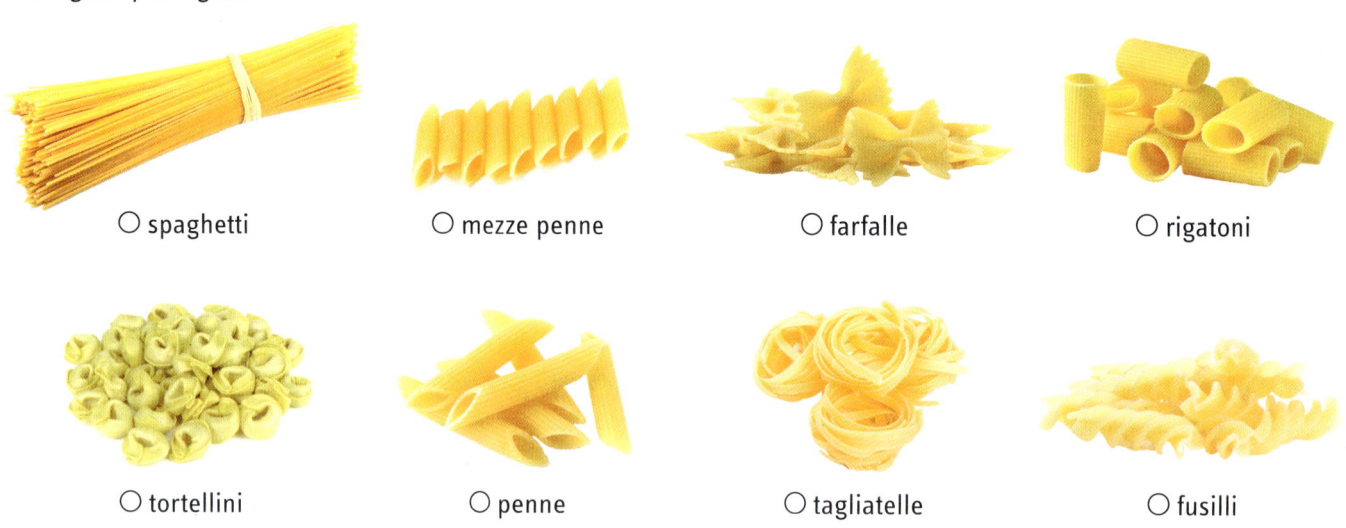

○ spaghetti   ○ mezze penne   ○ farfalle   ○ rigatoni

○ tortellini   ○ penne   ○ tagliatelle ○ fusilli

2 Completa le frasi con i verbi al gerundio. I verbi non sono in ordine.

cercare | considerare | conoscere | escludere | leggere | pensare

1. Dobbiamo sceglierne 4 o 5, per i primi, _____ gli spaghetti, che ci saranno sicuramente.
2. Ho fatto una selezione _____ ai formati di pasta più venduti.
3. Sono informazioni che si trovano facilmente _____ su internet.
4. _____ un articolo mi sei venuta in mente e volevo chiederti una cosa...
5. _____ i tempi di cottura siamo già a 14 minuti, 13 se li vogliamo al dente.
6. _____ i gusti degli stranieri quando si parla di pasta, so che preferiscono la pasta ben cotta.

3 Abbina le espressioni a sinistra al significato a destra.

1. tempo di cottura   a. pasta a base di farina e uova
2. pasta al dente   b. pasta cotta più del tempo necessario
3. pasta ben cotta   c. sugo o salsa che si mette sulla pasta
4. pasta all'uovo   d. pasta poco cotta
5. condimento   e. tempo necessario per cuocere un tipo di pasta

4 Cerca su internet la ricetta dei condimenti evidenziati: quale preferisci?

> Per i condimenti?
> Un **pesto**, un **ragù**...
> Possiamo pensare
> anche a una **carbonara**,
> o a un'**arrabbiata**...

Il condimento che preferisco è: _____

VENIRE IN MENTE
Ivano dice ad Anna "mi sei venuta in mente". Significa: "Ho pensato a te".

108 ALMA Edizioni | DIECI

PROGETTO & CULTURA 8

SLOGAN

1 Il gusto è un insieme di abitudini, preferenze e comportamenti legati all'aspetto, agli oggetti che usiamo, al modo in cui viviamo.
Qui sotto trovi alcune generalizzazioni sul "gusto italiano". Leggi le descrizioni e seleziona lo slogan che le sintetizza meglio.

a Anche quando escono semplicemente per fare la spesa, gli italiani di solito non si vestono in modo molto sportivo, per esempio evitano le infradito o l'abbigliamento "da spiaggia".

○ Lo stile prima di tutto!   ○ Viva la comodità.

b Gli italiani amano passare il tempo fuori casa, fare l'aperitivo al bar, o stare in strada, fermi o passeggiando. E in strada la gente si guarda spesso: forse per questo è così attenta al proprio aspetto.

○ La strada è una giungla.
○ Andare in giro: che bellezza!

TORINO, VIA GARIBALDI

2 Scrivi un breve testo su un aspetto legato al gusto dei tuoi connazionali. Puoi pensare a uno degli elementi sotto, o ad altri. Lascia libera la parte inferiore del foglio e firma il tuo testo.

- abbigliamento e stile
- alimentazione
- tempo libero
- cura del corpo

3 Tutti i testi vengono messi su un tavolo, o appesi alla parete, gli uni vicini agli altri.

4 Gli studenti, girando per la classe, leggono i vari testi e scrivono nella parte inferiore di ogni foglio uno slogan che secondo loro sintetizza il comportamento descritto. Possono chiedere spiegazioni all'autore del testo.

5 Tra quelli che i compagni hanno indicato, quale slogan secondo voi definisce meglio comportamenti e abitudini del vostro Paese?

DIECI PAROLE DELLA MUSICA

1. ALLEGRO
2. PIANOFORTE
3. CONCERTO
4. OPERA
5. ARIA
6. PRIMADONNA
7. BEL CANTO
8. FIASCO
9. MAESTRO
10. BRAVO

1 La parola *maestro/a* può indicare un direttore o una direttrice d'orchestra o un / una grande artista. In italiano ha anche un altro significato. Quale?

○ insegnante di scuola primaria
○ insegnante universitario/a

2 Trova nella lista il contrario della parola *successo*.

3 Secondo te "Bravo!" si può dire sia a un uomo sia a una donna?

Soluzioni: 1. insegnante di scuola primaria; 2. fiasco; 3. no, poiché *bravo* è un aggettivo, a una donna si dirà "Brava!".

8 TEST

GRAMMATICA

1 *Completa con il gerundio dei verbi tra parentesi. Attenzione: in un caso devi aggiungere al gerundio il pronome* la.

I "bacari" veneziani

(*Entrare*) _____ in un *bacaro* si scopre la Venezia autentica. I *bacari* sono la versione veneziana del bar popolare: un luogo dove si chiacchiera (*fare*) _____ l'aperitivo, cioè (*bere*) _____ "un'ombra" (un bicchiere di vino) e (*mangiare*) _____ stuzzichini a base di pesce o altro (i "cicchetti"). Venezia è anche la città del carnevale: (*visitare*) _____ a febbraio si può festeggiare "(*andare*) _____ per *bacari*", cioè (*spostarsi*) _____ da un bar all'altro.

OGNI VERBO CORRETTO = 4 PUNTI ___ / 28

2 *Completa il testo con gli aggettivi in* -bile *corrispondenti ai verbi* **evidenziati** *della lista. In tre casi la prima parte degli aggettivi è già presente.*

1. impossibile da **imitare** 2. impossibili da **prevedere**
3. che si possono **smontare** 4. impossibili da **leggere**

Un artista 1. in_____

Bruno Munari (Milano 1907 – 1998), straordinario designer e grafico, si è occupato di design industriale, pittura, fotografia, cinema, pubblicità, scrittura e pedagogia, creando forme di comunicazione 2. im_____ e materiali per lo sviluppo della creatività. Munari ha prodotto, tra le tante opere, oggetti 3. _____ e i famosi "libri 4. il _____", il cui centro non è il testo, bensì la forma, il materiale e il colore.

OGNI COMPLETAMENTO CORRETTO = 3 PUNTI ___ / 12

VOCABOLARIO

3 *Abbina le espressioni con un significato simile.*

1. tutt'oggi   a. da quel momento
2. in anni recenti   b. ancora adesso
3. da allora   c. inizialmente
4. in un primo momento d. recentemente

OGNI ABBINAMENTO CORRETTO = 5 PUNTI ___ / 20

4 *Abbina elementi della lista e immagini corrispondenti.*

1. **effervescente** | 2. **salatini** | 3. **con ghiaccio**

a ___   b ___   c ___

OGNI ABBINAMENTO CORRETTO = 5 PUNTI ___ / 15

COMUNICAZIONE

5 *Seleziona il significato delle frasi* **evidenziate**.

1. **Si prega di fare lo scontrino alla cassa.**
   ○ Prima si paga, poi si consuma.
   ○ Prima si consuma, poi si va a pagare.

2. **Per l'aperitivo c'è il buffet a volontà.**
   ○ Si mangia e poi si paga quello che si è consumato.
   ○ Pagando una somma fissa si può mangiare tutto quello che si vuole.

3. **Mi porterebbe dei salatini?**
   ○ Dove sono i salatini che ho ordinato?
   ○ Vorrei dei salatini.

4. **Volevo giusto bere un bicchiere.**
   ○ Si può avere un bicchiere vuoto?
   ○ Bevo ma non mangio.

5. **Mi sa che prendo una birra.**
   ○ Penso che prenderò una birra.
   ○ Vorrei una birra, ma non posso bere alcol.

OGNI SELEZIONE CORRETTA = 5 PUNTI ___ / 25

TOTALE ___ / 100

AUTOVALUTAZIONE

CHE COSA SO FARE IN ITALIANO?	🙂	😐	☹
esprimermi sul look di qualcuno	○	○	○
ideare slogan pubblicitari	○	○	○
ordinare l'aperitivo al tavolo	○	○	○

LEZIONE 9
IL MONDO DEL LAVORO

Qui imparo a:
- *raccontare un esame*
- *chiedere e dare delucidazioni*
- *scrivere un breve CV*
- *chiedere e dare conferma*
- *partecipare a un colloquio di lavoro*

1 2 3 4

COMINCIAMO

a   In piccoli gruppi. Osservate le foto: queste quattro persone stanno lavorando. Secondo voi qual è la loro professione? Attenzione: sono lavori molto originali.
Fate ipotesi, poi verificate la soluzione in basso.

b   Quale di questi lavori vi sembra veramente utile? Quale meno? Confrontatevi.

SOLUZIONE DEL PUNTO *a*

1. *tester* di letti (prova la comodità dei letti nuovi); 2. "codatore" (fa la fila al posto degli altri); 3. capro espiatorio (prende le colpe e le responsabilità degli altri); 4. insegnante di yoga della risata.

9A Scritto e orale

G il futuro anteriore
V Com'è andata? • prova, scritto / orale, questionario, concorso

1 LEGGERE Una prova difficile

1a Leggi la chat a destra. Che cosa ha fatto Vera?
- ○ Un esame universitario di Diritto internazionale.
- ○ Una selezione per lavorare al Ministero degli Affari Esteri.
- ○ Un esame universitario alla facoltà di Lingue straniere.
- ○ Un esame per prendere la patente di guida internazionale.

1b Seleziona l'opzione giusta.
Attenzione: in un caso sono possibili <u>due</u> risposte.

1. **Vera:**
   - ○ sta preparando l'esame orale.
   - ○ sta aspettando i risultati dell'esame scritto.
   - ○ è stata ammessa all'esame orale.

2. **Vera ha fatto la prova di:**
   - ○ inglese e tedesco.
   - ○ francese e tedesco.
   - ○ inglese e francese.

3. **Hanno finito lo scritto:**
   - ○ tutti i 1200 candidati, inclusa Vera.
   - ○ solo 10 candidati.
   - ○ alcuni candidati, inclusa Vera.

4. **Vera vuole organizzare una festa:**
   - ○ a Roma.
   - ○ dopo l'orale.
   - ○ subito dopo i risultati dello scritto.

Nadia
Allora, com'è andata?
Sei tornata da Roma? Possiamo festeggiare?

Vera
Ehi, come corri! Non so ancora se sono stata ammessa all'orale, ho appena fatto lo scritto...
Ci vorrà qualche settimana per avere i risultati. Quindi resto a Roma, continuo a studiare... e aspetto.

Nadia
Ok, ma lo scritto era difficile?

Vera
Sì, ma comunque è andato abbastanza bene (credo). Avevamo 5 ore per rispondere a un questionario con 100 domande di cultura generale, poi c'era la prova d'inglese e quella per la terza lingua.

Io ho scelto francese: anche se ho passato più anni in Germania che in Francia, con il tedesco fin dai tempi dell'università ho sempre avuto difficoltà.

Alla fine bisognava scrivere un testo rispondendo a una domanda su un problema di diritto internazionale. Eravamo tutti in una grande sala, faceva molto caldo e non c'era l'aria condizionata. Insomma, non è stato facile. 😅

Nadia
Immagino...

Vera
Nella prima prova su 100 domande probabilmente ho fatto qualche errore. Ero molto nervosa e per rispondere ci ho messo quasi tre ore. Sarà stata l'emozione. Così per le altre prove mi è rimasto poco tempo. Però sono riuscita a finire tutto (mentre molti non ce l'hanno fatta).

Nadia
👉

Vera
Come ti ho detto, quando avrò passato lo scritto dovrò fare l'orale. Considera che ci sono solo 10 posti per 1200 candidati. Ma sono ottimista, e dopo che sarò tornata a casa faremo una grande festa! 🎉

Scritto e orale 9A

1c In coppia. Riscrivete le frasi seguendo le indicazioni in azzurro, come negli esempi. In alcuni casi sono possibili più soluzioni.

1. Ci vorrà qualche settimana per avere i risultati.	Riscrivete iniziando la frase come indicato. 1. I risultati *arriveranno tra qualche settimana.*
2. Non è andata male.	Trasformate usando una forma affermativa. 2.
3. Anche se ho passato più anni in Germania che in Francia...	Riscrivete iniziando la frase come indicato. 3. Sebbene
4. Insomma, non è stato facile.	Trasformate usando una forma affermativa. 4.
5. Ero molto nervosa e per rispondere ci ho messo quasi 3 ore.	Trasformate usando *siccome*. 5.
6. Sarà stata l'emozione.	Trasformate usando *forse*. 6. *Forse è stata l'emozione.*

2 VOCABOLARIO Esami e selezioni

Completa le frasi con le parole corrette (sono tutte nei messaggi di Vera). Poi scrivi le lettere **evidenziate** sulle righe azzurre e troverai la parola finale.

1. Le persone che fanno un esame o una selezione si chiamano _ _ _ _ _ _ _ _ _ .
2. Un gruppo di domande forma un _ _ _ _ _ _ _ _ _ _ .
3. Vera deve fare un esame scritto e un esame _ _ _ _ .
4. Vera sta aspettando i risultati per sapere se sarà _ _ _ _ _ _ all'orale.
• Selezione che si fa per poter lavorare nella pubblica amministrazione: _ _ _ _ C _ _ _ _ O

3 GRAMMATICA Il futuro anteriore

3a Nelle due frasi sotto c'è un nuovo tempo: il futuro anteriore. <u>Sottolinea</u> in ogni frase quale azione accade prima: quella con il futuro semplice o quella con il futuro anteriore? Poi completa la regola.

1. Quando **avrò passato** lo scritto **dovrò** fare l'orale.
2. Dopo che **sarò tornata** a casa **faremo** una grande festa!

FUTURO ANTERIORE	
PASSARE	TORNARE
avrò passato	sarò tornato/a

Il futuro anteriore indica un'azione che accade
○ **prima di** ○ **dopo** un'altra azione futura.

3b In piccoli gruppi.
Uno studente dice una frase iniziando con *dopo che + il futuro anteriore*; il secondo studente riprende l'ultima parte della frase e continua con una nuova frase, usando sempre *dopo che + il futuro anteriore*, e così via. Seguite il modello sotto e continuate così fino allo STOP dell'insegnante.

> Dopo che **avrò passato** l'esame **farò** una grande festa.

> Dopo che **avrò fatto** una grande festa **andrò** in vacanza.

> Dopo che **sarò andato/a** in vacanza...

4 PARLARE Un esame

In gruppo. Raccontate un esame o un concorso che avete fatto, che tipo di prova era, come vi siete preparati, come era organizzato, che emozioni avete provato, com'è andata...

💡 FOCUS

SUPPOSIZIONI CON IL FUTURO ANTERIORE
Come il futuro semplice, anche il futuro anteriore si può usare per fare supposizioni, in questo caso nel passato.

Sarà stata l'emozione.
(= Forse è stata l'emozione.)

ALMA Edizioni | DIECI ▶ GRAMMATICA ES 1 e 2 ▶ VOCABOLARIO ES 1   113

9B Il curriculum vitae

G gli alterati
V il sistema educativo • il CV • Può fare qualche esempio?

1 VOCABOLARIO E PARLARE — Il percorso di studi

Completa il grafico del sistema educativo italiano con 4 parole o numeri. Poi confrontati con un compagno: che differenze ci sono con il vostro Paese? E voi che percorso di studi avete fatto o state facendo?

SCUOLA

| PRIMARIA (SCUOLA ELEMENTARE) durata: 5 anni | _____ DI 1° GRADO (SCUOLA MEDIA) durata: 3 anni | SECONDARIA DI 2° GRADO (_____ SUPERIORE) Liceo – Istituto tecnico / professionale durata: 5 anni |

UNIVERSITÀ

| LAUREA TRIENNALE durata: _____ anni | LAUREA MAGISTRALE / MASTER DI _____ LIVELLO durata: 2 anni (laurea) / 1 anno (master) | DOTTORATO / MASTER DI 2° LIVELLO durata: variabile |

2 ASCOLTARE E LEGGERE — Il curriculum ideale

29 ▶ 2a Come si fa un curriculum? Ascolta più volte l'intervista e, su un foglio a parte, prendi appunti sui temi dell'intervista indicati sotto.

1. il curriculum efficace
2. le esperienze professionali
3. il percorso di studi
4. i voti
5. la foto e l'indirizzo mail
6. il videocurriculum

2b Leggi il CV: secondo te rispetta le regole indicate nell'intervista? Perché? Confrontati con un compagno. Se necessario riascoltate.

CURRICULUM VITAE

Informazioni personali
Fabio Salini
residente in Via Mincio 15,
36100 Vicenza
323 19811XX
babyblue@gmail.com

Esperienza professionale

Da gennaio 2012 a marzo 2014
Giornale di Vicenza: assistente al team di social strategy
Mi sono occupato dell'inserimento delle notizie nei canali social, acquisendo una buona esperienza nella comunicazione digitale.

Da aprile 2014 a giugno 2021
Agenzia Immaginando srl: junior copywriter
Ho ideato i testi per le campagne social di alcune importanti aziende enogastronomiche venete.

Da settembre 2021 a oggi
Caseificio Allegri: addetto all'ufficio marketing
Mi occupo della promozione internazionale dei prodotti (formaggi e dolci).
Organizzo eventi digitali e seguo le campagne social.

Studi
Diploma presso il Liceo scientifico G. Galilei di Vicenza (voto: 60/100)
Laurea Magistrale in Scienze della comunicazione presso l'Università di Padova (voto: 88/110)
Master in Marketing e comunicazione digitale presso 24ore Business School

Competenze
Buone capacità creative e di analisi.

Lingue
Italiano: madrelingua
Inglese: scritto B2, parlato C1
Francese: scritto A2, parlato A2

Interessi
Sono appassionato di viaggi e motociclismo.
Pratico karate dall'età di 12 anni.

Informativa privacy
Autorizzo il trattamento dei miei dati personali ai sensi del DL 30-6-03, n. 196 "Codice in materia di protezione dei dati personali".

Il curriculum vitae 9B

2c In coppia. Nell'audio il giornalista usa questi tre modi per chiedere spiegazioni o chiarimenti. Ne conoscete altri?

- In che senso? • Può fare qualche esempio? • Può spiegare meglio?

2d Con lo stesso compagno. A turno, uno studente sceglie un elemento della lista e chiede al compagno "Com'è per te il / la... ideale?". Il compagno risponde. Il primo studente chiede ancora informazioni, usando una delle espressioni del punto **2c** (o altre), come nell'esempio, fino a quando non è soddisfatto. Poi invertite i ruoli. Usate tutti gli elementi della lista.

| il lavoro ideale | il mondo ideale | l'amico / amica ideale | la città ideale | la casa ideale | la vacanza ideale |

Com'è per te la vacanza ideale?

In che senso? Puoi spiegare meglio?

Puoi fare qualche esempio?

Una vacanza ogni volta diversa.

Mi deve permettere di fare nuove esperienze e di imparare qualcosa.

Per esempio...

3 GRAMMATICA Gli alterati

I suffissi possono cambiare il significato di una parola. Osserva lo schema sotto.
Poi completa le frasi dell'audio con i suffissi giusti, come nell'esempio.

	ESEMPI
-ONE (grande, importante)	lib**rone**
-INO / -ETTO (piccolo, non importante)	piatt**ino** cas**etta**
-ACCIO (brutto, cattivo)	parol**accia**
-UCCIO (piccolo, a volte in senso ironico o affettuoso)	bocc**uccia**

1. Il mio è un ___*lavoraccio*___ (*lavoro brutto, difficile*)!
2. Inutile riempire il curriculum con liste lunghissime di corsi, _____ (*lavori poco importanti*), esperienze poco significative.
3. Per evitare una _____ (*brutta figura*), è bene ricontrollare sempre il testo.
4. Anche delle _____ (*cose minime*) che sembrano senza importanza possono essere decisive.

4 SCRIVERE E PARLARE Un CV

Sei una di queste persone.
Scrivi il tuo CV. Usa l'immaginazione.
Poi leggi il CV di un compagno: lo assumeresti?
Parla con il compagno e spiega le tue motivazioni.

Viviana Carta
manager

Edoardo Lai
cameriere

Agnese Boschi
traduttrice

▶ GRAMMATICA ES 3 e 4   ▶ VOCABOLARIO ES 2

9C Autonomo o dipendente?

G l'interrogativa indiretta
V lavoro, azienda, orari, contratto

1 LEGGERE Pro e contro

1a Collega gli elementi delle tre colonne e ricostruisci le definizioni.

Il lavoratore **autonomo** è un lavoratore indipendente,	cioè	che esercita la propria attività lavorativa in un'azienda e di solito esegue le istruzioni di un superiore.
Il lavoratore **dipendente** è un lavoratore subordinato,		che esercita la propria attività lavorativa in modo libero.

1b Leggi il forum online e completa con autonomo o dipendente.

testo parlante 30

Salve, sono uno studente universitario e tra poco dovrò scegliere quale strada prendere: lavoro autonomo o dipendente?

Nicola Z.

L'ESPERTO RISPONDE Giuseppe Tosti, direttore Labor Lab

Oggi è sempre più importante avere le idee chiare sul mondo del lavoro. Quella tra lavoro autonomo e lavoro dipendente è la prima scelta da fare. Ma a chi chiede se sia meglio lavorare da soli o in un'azienda, rispondiamo che non esiste un'opzione valida per tutti: ci sono persone che lavorano meglio in modo autonomo e altre che hanno una personalità più adatta al lavoro dipendente. Naturalmente le differenze sono molte. Il primo vantaggio di essere un _____ è senza dubbio la certezza di ricevere ogni mese uno stipendio. Oltre alle dodici mensilità, in Italia quasi tutte le categorie hanno diritto alla tredicesima e, a volte, anche alla quattordicesima. E poi ci sono le ferie, i giorni di malattia pagati e gli orari fissi (di solito l'orario settimanale è di 40 ore). Se si ha un contratto a tempo indeterminato, c'è anche la garanzia di un lavoro più stabile. Pertanto, se chiedete a un lavoratore _____ che cosa invidi di più a un _____ sicuramente vi risponderà: stabilità, sicurezza, zero rischi.
Se invece domandate a un lavoratore _____ qual è lo svantaggio più grande del suo lavoro, probabilmente vi dirà: non essere completamente liberi e dover eseguire le istruzioni di un superiore. Il lavoratore _____ infatti è più libero e obbedisce solo a se stesso: può lavorare quando e dove vuole, anche senza ufficio, basta che abbia un computer, una stampante e naturalmente una buona connessione a internet.
La libera professione ha certamente più rischi, ma in alcuni casi offre la possibilità di maggiori guadagni e di programmare meglio la propria carriera lavorativa.
In definitiva, si tratta di capire che cosa preferite: una tranquilla stabilità o una libertà con rischi.
C'è anche da dire che oggi molti non possono scegliere e che sono liberi professionisti solo perché non hanno trovato un lavoro stabile in un'azienda. Spesso quindi il lavoro _____ non è una scelta bensì una necessità. È il fenomeno delle "partite IVA", cioè di quelle persone – soprattutto giovani – che del lavoro _____ conoscono solo gli svantaggi: hanno poche garanzie, a volte lavorano di più di un lavoratore _____ e guadagnano di meno.

1c In piccoli gruppi. E voi che cosa preferite? Spiegate perché anche basandovi sulla vostra esperienza personale o di persone che conoscete.

Autonomo o dipendente? 9C

2 VOCABOLARIO Le parole del lavoro

Completa il cruciverba con le parole del testo al punto 1b.

ORIZZONTALI →

2 I soldi di un mese di lavoro.
5 I giorni di vacanza dal lavoro.
7 [immagine stampante]
8 Di solito è di 40 ore settimanali.
9 Lavoratore non autonomo.
10 Il mese extra di stipendio.
11 Il lavoro indipendente.

VERTICALI ↓

1 Il posto dove lavorano gli impiegati.
3 Ditta.
4 Un contratto di lavoro che non ha una data di conclusione.
6 [immagine computer]
7 I soldi che l'azienda dà ai lavoratori ogni mese.

---

3 GRAMMATICA L'interrogativa indiretta

3a Osserva le tre frasi: sono interrogative indirette. Trasformale in una domanda diretta, come nell'esempio.

1. Ma a chi chiede se sia meglio lavorare da soli o in un'azienda...
   Qualcuno chiede:
   " _È meglio lavorare da soli o in un'azienda_ ?"

2. Quando chiedete a un lavoratore autonomo che cosa invidi di più a un dipendente...
   Chiedete a un lavoratore autonomo:
   " _____ ?"

3. Se invece domandate a un lavoratore dipendente qual è lo svantaggio più grande del suo lavoro...
   Domandate a un lavoratore dipendente:
   " _____ ?"

3b Hai notato? A volte nelle interrogative indirette si usa il congiuntivo e a volte l'indicativo. Di solito si usa il congiuntivo per dare uno stile più elegante alla frase. Indica in quali interrogative indirette del punto 3a si usa l'indicativo e in quali il congiuntivo.

3c Trasforma le tre interrogative indirette del punto 3a passando dal congiuntivo all'indicativo o viceversa.

1. _____
2. _____
3. _____

3d In coppia: studente A e studente B. Andate in ▶ COMUNICAZIONE (A va a pagina 140 e B a pagina 141) e giocate con l'interrogativa indiretta.

4 SCRIVERE L'esperto risponde

L'esperto/a sei tu: scegli una domanda e scrivi una risposta.

- Lavoro manuale o lavoro intellettuale?
- Lavorare (e guadagnare) poco o lavorare (e guadagnare) molto?
- Lavorare a casa o lavorare in ufficio?

L'ESPERTO/A RISPONDE

A chi chiede se sia meglio...

9D ITALIANO IN PRATICA
Prego, si accomodi.

v Giusto? • Non proprio. • Una decina di anni fa.

1 LEGGERE Annunci di lavoro

1a Collega le due colonne, come nell'esempio, e ricostruisci espressioni che si usano negli annunci di lavoro.

1. a tempo
2. disponibilità
3. diploma di
4. esperienza
5. lettera di
6. orario

a. a viaggiare
b. determinato
c. flessibile
d. professionale
e. scuola superiore
f. presentazione

1b Completa i tre annunci con le espressioni del punto **1a**.

lavorosubito.it

Società internazionale di catering cerca giovane **cuoco / cuoca** con esperienza in cucina creativa per eventi esclusivi nel mondo del lusso e della moda. Contratto _____ di un anno. _____ e a lavorare sabato, domenica e giorni festivi. Stipendio buono (13 mensilità). Inviare CV a gustounico@gmail.com.

Cercasi **babysitter** con patente di guida per lavoro part-time in famiglia con due bambini (vivacissimi) di 2 e 6 anni e tre cani. _____ (a volte anche weekend). Si richiede _____ (con voto finale) e conoscenza lingua inglese. No ferie a luglio e agosto. Telefonare a 334 5857XXX.

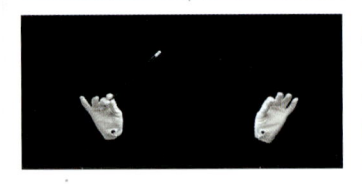

Azienda leader nel settore turistico seleziona 2 **illusionisti / illusioniste** per lavorare negli alberghi del gruppo in Italia e all'estero. È richiesta _____ di almeno 5 anni. Competenze: illusionismo, ipnosi, giochi di carte, magia. È prevista tredicesima + bonus. Scrivere a recruiter@wgditalia.com inviando CV accompagnato da _____.

2 ASCOLTARE Un colloquio di lavoro

31 ▶ 2a Ascolta l'inizio del colloquio di lavoro tra due selezionatori e una candidata. Secondo te, per quale annuncio del punto **1b** si presenta la ragazza? Fa' ipotesi insieme a un compagno.

32 ▶ 2b Ascoltate il colloquio completo. Le vostre ipotesi erano giuste?

2c Seleziona l'opzione corretta.

	vero	falso	non è possibile rispondere
1. La ragazza ha cominciato questo lavoro circa 10 anni fa.	○	○	○
2. La madre della ragazza faceva il suo stesso lavoro.	○	○	○
3. La ragazza dice che la pratica non serve.	○	○	○
4. La ragazza ha lasciato l'ultimo lavoro dopo un mese perché lo stipendio era basso.	○	○	○
5. La ragazza non può lavorare il fine settimana.	○	○	○
6. Alla fine la ragazza ottiene il lavoro.	○	○	○

ITALIANO IN PRATICA
Prego, si accomodi. **9D**

2d Leggi sotto la prima parte del dialogo e inserisci le espressioni evidenziate in azzurro nella categoria giusta.

1. INVITARE A SEDERSI:
   _____

2. CHIEDERE CONFERMA:
   _____
   _____
   Esatto?

3. DARE CONFERMA:
   _____
   _____
   _____
   Certamente.
   Esattamente.

4. NON CONFERMARE:
   _____
   Non esattamente.

● Prego, si accomodi .
▶ Grazie.
● Allora, abbiamo visto il Suo curriculum. Interessante, anche se è giovane ha già una buona esperienza. Dunque... Vediamo... Lei ha cominciato una decina d'anni fa. Giusto?
▶ Giusto , ho iniziato molto presto, dato che questo lavoro è sempre stata la mia passione. Devo dire che è una tradizione di famiglia, mia madre faceva lo stesso lavoro. All'inizio per me era solo un gioco, e in un certo senso lo è ancora oggi, poi è diventata la mia professione.
● Bene. In effetti saper giocare è fondamentale in questo mestiere. Leggo che ha anche una buona formazione, e che ha molti diplomi.
▶ Esatto . Vede... Molti pensano che per fare questo lavoro sia necessaria solo la pratica.
● In che senso? Vuole dire che la pratica non serve?
▶ Non proprio . Sicuramente la pratica è importante, ma è importante avere anche delle buone basi teoriche, per questo ho sentito il bisogno di frequentare le migliori scuole per formarmi a questa professione così difficile.
● Ah, sì, certo .
[...]

💡 **FOCUS**

DECINA
Ha cominciato **una decina** di anni fa. (= circa 10 anni fa)

---

3 PARLARE Due colloqui molto particolari

In coppia. Scegliete uno degli annunci e fate un colloquio di lavoro. Uno studente è il candidato e l'altro studente è il selezionatore. Poi cambiate annuncio e invertite i ruoli.

Agente segreto/a
Società di spionaggio internazionale ricerca agente segreto per lavoro a tempo determinato. Orari flessibili e disponibilità al rischio.

Re / Regina
Piccola isola indipendente dell'Oceano Pacifico offre posto di Re / Regina con contratto a tempo indeterminato. Orario di 80 ore settimanali inclusi giorni festivi.

DIECI parole del lavoro

1 azienda
2 dipendente
3 autonomo
4 stipendio
5 tredicesima
6 orario
7 ferie
8 colloquio
9 (a tempo) determinato
10 (a tempo) indeterminato

Come si chiama la mensilità extra di stipendio? (È nella lista sopra).
_____

E la seconda mensilità extra? (Non è nella lista).
_____

ASCOLTO IMMERSIVO Inquadra il QRcode a sinistra o vai su www.almaedizioni.it/dieciB1, chiudi gli occhi, rilassati e ascolta.

▶ VOCABOLARIO ES 4, 5 e 6

9 VIDEOCORSO Un problema tecnico

1 Prima di guardare il video: osserva le immagini di vari momenti dell'episodio, in ordine <u>non</u> cronologico. Fa' ipotesi su quello che succede indicando la sequenza secondo te possibile. Poi guarda il video e verifica.

Sequenza possibile: ☐☐☐☐

2a Nelle frasi sotto, alcuni **futuri anteriori** sono ipotetici: quali?

	Il futuro anteriore esprime un'ipotesi?	
	sì	no
1. **Avrò premuto** un tasto che non dovevo... Non lo so, un disastro!	○	○
2. Dopo che **avrò fatto** la figura dell'idiota davanti a tutti, Paloma Delgado non vorrà più vedermi.	○	○
3. Guarda, l'**avrò fatto** cento volte, ma per questo progetto no!	○	○
4. Si **sarà rotto** qualcosa di importante, perché quando si spegne così d'improvviso di solito è una cosa seria...	○	○

2b Riscrivi le ipotesi con il futuro anteriore del punto precedente usando la forma *forse* + passato prossimo.

frasi con il passato prossimo:
_____
_____
_____

3 Seleziona il significato delle espressioni evidenziate.

1. Un'ultima modifichina...
a. una modifica importante
b. una piccola modifica

2. Ma che è questa faccia, che è successo?
a. Perché hai questa espressione strana?
b. Perché hai fatto questa cosa strana?

4 Il prossimo episodio sarà l'ultimo del corso: prima di andare avanti sintetizza che cosa è successo fino a questo momento rispondendo alle domande sotto.

- Perché è stato organizzato il gala?
- Perché Anna ha un nuovo ufficio?
- Chi è Giulia?
- Perché Paolo deve andare al gala?
- Chi incontrerà Paolo al gala?

USI DI "MAGARI"
Parlando del computer di Paolo, Ivano dice: "Magari si riaccende...". Questo uso di *magari* è frequente nella lingua parlata: qui la parola significa *forse*.

PROGETTO & CULTURA   9

REGOLAMENTO AZIENDALE

1 Formate gruppi di alcuni studenti.
Immaginate di aver appena fondato un'azienda in Italia.
Di che azienda si tratta? Pensate agli elementi sotto.

- come si chiama
- di che cosa si occupa
- dove si trova
- quanti dipendenti ha

2 Adesso pensate a come funzionerà l'azienda.
Scrivete il regolamento per i vostri dipendenti.
All'inizio indicate il nome, il settore e la sede dell'azienda e includete tutti o alcuni degli elementi della lista.
Potete usare i modelli sotto, oppure no.

- orario di lavoro e della pausa pranzo
- ferie (quanti giorni)
- congedi per malattia e maternità / paternità
- codice di abbigliamento
- politica in materia di: pari opportunità e non discriminazione
- che cosa non è permesso fare in generale

| il lavoratore ha l'obbligo / il diritto di |

| l'azienda si impegna a / garantisce che |

| non è ammesso / è concesso |

| è obbligatorio / facoltativo |

3 Tutti i regolamenti vengono messi su un tavolo o appesi alla parete. Gli studenti dei vari gruppi li leggono girando per la classe.

4 Tutti insieme: escludendo la vostra, in quale altra azienda vi piacerebbe lavorare, e perché?

DIECI EVENTI IMPORTANTI DELLA STORIA ITALIANA

Conosci la storia italiana? Fa' il test, poi verifica sotto.

1. Quando diventa un Paese unito, nel 1861, l'Italia è:
   ○ una monarchia.   ○ una repubblica.
2. La prima capitale d'Italia è:
   ○ Roma.   ○ Torino.
3. L'Italia partecipa a:
   ○ una guerra mondiale.   ○ due guerre mondiali.
4. Il fascismo dura:
   ○ vent'anni.   ○ dieci anni.
5. L'Italia diventa una potenza industriale:
   ○ intorno agli anni '60.   ○ negli anni '80.
6. L'Italia entra nell'Unione Europea:
   ○ nel 1957.   ○ nel 2002.

1 **1861 Unificazione del Paese: nasce il Regno d'Italia** • La capitale è Torino. Roma lo diventa nel 1871.

2 **1912 Suffragio universale maschile** • Possono votare i cittadini maschi. Le donne possono farlo solo nel 1945.

3 **1917 Disfatta di Caporetto** • Tragica sconfitta durante la 1ª guerra mondiale: muoiono circa 12000 soldati (ma poi l'Italia vince la guerra).

4 **1922 Inizio del Ventennio** • Comincia l'era fascista. Diventa una dittatura nel '24.

5 **1945 Fine della seconda guerra mondiale** • Il 25 aprile 1945 finisce la guerra, con la sconfitta dei nazifascisti. Tre giorni dopo Mussolini viene ucciso dai partigiani.

6 **1946 Referendum sulla monarchia e la repubblica** • Gli italiani scelgono la repubblica.

7 **Anni Cinquanta e Sessanta: il miracolo economico** • L'Italia diventa una potenza industriale. Nel '57 firma il Trattato di Roma, con cui nasce la Comunità Economica Europea, futura Unione Europea.

8 **1978 Il caso Moro** • Durante i violenti "anni di piombo" Aldo Moro, ex primo ministro, viene rapito e ucciso dalle Brigate Rosse.

9 **1992 Inizio di "Mani pulite"** • La magistratura rivela la corruzione diffusa della classe politica. Un terremoto politico.

10 **2002 Adozione dell'euro** • L'euro entra in circolazione in Italia e in altri 11 Paesi.

9 TEST

GRAMMATICA

1 *Coniuga i verbi tra parentesi al futuro semplice o al futuro anteriore.*

> **Studenti di talento** | La Scuola Superiore Sant'Anna di Pisa e il Politecnico di Milano sono due delle migliori università italiane. Anche quest'anno (*potere*) _____ iscriversi ai corsi i candidati che (*passare*) _____ una selezione con varie prove. Ma chi sono i fortunati studenti ammessi negli anni passati? Ecco due esempi.
>
> **Alice Alverni, Sant'Anna:**
> Frequento il corso di bioingegneria.
> Dopo che (*io – terminare*) _____ gli studi, (*fare*) _____ un dottorato a Cambridge, ma poi (*cercare*) _____ lavoro in Italia.
>
> **Michele Illy, Politecnico:**
> Appena (*io – finire*) _____ lo stage in uno studio tecnico, (*prendere*) _____ la laurea in ingegneria ambientale.
> Poi (*io – provare*) _____ ad aprire uno studio mio.

OGNI VERBO CORRETTO = 3 PUNTI ___ / 24

2 *Trasforma le domande dirette evidenziate in interrogative indirette. Usa sempre il congiuntivo.*

> 1. **Quanti stranieri studiano nelle università italiane?** Circa ottantamila.
> 2. **Vengono per un breve periodo?** No, la maggior parte frequenta corsi di laurea triennale o magistrale.
> 3. **Che cosa li spinge a studiare in Italia?** Innanzitutto, la preparazione universitaria italiana è di alto livello. Inoltre i costi dell'università sono più bassi che in molti altri Paesi.
> 4. **Ci sono altre motivazioni?** Sì: per molti di loro la vita costa relativamente poco, il clima è buono e la cucina ottima.

1. Mi chiedo _____.
2. Mi domando _____.
3. Mi interessa sapere _____.
4. Mi chiedo _____.

OGNI FRASE CORRETTA = 3 PUNTI ___ / 12

VOCABOLARIO

3 *Completa il testo in alto a destra con le parole della lista. Due parole sono intercambiabili.*

connessione | ditte | ufficio | aziende
dipendenti | autonomi | lavorativa | stampanti

> I *coworking* sono un'alternativa all'_____ e al lavoro da casa. Accolgono lavoratori sia _____ che dipendenti, *startupper* o grandi _____. In questi spazi condivisi si trovano ovviamente computer, scrivanie, _____ e macchine del caffè. Non può mancare la _____ a internet. Un elemento fondamentale di questa soluzione _____ sono le relazioni: gli incontri stimolano idee nuove. Aumenta ogni anno il numero di aziende i cui _____ lavorano dove vogliono: un fenomeno positivo sia per i lavoratori sia per le _____ stesse secondo Davide Dattoli, fondatore di Talent Garden, una delle reti di *coworking* più grandi d'Europa.

OGNI COMPLETAMENTO CORRETTO = 3 PUNTI ___ / 24

4 *Osserva le espressioni evidenziate, tipiche della lingua colloquiale, e sottolinea il significato.*

1. All'università ho avuto molti **professoroni**.
   - professori: di grande prestigio / molto anziani
2. Non ho passato l'esame per un **erroruccio**.
   - un errore: gravissimo / di poca importanza
3. Oggi al lavoro è stata una **giornataccia**!
   - una giornata: terribile / molto divertente
4. Andavamo a scuola con lo **zainetto**.
   - lo zaino: carino / piccolo

OGNI SELEZIONE CORRETTA = 5 PUNTI ___ / 20

COMUNICAZIONE

5 *Abbina le domande alle risposte appropriate.*

1. Come è andata?
2. Si accomodi.
3. Vuole dire che non ha esperienza?
4. Lei è disponibile da subito, giusto?
5. È prevista la tredicesima?

a. Non proprio, ho fatto molti stage.
b. Abbastanza bene, credo.
c. Grazie.
d. Certamente, sono 12 mensilità più una.
e. Esatto, da domani.

OGNI ABBINAMENTO CORRETTO = 4 PUNTI ___ / 20

TOTALE ___ / 100

AUTOVALUTAZIONE

CHE COSA SO FARE IN ITALIANO?	🙂	😐	☹️
descrivere i miei studi	○	○	○
scrivere un breve CV	○	○	○
parlare di lavoro	○	○	○

LEZIONE 10
LE FORME DELL'ARTE

Qui imparo a:
- *indicare desideri che non si sono realizzati*
- *descrivere e interpretare opere d'arte*
- *definire termini*
- *riferire pensieri e speranze*
- *chiedere e dare assistenza alla biglietteria di un museo*

COMINCIAMO

a In coppia. Osservate questi particolari di quattro capolavori del Rinascimento e provate ad abbinarli al titolo e al nome dell'autore. Attenzione: un'opera della lista è un'intrusa!
Poi verificate la soluzione in basso.

- [ ] *Creazione di Adamo* di Michelangelo Buonarroti (circa 1511, Cappella Sistina, Musei Vaticani)
- [ ] *Nascita di Venere* di Sandro Botticelli (circa 1484, Galleria degli Uffizi, Firenze)
- [ ] *La Gioconda* (o *Monna Lisa*), di Leonardo da Vinci (circa 1503, Museo del Louvre, Parigi, Francia)
- [ ] *Doppio ritratto dei duchi di Urbino* di Piero della Francesca (circa 1470, Galleria degli Uffizi, Firenze)
- [ ] *Uomo vitruviano* di Leonardo da Vinci (circa 1490, Gallerie dell'Accademia di Venezia)

b Vai su internet e guarda le opere complete: quale ti piace di più? Parlane con alcuni compagni.

SOLUZIONE DEL PUNTO a

1. Nascita di Venere; 2. Uomo vitruviano; 3. Creazione di Adamo; 4. Doppio ritratto dei duchi di Urbino.

10A Arte contemporanea

G il condizionale passato
V marmo, bronzo, vernice

1 PARLARE È arte?

Osserva le due immagini: secondo te è arte? Perché sì, perché no? Parlane con un compagno.

"GRANDE CRETTO", ALBERTO BURRI, GIBELLINA (SICILIA)

BLU (ARTISTA ANONIMO/A), EX CASERMA DIPINTA, ROMA

2 VOCABOLARIO I materiali dell'arte

In coppia. Secondo voi le 2 opere del punto *1* con quali materiali sono state realizzate?

○ bronzo    ○ marmo    ○ ferro

○ terracotta    ○ legno   ○ plastica

○ cemento    ○ vernice

3 ASCOLTARE Il Grande Cretto

33 ▶ 3a Ascolta e rispondi alla domanda: secondo te chi parla?

○ un professore, durante una lezione a scuola
○ una guida turistica, davanti all'opera
○ un appassionato d'arte con alcuni amici
○ un signore in gita con i figli piccoli

34 ▶ 3b Ascolta il resto dell'audio e verifica la tua ipotesi al punto precedente.

124   ALMA Edizioni | DIECI

Arte contemporanea 10A

3c Ascolta ancora e rispondi alle domande.

1. Quando è stato creato il "Grande Cretto"?
   ....
2. Dove si trova e perché è stato scelto quel posto?
   ....
3. Di che materiale è fatta l'opera?
   ....
4. Che cosa rappresenta?
   ....
5. Quanto è grande?
   ....
6. Che cosa caratterizza Gibellina nuova?
   ....

3d Hai cambiato idea sul "Grande Cretto" oppure no? Confrontati ancora con il compagno con cui hai parlato al punto **1**.

4 GRAMMATICA Il condizionale passato

4a Nell'audio compare un nuovo tempo verbale, il condizionale passato. Completa lo schema.

> Il condizionale passato si forma con il condizionale presente di *avere / essere* + il participio passato.
>
> | esempi dell'audio con verbi al condizionale passato | infinito del verbo |
> |---|---|
> | 1. Burri avrebbe dovuto realizzare un'opera a Gibellina nuova... Ma poi l'artista ha visitato anche Gibellina vecchia... | .... |
> | 2. Lo so che sareste rimasti più a lungo, ma è già tardi e non abbiamo molto tempo. | .... |
> | 3. Vi avrei portato volentieri anche a Gibellina nuova, dove ci sono bellissime opere di arte contemporanea... | .... |
>
> Il condizionale passato indica azioni o desideri che:
> ○ si sono realizzati.
> ○ potevano realizzarsi ma non si sono realizzati.
> ○ non potevano realizzarsi in nessun caso.

4b Completa la coniugazione del condizionale passato con gli ausiliari mancanti.

PORTARE		RIMANERE	
avrei	portato		rimasto/a
	portato	saresti	rimasto/a
	portato	sarebbe	rimasto/a
avremmo	portato		rimasti/e
avreste	portato		rimasti/e
	portato	sarebbero	rimasti/e

4c Coniuga il verbo evidenziato in azzurro al condizionale passato e forma le frasi come preferisci. Segui gli esempi e usa l'immaginazione.
Poi lavora con un compagno: ognuno verifica le frasi dell'altro.

ESEMPI:
venire | ma alla fine non è stato possibile.
➙ **Sarei venuta** volentieri con te a vedere la mostra su Michelangelo, ma alla fine non è stato possibile.

essere | ma il viaggio a Roma è stato annullato.
➙ **Sarebbe stato** bello vedere la Cappella Sistina, ma il viaggio a Roma è stato annullato.

prenotare | ma erano finiti i posti disponibili.
➙ _____
_____

andare | ma il tempo era troppo brutto.
➙ _____
_____

tornare | ma non ci siamo riusciti.
➙ _____
_____

fare | ma poi ha capito che non aveva senso.
➙ _____
_____

'ALMA.tv
Guarda il video *Venezia / La Biennale* nella rubrica **In viaggio con Sara**.

▶ GRAMMATICA ES 1, 2 e 3 ▶ VOCABOLARIO ES 1

10B Capolavori senza tempo

G il participio presente
V statua, scultura

1 LEGGERE Sculture

1a Osserva le tre sculture <u>coprendo</u> i testi sotto: secondo te qual è la più antica, quale la più moderna?

testo parlante 35

1. Apollo e Dafne

scultura in marmo
di Gian Lorenzo Bernini,
1622 – 1625
Galleria Borghese, Roma

Bernini realizza questo capolavoro barocco quando ha poco più di vent'anni. L'opera raffigura un famoso mito greco: Apollo viene ferito da Cupido, dio dell'amore, e si innamora di Dafne; la ninfa, fuggendo, chiede aiuto al padre, che per salvarla la trasforma in un albero. L'opera è di un dinamismo sorprendente: Apollo prova ad abbracciare Dafne, ma la metamorfosi della ninfa è già iniziata. I suoi piedi e le sue mani, infatti, non hanno più un aspetto umano. I complessi giochi di luci e ombre sottolineano la forte tensione della scena.

2. Pugile in riposo

scultura in bronzo, forse del celebre scultore greco Lisippo,
IV secolo a.C.
Museo Nazionale di Palazzo Massimo, Roma

Ritrovato nel 1885, questo capolavoro assoluto dell'arte classica decorava probabilmente le Terme dell'imperatore Costantino. Raffigura un pugile in apparente sofferenza fisica che si riposa dopo un combattimento. Il contrasto tra il corpo, a riposo, e la testa, che sembra girarsi improvvisamente, evidenzia l'espressività drammatica della statua. Sul viso dell'atleta, ancora forte ma non più giovane, si vedono chiaramente i segni del tempo e dei combattimenti passati.

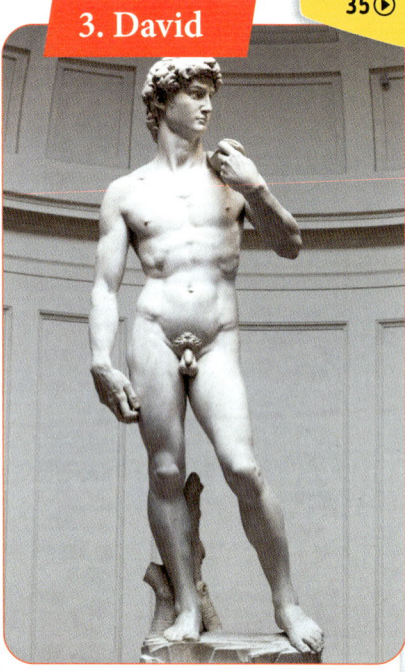

3. David

scultura in marmo
di Michelangelo Buonarroti,
1501 – 1504
Galleria dell'Accademia, Firenze

Capolavoro determinante dell'arte mondiale, la scultura raffigura il re David (ideale di bellezza maschile) mentre si prepara a combattere contro Golia. Creata da un giovane Michelangelo, l'opera rappresenta la lotta tra l'eroe giusto e il Male. Per dare maggiore espressività, Michelangelo ingrandisce leggermente la testa (simbolo della ragione umana) e le mani (strumento della ragione). L'opera avrebbe dovuto decorare la cupola di Santa Maria del Fiore, ma è stata poi posizionata in Piazza della Signoria, infine all'Accademia.

Capolavori senza tempo 10B

1b In gruppi di tre: studente A, B e C.
Lo studente A legge il testo 1, B il 2, C il 3 a pagina 126.
Leggete tutto il testo, per ora senza preoccuparvi delle parole che non conoscete.
Poi coprite il vostro testo (ma <u>non</u> le foto): ognuno risponde alle domande sotto raccontando quello che ricorda ai compagni.
Poi A legge il testo 2, B il 3, C l'1. Fate lo stesso esercizio, aggiungendo eventuali nuove informazioni.
Infine leggete il testo rimanente e ripetete l'esercizio.
Solo alla fine chiedete all'insegnante il significato di eventuali parole che ancora non sono chiare.

Che cosa rappresenta e racconta l'opera?
Che cosa la rende particolare?

1c A quali opere si riferiscono queste affermazioni?
Completa lo schema come negli esempi.
Le affermazioni <u>non</u> sono in ordine e alcune si riferiscono a più opere.

L'opera:	Apollo e Dafne	Pugile in riposo	David
1. è drammatica.	✓	✓	✓
2. era esposta in un luogo che non conosciamo con certezza.	○	○	○
3. è stata creata da un artista giovane.	○	○	○
4. non rispetta le proporzioni reali.	○	○	○
5. raffigura un combattente.	○	○	○
6. è una metafora del tempo che passa.	○	○	○
7. è una metafora del conflitto tra il Bene e il Male.	○	○	○
8. è legata alla mitologia greca.	○	○	○

2 VOCABOLARIO **Le parole della creatività**

Abbina le parole di sinistra ai sinonimi corrispondenti a destra.

1. realizzare   a. evidenziare
2. statua   b. celebre
3. rappresentare   c. creare
4. sottolineare   d. scultura
5. famoso   e. raffigurare

3 GRAMMATICA **Il participio presente**

3a Il participio presente si usa spesso come un aggettivo.
Completa lo schema sulla formazione del participio.

infinito	participio presente	desinenza
	[David] capolavoro determinante dell'arte mondiale	
	[Apollo e Dafne] l'opera è di un dinamismo sorprendente	-ente
apparire	[Pugile in riposo] in apparente sofferenza fisica	

3b Forma il participio presente dei seguenti verbi.

1. divertire →
2. interessare →
3. vivere →
4. scioccare →
5. precedere →

4 SCRIVERE **Opere d'arte parlanti**

Se potessero parlare, secondo te che cosa direbbero queste statue? Completa (qui, o su un foglio a parte) i balloon usando l'immaginazione!

10c Furti d'arte

G pensare di, pensare che
V ritratto, pittore, dipinto

1 ASCOLTARE Il furto de *La Gioconda*

1a Ascolta e indica con una ✓ le località in cui è stata *La Gioconda*.

- ○ Parigi, Francia
- ○ Varese, Italia
- ○ Firenze, Italia
- ○ Versailles, Francia
- ○ Milano, Italia
- ○ Roma, Italia
- ○ Amboise, Francia
- ○ Spagna

1b Ascolta ancora e seleziona l'opzione corretta.

1. *La Gioconda* rappresenta:
   - ○ una donna realmente esistita.
   - ○ un personaggio immaginario.

2. Leonardo dipinge la *Gioconda* perché:
   - ○ vuole venderla al re di Francia.
   - ○ qualcuno glielo chiede.

3. La polizia francese:
   - ○ arresta Pablo Picasso.
   - ○ sospetta che il ladro sia Pablo Picasso.

4. Il ladro voleva:
   - ○ portare il quadro in Italia.
   - ○ vendere il quadro per diventare ricco.

5. Il ladro:
   - ○ lascia la Francia subito dopo il furto.
   - ○ va in Italia circa due anni dopo il furto.

6. Il ladro:
   - ○ viene arrestato grazie al direttore degli Uffizi.
   - ○ si presenta spontaneamente alla polizia.

7. Il ladro rimane in prigione:
   - ○ a lungo.
   - ○ per un periodo limitato.

1c Leggi la trascrizione alla pagina successiva, poi scrivi accanto alle definizioni le parole corrispondenti evidenziate in verde, come nell'esempio.

1. luogo pubblico in cui vengono organizzate esposizioni artistiche, storiche, scientifiche ecc. ....
2. struttura (spesso in legno) dentro la quale si mette un quadro ....
3. chi vende oggetti e opere d'arte antiche ....
4. chi chiede, pagandola, la realizzazione di un'opera d'arte — *committente*
5. raccolta di opere d'arte ....

1d In coppia: adesso provate voi a scrivere una breve definizione delle tre parole evidenziate in azzurro.

ritratto ....

pittore ....

dipinto ....

LA GIOCONDA DI LEONARDO DA VINCI

128 ALMA Edizioni | DIECI

Furti d'arte 10c

CRONACHE DELL'ARTE

Oggi parliamo di uno dei furti d'arte più famosi di tutti i tempi: quello della *Gioconda* di Leonardo. Tra il 1502 e il 1503, Leonardo da Vinci si trova a Firenze, dove realizza il **ritratto** di una donna dell'epoca, l'aristocratica Lisa Gherardini. L'opera non viene mai data al **committente**, il marito della donna, perché Leonardo, a causa del suo perfezionismo, continua a lavorarci su per anni, portandola prima a Milano, poi in Francia.
Qui, ad Amboise, lavora come **pittore** per il re Francesco I. Dopo la morte dell'artista, la *Gioconda* entra nella **collezione** dei re di Francia a Versailles e successivamente al Louvre a Parigi.
La mattina del 22 agosto 1911, la *Gioconda* scompare. Del **dipinto** rimane solo la **cornice** in legno. La polizia francese sospetta di chiunque, anche di un artista come il celebre pittore spagnolo Pablo Picasso. Ma della *Gioconda* non si sa più nulla. Due anni dopo, nel 1913, il ritratto ricompare a Firenze. E viene rivelata l'identità del ladro. Si tratta di un italiano nato in un paesino vicino a Varese ed emigrato in Francia a fine Ottocento: si chiama Vincenzo Peruggia. L'uomo pensa di essere un patriota, non un ladro: vuole infatti restituire all'Italia il capolavoro di Leonardo da Vinci, che considera rubato da Napoleone. In realtà il quadro non è mai stato rubato dalla Francia. La polizia italiana lo arresta e Peruggia confessa. Che cosa è successo la notte del 22 agosto 1911? Torniamo a quel momento.
L'uomo, che lavora al Louvre, la notte del furto si nasconde in una stanzetta del **museo**. La mattina prestissimo prende il quadro di Leonardo, lo nasconde nel cappotto ed esce. Nessuno lo vede. Peruggia va a casa e chiude il dipinto in una valigia, che lascia sotto il letto per 28 mesi. Parte poi per l'Italia, contatta un **antiquario** di Firenze e gli chiede di aiutarlo a vendere la *Gioconda* a un museo fiorentino o romano. Ma l'antiquario informa il direttore degli Uffizi, che lo denuncia alla polizia. Peruggia è sorpreso: si aspetta di ricevere un ringraziamento dallo Stato italiano, invece viene arrestato. La *Gioconda* viene esposta prima a Firenze, poi a Roma, infine torna a Parigi. Il ladro viene processato proprio a Firenze: siccome è considerato non pericoloso per la società, viene condannato a solo un anno e mezzo di prigione. Alcuni italiani, tuttavia, pensano che sia un vero patriota.

2 GRAMMATICA Infinito o congiuntivo?

2a Trasforma le due frasi al discorso diretto.

L'uomo pensa di essere un patriota, non un ladro.
→ L'uomo pensa: "_____
_____".

Alcuni italiani pensano che sia un vero patriota.
→ Alcuni italiani pensano: "_____
_____".

2b Completa la regola.

Con alcuni verbi come *pensare*, *credere*, *sperare*, *aspettarsi*, se il soggetto della frase principale e il soggetto della frase subordinata

sono **uguali**	sono **diversi**
→ si usa la costruzione: *di* + _____ .	→ si usa la costruzione: *che* + _____ .

2c In coppia (studente **A** e **B**). **A** lavora con le caselle blu, **B** con quelle rosse. Sotto o su un foglio, completate le frasi come preferite, ma considerate le informazioni del reportage che avete ascoltato. Seguite l'esempio. Alla fine a turno ogni studente mostra le proprie frasi all'altro. Confrontatevi sulla correttezza delle vostre frasi.

ESEMPIO:

Vincenzo Peruggia si aspetta

| di ricevere approvazione dall'Italia. | che gli italiani capiscano il suo gesto. |

1. Leonardo spera

| di | che |

2. Il ladro crede

| che | di |

3. La polizia francese pensa

| di | che |

4. Gli italiani sperano

| di | che |

3 PARLARE La *Gioconda* deve andare...

In coppia: studente **A** e studente **B**. Andate in ▶ COMUNICAZIONE: **A** a pagina 141 in alto, **B** a pagina 141 in basso. Leggete le vostre istruzioni e difendete il vostro punto di vista: dove deve andare la *Gioconda*?

10D ITALIANO IN PRATICA
Regole al museo

v segnaletica al museo

1 LEGGERE Il viaggio di Caravaggio

1a *Giocate al telefono senza fili: formate due squadre, A e B. I membri di ciascuna squadra si dispongono vicini. Ogni squadra sceglie uno studente: quello della squadra A va in ▶ COMUNICAZIONE a pagina 141 in alto, quello della B a pagina 141 in basso. I due studenti leggono ciascuno una frase del celebre pittore Caravaggio (1571 – 1610) e la memorizzano senza mostrarla ai propri compagni.*
*Poi, al VIA! dell'insegnante, ripetono la frase **sussurrando velocemente** all'orecchio di un compagno di squadra, che ripete quello che ha capito al compagno successivo nello stesso modo, e così via.*
Alla fine la frase dell'ultimo compagno sarà identica alla frase iniziale?

1b *La Pinacoteca di Brera a Milano ha creato un evento su Caravaggio. Spesso chi legge questi post non fa attenzione a tutti i dettagli pratici: guarda l'evento alla pagina successiva e poi aiuta il museo a rispondere alle domande inviate via mail!*

DOMANDE DEGLI UTENTI	sì 🙂	no ☹
1. Vi comunico che ieri non sono potuto venire, posso riavere i miei soldi?	○	○
2. Per me è difficile salire le scale a piedi, posso partecipare comunque?	○	○
3. Avrò con me una valigia: potrò lasciarla da qualche parte?	○	○
4. Vorrei accompagnare un amico disabile, ci sono riduzioni?	○	○
5. Vorrei prenotare un tour guidato alle 12:00, mi manderete una conferma?	○	○
6. Vorrei cancellare la prenotazione per domani, posso chiedere un rimborso?	○	○
7. Posso partecipare all'evento senza pagare l'ingresso alla Pinacoteca?	○	○
8. Siamo in venti, possiamo far parte dello stesso gruppo?	○	○

1c *Abbina le icone alle informazioni corrispondenti nella sezione "INFORMAZIONI PRATICHE", come negli esempi.*

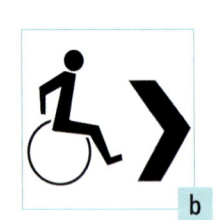

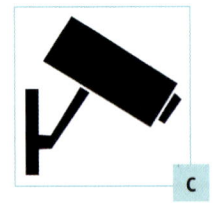

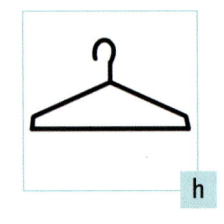

ITALIANO IN PRATICA
Regole al museo 10D

Il viaggio di Caravaggio

LUN 17

Organizzato da **Pinacoteca di Brera**

☆ Mi interessa ☑ Parteciperò ↗ Condividi

🕐 **17 marzo**
10:00 - 19:00

📍 **Pinacoteca di Brera**
Via Brera 28, 20121 Milano   🗺 Mostra mappa

DETTAGLI
Scopri con una delle nostre guide la vita avventurosa e tragica di Michelangelo Merisi, detto il Caravaggio, immenso pittore le cui opere hanno influenzato in modo profondo la pittura moderna. Cammina tra le sale della Pinacoteca ammirando le opere del Caravaggio e degli artisti che ha ispirato.
Massimo 15 persone ogni due ore (a partire dalle ore 10). Prenotazioni all'indirizzo caravaggio@brera.org (indicando l'orario scelto).

NOTA BENE
Riceverete la conferma della prenotazione via mail: siete invitati a presentarla allo sportello "PRENOTATI" per saltare la coda in biglietteria.
Per annullare è necessario informare la biglietteria via mail (all'indirizzo indicato sopra) con almeno 48 ore di anticipo. In caso contrario il rimborso non sarà possibile.

INFORMAZIONI PRATICHE
Costo dell'evento: 20 euro (ingresso alla Pinacoteca obbligatorio + visita guidata).

☐ Percorso accessibile a persone con disabilità motoria e a mobilità ridotta. L'ingresso con ascensore è in via Fiori Oscuri 2.
Riduzioni previste per:
- studenti fino a 24 anni
- visitatori con disabilità e accompagnatori
- pensionati
- residenti a Milano (su presentazione di un documento)
- possessori della tessera delle biblioteche di Milano.

☐ È consentito fare foto solo senza flash.
☐ Non è consentito fare riprese.
☐ I cellulari devono essere silenziati.
☐ Non è consentito entrare con cibo e bevande.
☐ L'ingresso agli animali non è consentito, salvo che ai cani-guida che assistono persone non vedenti.
☐ Guardaroba e cassette di sicurezza presenti sul posto.
☐ Si informano i visitatori che l'area è videosorvegliata nel rispetto della legge sulla privacy.

---

2 PARLARE Visitatori "indisciplinati"

In coppia. A turno, uno di voi lavora alla biglietteria della Pinacoteca di Brera in occasione de "Il viaggio di Caravaggio"; l'altro è un visitatore che vorrebbe partecipare all'evento. Fate un dialogo, poi invertite i ruoli: il visitatore sceglie un profilo diverso ogni volta.

Impiegato/a in biglietteria Lavori alla biglietteria della Pinacoteca. Da' informazioni e assistenza e applica il regolamento del museo.

Profilo 1 Hai con te uno zaino enorme. Non vuoi lasciarlo al guardaroba perché contiene cose importantissime.

Profilo 2 Qualche giorno fa hai annullato la tua prenotazione, ma hai cambiato idea e vorresti partecipare: oggi al museo c'è poca gente, non dovrebbero esserci problemi.

Profilo 3 Hai un cane piccolissimo, entra in una borsa. Se sta con te è molto buono, ma quando lo lasci solo diventa un po' aggressivo.

DIECI parole dell'arte

1. capolavoro
2. opera d'arte
3. artista
4. pittore / pittrice
5. dipinto
6. affresco
7. scultura
8. collezione
9. ritratto
10. scultore / scultrice

Conosci un sinonimo della parola **dipinto**?
_____

ASCOLTO IMMERSIVO Inquadra il QRcode a sinistra o vai su www.almaedizioni.it/dieciB1, chiudi gli occhi, rilassati e ascolta.

10 VIDEOCORSO   Questa è un'opera d'arte?

1 Osserva l'immagine a destra <u>prima</u> di guardare il video.
Che cosa stanno facendo Ivano e Paolo?
Dove sono? Perché ridono?
Fa' delle ipotesi. Poi guarda il video e verifica.

2 Unisci le parti di frasi e ricostruisci le informazioni dell'episodio.

1. Anna si è dimenticata
2. Anna spera che Giulia riesca
3. Il prosecco è
4. L'opera d'arte
5. L'opera si
6. L'opera è
7. Anna non
8. È possibile che gli smoking di

a. intitola "Il mondo tra le mani".
b. Paolo e Ivano siano allo studio.
c. stata molto apprezzata alla Biennale di Venezia.
d. ricorda quante casse di prosecco ha ordinato.
e. di cercare il deejay.
f. a trovare un altro deejay.
g. proviene da una collezione privata.
h. stato ordinato da Anna.

3 Coniuga i verbi tra parentesi al condizionale passato.

1. Ma... chi doveva cercarlo? Ah, già, (dovere) _____ farlo io...

2. Pensa che oggi (dovere – lei) _____ andare a Londra, invece abbiamo avuto il permesso di tenerla qui!

4 Seleziona il significato delle espressioni evidenziate.

1. Sono nei guai!
a. Ho un grosso problema!
b. Sono molto occupata!

2. Mi sa proprio di sì...
a. Credo che sia così.
b. Spero davvero che sia così.

5 Alla fine dell'episodio hai potuto leggere come sarà il futuro dei personaggi: prova a immaginare, per ognuno di loro, un futuro diverso.

CHÉ
Paolo dice: "Piano, ché (l'opera) è stata alla Biennale di Venezia!" Qui *ché* introduce una causa (= <u>perché</u> *l'opera è stata alla Biennale di Venezia*).

PROGETTO & CULTURA 10

MAIL PER UN AMICO

1 Formate dei gruppi di 3-4 studenti.
Prendendo appunti, confrontatevi su quello che sapete sull'Italia e gli italiani.
Pensate a quello che avete scoperto in questo corso, alle vostre esperienze personali, ai racconti di altre persone, a quello che vi ha sorpreso in negativo o in positivo ecc.
Potete considerare gli elementi sotto, o altri.

- comportamenti
- feste
- ricette
- opere
- luoghi
- eventi

2 Individualmente.
Scrivi una mail a un amico / un'amica che per motivi di lavoro passerà un periodo in Italia. Questa persona è di origine italiana, ma non ha <u>mai</u> vissuto in Italia e sa poco del Paese: nella tua mail aiutala a orientarsi, spiegando come ottenere quello di cui ha bisogno, come comportarsi in varie situazioni, che cosa aspettarsi, che cosa evitare ecc.

Caro... Cara...

3 Adesso formate coppie di studenti che facevano parte di gruppi <u>diversi</u> al punto **1**.
Ogni studente legge la mail del compagno.
Poi confrontatevi su quello che avete scritto: siete d'accordo, avete le stesse opinioni e la stessa visione dell'Italia e degli italiani?

- Anch'io penso che...
- Anche per me...
- Secondo me non è vero che...
- A me non sembra che...
- Invece io credo che...

4 Se volete, condividete il risultato del vostro confronto con il resto della classe.

DIECI GRANDI ARTISTI ITALIANI

1 Piero della Francesca (1416 – 1492) Nelle sue opere trionfano geometria e prospettiva.

2 Andrea Mantegna (1431 – 1506) Maestro dell'affresco.

3 Sandro Botticelli (1445 – 1510) Famoso per *La nascita di Venere* e *La Primavera*.

4 Leonardo da Vinci (1452 – 1519) L'artista simbolo del Rinascimento, autore de *L'Ultima Cena* e della *Gioconda*.

5 Michelangelo Buonarroti (1475 – 1564) Geniale e inquieto poeta, architetto, scultore del *David*, autore degli affreschi della Cappella Sistina.

6 Raffaello Sanzio (1483 – 1520) Pittore della grazia, celebre per le sue Madonne.

7 Tintoretto (1518 – 1594) Famoso per l'uso drammatico della luce.

8 Caravaggio (1571 – 1610) Maestro del chiaroscuro, tecnica basata sul contrasto tra luce e ombra.

9 Artemisia Gentileschi (1593 – 1653) Pittrice ribelle che è riuscita a emergere in un'epoca in cui l'arte era preclusa alle donne.

10 Gian Lorenzo Bernini (1598 – 1680) Scultore e architetto simbolo del Barocco, autore del colonnato di Piazza San Pietro.

Queste opere sono di quattro degli artisti della lista: ricordi quali? La soluzione è a pagina 123.

10 TEST

GRAMMATICA

1 *Sintesi verbale: coniuga i verbi al tempo e al modo indicato.*

G=gerundio PP=presente passivo
CP=condizionale passato PPP=passato prossimo passivo

In anni recenti (*riscoprire* – PPP) _____ diverse artiste del Rinascimento e del Barocco che la storia dell'arte non (*dovere* – CP) _____ ignorare per secoli. Le loro opere (*esporre* – PP) _____ sempre più spesso in grandi musei e alcune artiste ricevono finalmente l'attenzione che (*meritare* – CP) _____ molto tempo fa. Il museo del Prado di Madrid, per esempio, ha celebrato i suoi 200 anni (*organizzare* – G) _____ una mostra su due grandi pittrici italiane del Cinquecento, Sofonisba Anguissola e Lavinia Fontana. La National Gallery di Londra, invece, ha proposto una mostra su Artemisia Gentileschi, prima donna che (*ammettere* – PPP) _____ all'Accademia delle Arti del disegno di Firenze nel 1616. (*Essere* – CP) _____ giusto rivalutare molto prima l'opera di questa artista straordinaria, ma non è mai troppo tardi.

OGNI VERBO CORRETTO = 4 PUNTI ___ / 28

2 *Trasforma come nell'esempio.*

ESEMPIO: IMPARARE
Mi aspetto
IO → *di imparare*
LA CLASSE → *che la classe impari*
molto da questo corso di pittura.

1. **SAPERE**
Penso
IO → _____
EMILIO → _____
disegnare bene.

2. **TROVARE**
Speriamo
NOI → _____
LORO → _____
i biglietti per la mostra.

3. **POTERE**
Anna spera
LEI → _____
TU → _____
vedere il David una volta nella vita.

OGNI FRASE CORRETTA = 3 PUNTI ___ / 18

VOCABOLARIO

3 *Seleziona l'opzione corretta tra quelle evidenziate.*

"SAN GENNARO" (NAPOLI)

Le sue **opere / materiale** si trovano ormai in tutto il mondo, da Napoli a Betlemme, dagli Stati Uniti a Cuba. Il **pittrice / pittore** Jorit Agoch crea enormi *murales* con la **terracotta / vernice** spray, **raffigurando / influenzando** sul cemento dei palazzi visi di personaggi famosi e non. Diventa **capolavoro / celebre** nel 2005 realizzando dei **cornici / ritratti** sui muri di Napoli, poi entra in vari musei italiani e, infine, nelle **gallerie / sculture** di Londra, Berlino, Sydney. Dipinge anche **statue / quadri** per collezioni private.

OGNI OPZIONE CORRETTA = 3 PUNTI ___ / 24

4 *Sottolinea l'intruso in ogni serie. In un caso non ci sono intrusi.*

1. **accompagnare** – **dipingere** – **partecipare** una persona
2. **silenziare il** – **fare il** – **prenotare al** telefono
3. **salire** – **annullare** – **cancellare** una prenotazione
4. fare **la coda** – **riprese** – **una visita**
5. salire **le scale** – **il guardaroba** – **con l'ascensore**

OGNI SERIE CORRETTA = 2 PUNTI ___ / 10

COMUNICAZIONE

5 *Abbina le situazioni alle domande.*

1. Hai una disabilità motoria.
2. Hai prenotato una visita via mail ma il museo non ti ha risposto.
3. Vorresti usare il guardaroba del museo.
4. Sei alla biglietteria di un museo della tua città e non sai quanto devi pagare.

a. Quando mi invierete la conferma?
b. Ci sono riduzioni per residenti?
c. Posso lasciare la borsa da qualche parte?
d. Non posso salire a piedi. C'è un ascensore?

OGNI ABBINAMENTO CORRETTO = 5 PUNTI ___ / 20

TOTALE ___ / 100

AUTOVALUTAZIONE

CHE COSA SO FARE IN ITALIANO?	🙂	😐	🙁
indicare desideri non realizzati	○	○	○
esprimermi su opere d'arte	○	○	○
chiedere assistenza in un museo	○	○	○

COMUNICAZIONE

LEZIONE 1A

3 LEGGERE E CANTARE — Cantiamo in coro

Leggete il testo e cantate "Bella ciao". Potete aiutarvi con un video su internet (esistono tante versioni di questa canzone). Ecco che cosa potete fare:
1. cantare tutti insieme;
2. dividervi in gruppi: ogni gruppo canta una strofa diversa;
3. fare una gara di canto a gruppi. A turno, ogni gruppo canta (sempre con l'aiuto di un video su internet). All'improvviso, l'insegnante abbassa il volume e il gruppo deve continuare a cantare. Quando l'insegnante alza di nuovo il volume, si vede se il gruppo ha cantato con il tempo giusto.

Una mattina mi sono alzato
o bella ciao bella ciao bella ciao, ciao, ciao
una mattina mi sono alzato
e ho trovato l'invasor.
O partigiano portami via
o bella ciao bella ciao bella ciao, ciao, ciao
o partigiano portami via
che mi sento di morir.
E se io muoio da partigiano
o bella ciao bella ciao bella ciao, ciao, ciao
e se io muoio da partigiano
tu mi devi seppellir.

E seppellire lassù in montagna
o bella ciao bella ciao bella ciao, ciao, ciao
e seppellire lassù in montagna
sotto l'ombra di un bel fior.
Tutte le genti che passeranno
o bella ciao bella ciao bella ciao, ciao, ciao
tutte le genti che passeranno
mi diranno che bel fior.
E questo è il fiore del partigiano
o bella ciao bella ciao bella ciao, ciao, ciao
e questo è il fiore del partigiano
morto per la libertà.

LEZIONE 3C

1b LEGGERE — La Santuzza

I QUATTRO CANTI, PALERMO

15 luglio: Festino di Santa Rosalia a Palermo

La festa celebra la fine dell'epidemia di peste del 1624 grazie all'intervento "miracoloso" di Santa Rosalia, *la Santuzza* in dialetto siciliano.
La sera del 14 una processione religiosa segue la statua della Santa per la città, tra musica, canti, acrobazie e danze del fuoco, e si conclude con spettacolari fuochi d'artificio.
Info pratiche: chiuse durante tutta la manifestazione le principali vie del centro storico; deviate numerose linee degli autobus (per i percorsi modificati: www.amat.pa.it).

COMUNICAZIONE

> **LEZIONE 5C**

3 PARLARE · Il gioco delle bufale

1. *In gruppi di 3: studente **A**, **B** e **C**. Ogni studente si prepara a raccontare un fatto incredibile che gli è accaduto. Il fatto può essere vero o inventato.*
2. ***A** racconta il proprio fatto a **B** e **C**, che fanno domande per capire se il fatto è vero o inventato. Poi devono dire qual è la loro risposta.*
3. *Il giro continua: **B** racconta il proprio fatto a **A** e **C**, che fanno domande per capire se il fatto è vero o inventato, e così via.*
4. *Dopo questo primo giro, è possibile cambiare i gruppi e ricominciare il gioco.*

> **LEZIONE 6C**

2 GIOCARE · Il periodo ipotetico del 2° tipo

1. *Ogni studente scrive su <u>due</u> biglietti separati un'ipotesi con il congiuntivo imperfetto e una conseguenza con il condizionale presente, come negli esempi. Se la classe è piccola, ognuno scrive due ipotesi e due conseguenze (su 4 biglietti). Alla fine si danno <u>separatamente</u> tutte le ipotesi e tutte le conseguenze all'insegnante.*

   ESEMPI:

   se avessi un terrazzo o un giardino   *sarei molto felice*

   biglietti con le **ipotesi**   biglietti con le **conseguenze**

2. *In gruppi di 3.*
   Di volta in volta l'insegnante pesca <u>a caso</u> un'ipotesi e una conseguenza, le abbina e scrive la frase alla lavagna. Poi chiede a un gruppo se la frase è logica. Se <u>non</u> lo è, il gruppo fa tutte le modifiche necessarie sull'ipotesi o sulla conseguenza per renderla logica.
   E così via di frase in frase.

COMUNICAZIONE

LEZIONE 7A

2 VOCABOLARIO Le parole dell'architettura

*In coppia. Osservate i disegni per 30 secondi. Cercate di memorizzare le parole dell'architettura.
Poi tornate a pagina 88: quali di queste parole potete indicare nelle foto?*

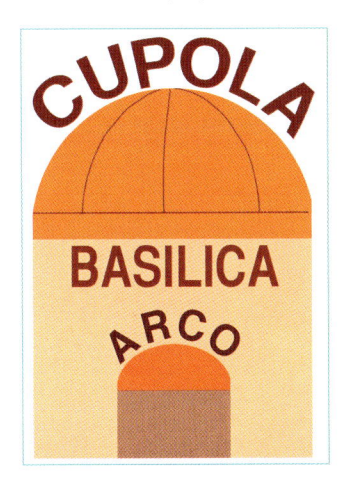

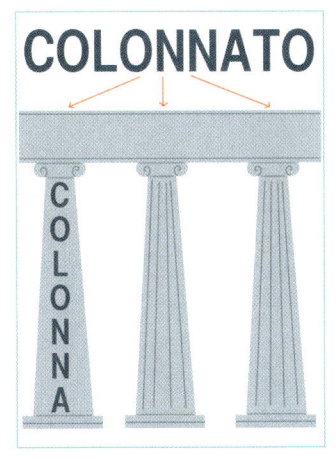

CUPOLA — BASILICA — ARCO

COLONNATO — COLONNA

FONTANA

GIARDINO

LEZIONE 2A **STUDENTE A**

4b GRAMMATICA Verbi e pronomi combinati

*A turno: A fa la domanda 1, B risponde. A verifica la soluzione corrispondente.
Poi B fa la domanda 2 e A risponde con gli elementi della casella RISPONDI e <u>due pronomi</u>.
B verifica la risposta, e così via. Attenzione: in alcuni casi sono possibili <u>due</u> soluzioni.*

	FAI LA DOMANDA A B	SOLUZIONE
1.	Devi mandare gli esercizi a Luisa?	No, non devo mandar**glieli**. / No, non **glieli** devo mandare.
2.	ASCOLTA LA DOMANDA DI B	RISPONDI Mi dispiace – non potere – prestare
3.	FAI LA DOMANDA A B Ti prenoto il volo?	SOLUZIONE Sì, prenota**melo**.
4.	ASCOLTA LA DOMANDA DI B	RISPONDI No – non prenotare
5.	FAI LA DOMANDA A B Puoi darci i tuoi biglietti?	SOLUZIONE Mi dispiace, posso dar**vene** solo uno. / Mi dispiace, **ve ne** posso dare solo uno.
6.	ASCOLTA LA DOMANDA DI B	RISPONDI Sì – dare

ALMA Edizioni | DIECI   137

COMUNICAZIONE

LEZIONE 2A — STUDENTE B

4b GRAMMATICA Verbi e pronomi combinati

A turno: **A** fa la domanda 1, **B** risponde con gli elementi della casella RISPONDI e <u>due pronomi</u>. **A** verifica la risposta.
Poi **B** fa la domanda 2 e **A** risponde. **B** verifica la soluzione corrispondente, e così via.
Attenzione: in alcuni casi sono possibili <u>due</u> soluzioni.

1.	ASCOLTA LA DOMANDA DI A	RISPONDI No – non dovere – mandare
2.	FAI LA DOMANDA AD A Puoi prestarmi la macchina?	SOLUZIONE Mi dispiace, non posso prestar**tela**. / Mi dispiace, non **te la** posso prestare.
3.	ASCOLTA LA DOMANDA DI A	RISPONDI Sì – prenotare
4.	FAI LA DOMANDA AD A Prenoto l'albergo a Rita?	SOLUZIONE No, non prenotar**glielo**. / No, non **glielo** prenotare.
5.	ASCOLTA LA DOMANDA DI A	RISPONDI Mi dispiace – potere dare – solo uno
6.	FAI LA DOMANDA AD A Ti hanno dato il rimborso del biglietto?	SOLUZIONE Sì, **me l'**hanno dato.

LEZIONE 4B — STUDENTE A

4 PARLARE L'amico/a della Discrezia

Vieni dalla Discrezia, un Paese in cui è molto maleducato parlare di cibo: il cibo si mangia, ma non se ne parla in nessun caso. Inoltre nella tua cultura non si esprime mai disaccordo o irritazione in modo diretto. Vai a pranzo fuori con un nuovo collega italiano / una nuova collega italiana con cui devi rimanere per tutto il pomeriggio per motivi di lavoro.

LEZIONE 6B — STUDENTE A

4 PARLARE Dibattito sul luogo ideale

Guarda quello che hai scritto al punto *1* a pagina 78 e confrontati con i compagni sul tema: qual è il luogo migliore in cui vivere, secondo te? Perché?
Attenzione: <u>tutti</u> devono partecipare alla discussione. Se uno studente / una studentessa ha parlato poco, incoraggialo/a con formule come: *E tu che cosa ne pensi?*, *Adesso sentiamo l'opinione di...*

COMUNICAZIONE

LEZIONE 4B — STUDENTE B

4 PARLARE L'amico/a della Discrezia

Sei italiano/a: ti piace parlare di cibo. Vai a pranzo fuori con un nuovo collega / una nuova collega della Discrezia, un Paese che conosci poco. Dopo pranzo rimarrete insieme per motivi di lavoro. Come ti succede spesso, davanti al cibo ti viene voglia di conversare sul… cibo. Parla delle ricette tipiche italiane e fai domande al / alla collega per scoprire quelle del Suo Paese!

LEZIONE 6B — STUDENTE E

4 PARLARE Dibattito sul luogo ideale

Ascolta i tuoi compagni mentre si confrontano sul tema: qual è il luogo migliore in cui vivere, secondo te? Perché? Mentre parlano, prendi appunti (non necessariamente frasi complete, vanno bene singole parole, idee… Organizza gli appunti come preferisci). Alla fine esponi alla classe le opinioni principali del tuo gruppo.

LEZIONE 7A — STUDENTE A

3e GRAMMATICA La forma passiva

Gioca con uno studente B. A turno, uno di voi due sceglie una frase attiva dalla propria lista e la trasforma alla forma passiva. L'altro studente verifica se è giusta nella lista di frasi passive nella propria tabella. Se la frase è giusta, il primo studente prende un punto. Vince chi completa per primo la tabella o realizza più punti allo STOP dell'insegnante.

FRASE ATTIVA PER TE	FRASE PASSIVA DELLO STUDENTE B
1. Bernini ha progettato il colonnato di San Pietro nel 1656.	1.
2. L'imperatore Vespasiano ha costruito il Colosseo nel 79 dopo Cristo.	2. Il Colosseo è stato costruito dall'imperatore Vespasiano nel 79 dopo Cristo.
3. Durante il Rinascimento i Papi hanno chiamato a Roma i migliori artisti.	3.
4. Michelangelo ha realizzato gli affreschi della Cappella Sistina in quattro anni.	4. Gli affreschi della Cappella Sistina sono stati realizzati da Michelangelo in quattro anni.
5. Ogni domenica migliaia di persone riempiono piazza San Pietro.	5.
6. Gli abitanti di Roma chiamano "cupolone" la cupola di San Pietro.	6. La cupola di San Pietro è / viene chiamata "cupolone" dagli abitanti di Roma.
7. I romani considerano il traffico il problema più grave della loro città.	7.
8. Ogni anno le bellezze di Roma attirano milioni di turisti.	8. Ogni anno milioni di turisti sono / vengono attirati dalle bellezze di Roma.
9. Secondo una leggenda, gli antichi Romani usavano Piazza Navona per fare battaglie con le navi.	9.
10. I Romani chiamavano l'imperatore con il titolo di "Cesare".	10. L'imperatore era / veniva chiamato con il titolo di "Cesare" dai Romani.

ALMA Edizioni | DIECI

COMUNICAZIONE

LEZIONE 7A — **STUDENTE B**

3e GRAMMATICA — La forma passiva

*Gioca con uno studente A. A turno, uno di voi due sceglie una frase attiva dalla propria lista e la trasforma alla forma passiva. L'altro studente verifica se è giusta nella lista di frasi passive nella propria tabella, come nell'esempio.
Se la frase è giusta, il primo studente prende un punto. Vince chi completa per primo la tabella o realizza più punti allo STOP dell'insegnante.*

FRASE ATTIVA PER TE	FRASE PASSIVA DELLO STUDENTE A
1. Bernini ha progettato il colonnato di San Pietro nel 1656.	1. Il colonnato di San Pietro è stato progettato da Bernini nel 1656.
2. L'imperatore Vespasiano ha costruito il Colosseo nel 79 dopo Cristo.	2.
3. Durante il Rinascimento i Papi hanno chiamato a Roma i migliori artisti.	3. Durante il Rinascimento i migliori artisti sono stati chiamati a Roma dai Papi.
4. Michelangelo ha realizzato gli affreschi della Cappella Sistina in quattro anni.	4.
5. Ogni domenica migliaia di persone riempiono piazza San Pietro.	5. Ogni domenica piazza San Pietro è / viene riempita da migliaia di persone.
6. Gli abitanti di Roma chiamano "cupolone" la cupola di San Pietro.	6.
7. I romani considerano il traffico il problema più grave della loro città.	7. Il traffico è / viene considerato dai romani il problema più grave della loro città.
8. Ogni anno le bellezze di Roma attirano milioni di turisti.	8.
9. Secondo una leggenda, gli antichi Romani usavano Piazza Navona per fare battaglie con le navi.	9. Secondo una leggenda, Piazza Navona era / veniva usata dagli antichi Romani per fare battaglie con le navi.
10. I Romani chiamavano l'imperatore con il titolo di "Cesare".	10.

LEZIONE 9C — **STUDENTE A**

3d GRAMMATICA — L'interrogativa indiretta

1. *Rispondi alle domande sul testo a pagina 116, come nell'esempio (se necessario, rileggilo).*

DOMANDE	RISPOSTE
1. È meglio lavorare da soli o in un'azienda?	*Dipende, non c'è una risposta unica.*
2. Qual è il primo vantaggio di essere un dipendente?	
3. Quante ore ha l'orario settimanale di un dipendente?	
4. Che cosa serve a un lavoratore autonomo per lavorare senza ufficio?	

2. *Gioca in coppia. A turno, uno studente fa una domanda dalla propria lista, trasformandola da interrogativa diretta a interrogativa indiretta, come nell'esempio. Il compagno risponde (senza guardare il testo a pagina 116). Ogni domanda e ogni risposta corretta = 1 punto. Vince chi alla fine totalizza più punti.*

ESEMPIO:
Studente A Voglio sapere se sia meglio lavorare da soli o in un'azienda.
Studente B Dipende, non c'è una risposta unica.

COMUNICAZIONE

LEZIONE 10c — **STUDENTE A**

3 PARLARE La *Gioconda* deve andare...

La *Gioconda* è stata appena ritrovata a Firenze. Tu fai parte della famiglia Gherardini.
Leonardo ha dipinto il ritratto di Lisa Gherardini come aveva richiesto il marito, ma l'artista non ha mai dato l'opera al committente! Spiega perché secondo te lo Stato italiano deve restituire il quadro alla tua famiglia!

LEZIONE 10d — **SQUADRA A**

1a LEGGERE Il viaggio di Caravaggio

Quando non c'è energia non c'è colore, non c'è forma, non c'è vita.

LEZIONE 9c — **STUDENTE B**

3d GRAMMATICA L'interrogativa indiretta

1. Rispondi alle domande sul testo a pagina 116, come nell'esempio (se necessario, rileggilo).

DOMANDE	RISPOSTE
1. È meglio lavorare da soli o in un'azienda?	*Dipende, non c'è una risposta unica.*
2. Quante mensilità prevede il contratto a tempo indeterminato?	
3. Perché il lavoratore autonomo è più libero?	
4. Che cosa offre in più la libera professione?	

2. Gioca in coppia. A turno, uno studente fa una domanda dalla propria lista, trasformandola da interrogativa diretta a interrogativa indiretta, come nell'esempio. Il compagno risponde (senza guardare il testo a pagina 116).
Ogni domanda e ogni risposta corretta = 1 punto. Vince chi alla fine totalizza più punti.

ESEMPIO:
Studente B Voglio sapere se sia meglio lavorare da soli o in un'azienda.
Studente A Dipende, non c'è una risposta unica.

LEZIONE 10c — **STUDENTE B**

3 PARLARE La *Gioconda* deve andare...

La *Gioconda* è appena stata ritrovata a Firenze. Tu sei il direttore / la direttrice del Louvre. Per il museo l'assenza del capolavoro è un problema gravissimo! La Francia non ha mai rubato il quadro: spiega perché secondo te l'opera deve assolutamente tornare nel luogo dove si trovava legittimamente.

LEZIONE 10d — **SQUADRA B**

1a LEGGERE Il viaggio di Caravaggio

Dipingo corpi e oggetti per ricordare l'equilibrio dell'universo.

1 GRAMMATICA

LA GRAMMATICA DEL BARBIERE
Vai su *www.almaedizioni.it/dieciB1*
e guarda il primo episodio della videogrammatica.

IL COMPARATIVO DI UGUAGLIANZA, MAGGIORANZA E MINORANZA

Per esprimere un'uguaglianza (=) in un paragone possiamo usare *tanto quanto*.
Il testo è importante **tanto quanto** la musica.
Il testo è **tanto** importante **quanto** la musica.

Per esprimere un'uguaglianza possiamo usare anche *come*.
Il testo è importante **come** la musica.

Usiamo *più / meno... di...* quando in un paragone vogliamo esprimere una maggioranza (*più*) o una minoranza (*meno*).
Il flauto è **più** antico **del** pianoforte.
Donizetti è **meno** famoso **di** Verdi.

Nei paragoni di maggioranza / minoranza usiamo *più / meno... che...* quando confrontiamo
- due elementi che cominciano con una preposizione:
  Puccini è **più** celebre in Italia **che** all'estero.
- due aggettivi:
  Questa lezione di chitarra è stata **più** noiosa **che** utile.
- due verbi:
  Per me cantare è **meno** divertente **che** ballare.

IL PRONOME RELATIVO IL QUALE

Il quale ha 4 forme:

	maschile	femminile
singolare	il quale	la quale
plurale	i quali	le quali

Il pronome *il quale* ha la stessa funzione del pronome relativo *cui*. I due pronomi possono essere intercambiabili, ma usiamo *il quale* soprattutto nella lingua scritta perché è più formale.
Il film "Ladri di biciclette", **del quale / di cui** è uscita nelle sale un'edizione restaurata, è un grande classico del cinema italiano.
Quando prima di *il quale* c'è una preposizione, l'articolo diventa una preposizione articolata (**del quale**).

Il quale può sostituire anche il pronome relativo *che*, ma lo usiamo poco con questa funzione perché è molto formale.
La regista Alice Rohrwacher, **la quale / che** ha vinto importanti premi al Festival di Cannes, ha diretto alcuni episodi della serie "L'amica geniale".

'ALMA.tv
Guarda il *Linguaquiz Comparativi*.

IL TRAPASSATO PROSSIMO

Il trapassato prossimo si forma così:

ausiliare *essere* o *avere* all'imperfetto + participio passato

	ENTRARE	FARE
io	ero entrato/a	avevo fatto
tu	eri entrato/a	avevi fatto
lui / lei / Lei	era entrato/a	aveva fatto
noi	eravamo entrati/e	avevamo fatto
voi	eravate entrati/e	avevate fatto
loro	erano entrati/e	avevano fatto

Il trapassato prossimo si usa per descrivere un evento che è accaduto prima di un altro evento passato.
Camilleri è diventato uno scrittore famoso solo a 70 anni. Prima **aveva fatto** a lungo il regista.

PRIMA Camilleri: regista   **POI** Camilleri: scrittore

passato

Spesso usiamo il trapassato prossimo con l'avverbio *già*.
Quando siamo arrivati al cinema, il film era già iniziato.

L'AVVERBIO APPENA

Appena significa "da pochissimo tempo / pochissimo tempo fa".
Questa serie è **appena** uscita: tu l'hai vista?

IL COMPARATIVO DI UGUAGLIANZA, MAGGIORANZA E MINORANZA

1 Completa le frasi con i comparativi di minoranza (-), uguaglianza (=) o maggioranza (+).

+ 1. Lorenzo è _____ bravo a cantare _____ a suonare la chitarra.

= 2. Per i cantanti d'opera, la recitazione è importante _____ _____ la qualità della voce.

+ 3. Andare a un concerto è _____ emozionante _____ ascoltare la musica a casa da soli.

− 4. Secondo alcuni le cover di *Volare* sono _____ belle _____ versione originale di Domenico Modugno.

+ 5. Alcune canzoni italiane, come *L'italiano* di Toto Cutugno, sono _____ popolari all'estero _____ in Italia.

= 6. *Bella ciao* è famosa tra gli anziani _____ tra i giovani.

142 ALMA Edizioni | DIECI

GRAMMATICA 1

IL PRONOME RELATIVO IL QUALE

2 Sostituisci le parti **evidenziate** con la forma corretta del pronome *il quale*, come nell'esempio.

MIRIAM LEONE, PROTAGONISTA DE *I MEDICI*

1. La serie *I Medici*, **di cui** in molti hanno criticato le inesattezze storiche, ha avuto un grande successo di pubblico.
   - di cui = _della quale_
2. La scena de *La dolce vita*, **in cui** Anita Ekberg e Marcello Mastroianni fanno il bagno nella fontana di Trevi, è una delle più famose della storia del cinema.
   - in cui = _____
3. In Italia ci sono moltissimi festival del cinema **a cui** ogni anno partecipano migliaia di spettatori: i più famosi sono sicuramente Venezia e Roma, ma sono ricchi di eventi anche quelli di Taormina, Torino, Pesaro, Milano, Salerno...
   - a cui = _____
4. Il celebre attore Luca Marinelli ha conosciuto Alissa Jung, **con cui** poi si è sposato, sul set della serie TV *Maria di Nazaret* (interpretavano Giuseppe e Maria).
   - con cui = _____
5. Il bellissimo Castello di Sammezzano, **in cui** Matteo Garrone ha girato alcune scene del film *Il racconto dei racconti*, si trova in Toscana.
   - in cui = _____

3 Completa il testo con le parole della lista. Attenzione: nella lista c'è una parola in più.

la | che | quale | cui | di | quali

La vita è bella è un film del 1997 _____ cui Roberto Benigni è regista e attore principale. Ha vinto tre premi Oscar, uno dei _____ per la famosissima musica di Nicola Piovani. Racconta la storia di Guido, un uomo di origine ebraica _____ i nazisti portano in un campo di concentramento insieme alla famiglia: la moglie Dora, _____ quale decide di salire sul treno per il lager anche se non è ebrea, e il figlio Giosué. Per proteggere dall'orrore il piccolo Giosué, Guido si mostra sempre allegro con lui e gli spiega che il lager è un parco avventure in _____ si gioca per vincere premi straordinari.

IL TRAPASSATO PROSSIMO

4 In ogni frase <u>sottolinea</u> il **verbo** che esprime l'azione avvenuta prima.

1. Ieri **sono usciti** su Netflix i primi episodi della serie di cui **avevo letto** una bella recensione su FilmTv.
2. **Avevo visto** questa serie, ma l'**ho riguardata** insieme al mio ragazzo, che non la conosceva.
3. L'attrice Vittoria Puccini **ha lavorato** nel cinema per registi importanti come i fratelli Taviani, Avati e Özpetek, ma **era diventata** famosa grazie alla serie TV *Elisa di Rivombrosa*.

5 Coniuga i verbi tra parentesi al trapassato prossimo.

The Young Pope è una serie televisiva drammatica che ha ricevuto una candidatura ai Golden Globe: nessuna serie italiana (*ricevere*) _____ mai _____ così tanto interesse all'estero fino a quel momento. Prima di girarla, il regista Paolo Sorrentino (*diventare*) _____ _____ famoso in tutto il mondo grazie al film *La grande bellezza*, che (*vincere*) _____ _____ l'Oscar come miglior film straniero nel 2014. *The Young Pope* racconta la storia di Lelly Belardo, un uomo che ha passato un'infanzia difficile perché i suoi genitori lo (*abbandonare*) _____ _____ e che, ancora giovane, diventa Papa. Un Papa molto particolare.

L'AVVERBIO APPENA

6 <u>Sottolinea</u> l'opzione corretta tra quelle **evidenziate**. Attenzione: in un caso le opzioni corrette sono <u>due</u>.

1. Questo film lo hanno **già / appena / mai** dato in TV milioni di volte.
2. Non ho **ancora / adesso / appena** visto questa serie, e tu?
3. Quando sono entrato in sala, il film era **appena / ancora / già** cominciato.
4. Non guardo **appena / ancora / più** la televisione da diversi anni.
5. Ho **più / appena / ancora** finito di lavorare, tra poco arrivo da te.

ALMA Edizioni | DIECI 143

2 GRAMMATICA

LA GRAMMATICA DEL BARBIERE
Vai su www.almaedizioni.it/dieciB1
e guarda il secondo episodio della videogrammatica.

I PRONOMI COMBINATI

Quando un pronome indiretto e un pronome diretto (o *ne*) sono nella stessa frase, diventano un pronome combinato.
- Quando ti rimborsano i soldi del biglietto?
- **Me li** rimborsano tra una settimana.

	LO	LA	LI	LE	NE
MI	me lo	me la	me li	me le	me ne
TI	te lo	te la	te li	te le	te ne
GLI / LE	glielo	gliela	glieli	gliele	gliene
CI	ce lo	ce la	ce li	ce le	ce ne
VI	ve lo	ve la	ve li	ve le	ve ne
GLI	glielo	gliela	glieli	gliele	gliene

Posizione dei pronomi combinati

IMPERATIVO CON TU

Il rimborso? Chiedi**celo** via mail.
(<u>dopo</u> il verbo, una sola parola con il verbo)

Hai l'orario del volo? Di**mmelo**, per favore.
(con i verbi irregolari *dare*, *dire*, *fare*: la consonante iniziale è doppia; la regola non vale per *gli*)

Ho già il biglietto, non **me lo** comprare. / non comprar**melo**.
(con non: <u>prima</u> o <u>dopo</u> il verbo)

IMPERATIVO CON LEI

Riguardo al rimborso del volo: **ce lo** richieda via mail.
(<u>prima</u> del verbo)

Riguardo al rimborso del volo: <u>non</u> **ce lo** richieda al telefono, ma ci mandi una mail.
(con *non*: <u>prima</u> del verbo)

IMPERATIVO CON NOI E VOI

Scriveteci una mail. Per favore, mandate**cela** il prima possibile.

In caso di cancellazione del volo, possiamo chiedere il rimborso. Ricordiamo**celo**!
(<u>dopo</u> il verbo)

Dovete inviare la richiesta via mail. Per favore, <u>non</u> **ce la** inviate / non inviate**cela** prima della prossima settimana.
(con *non*: <u>prima</u> o <u>dopo</u> il verbo)

VERBI MODALI (POTERE, VOLERE, DOVERE, SAPERE) + INFINITO

Il rimborso non è più possibile: ci dispiace, non **glielo** possiamo dare. / non possiamo dar**glielo**.

Hai dimenticato il passaporto da me.
Posso portar**telo** / **Te lo** posso portare stasera a casa.
(prima del verbo modale o dopo l'infinito)

BASTA + INFINITO

Quando dopo *basta* c'è un infinito, significa "è sufficiente": *Per chiedere il rimborso basta mandare una mail.*

IL DISCORSO INDIRETTO

Vari elementi possono cambiare nel passaggio dal discorso diretto al discorso indiretto:

- **persona del verbo**:
  Silvia: "**Ho** un problema con la carta di credito."
  → Silvia dice che **ha** un problema con la carta di credito.

- **pronomi**:
  Luigi: "**Mi** serve una nuova carta di credito."
  → Luigi dice che **gli** serve una nuova carta di credito.

- **possessivi**:
  Marta: "La **mia** carta è rimasta bloccata nel bancomat."
  → Marta dice che la **sua** carta è rimasta bloccata nel bancomat.

- **verbo *venire***:
  Impiegata a Marco: "Per aprire un conto, deve **venire** in banca."
  → L'impiegata dice a Marco che per aprire un conto deve **andare** in banca.

- **avverbi di luogo**:
  Impiegato a Luisa: "Deve venire **qui** in banca."
  → L'impiegato dice a Luisa che deve andare **lì** in banca.

DOVERE IPOTETICO

Possiamo usare la costruzione *dovere* + infinito per fare supposizioni o ipotesi.
Deve esserci un errore. = Forse c'è un errore.

CONNETTIVI E AVVERBI

bensì (= *ma*, *invece*, *al contrario*)
Non ho dormito in albergo, bensì a casa di un amico.
A differenza di *ma*, si può usare solo quando la prima frase è negativa: *La camera era grande, ~~bensì~~ ma un po' vecchia.*

oppure (= *o*)
Si può prenotare online oppure per telefono.

precisamente (= *esattamente*)
Quell'albergo è in centro, precisamente in via Verdi.

tra l'altro (= *inoltre*)
Sono troppo stanca per venire al lago sabato. Tra l'altro ci sono già stata ieri.

GRAMMATICA 2

I PRONOMI COMBINATI

1 Completa le frasi con i pronomi combinati della lista. Nelle frasi 2, 4, 5 e 6 ci sono <u>due</u> soluzioni.

ce lo | celo | glielo | glielo | me la
mela | me li | me li | meli

1. Stiamo aspettando il rimborso. Mandate____ presto, per favore.
2. Ti avevo prestato dei soldi. Non ____ restituire troppo tardi, ne ho bisogno.
3. Abbiamo diritto a un volo alternativo! ____ trovi subito!
4. Ho bisogno della Sua carta di identità. Può inviar____ / ____ può inviare ora?
5. Avete perso il bagaglio di mia moglie, dovete rimborsar____ / ____ dovete rimborsare.
6. Aldo non mi ha spedito i documenti. Puoi mandar____ tu / ____ puoi mandare tu?

2 Trasforma le frasi. Fa' le modifiche richieste, come nell'esempio.

1. Se vuoi il rimborso, richiedicelo entro un anno.
   Trasforma da informale (*tu*) a formale (*Lei*):
   → *Se vuole il rimborso, ce lo richieda entro un anno.*
2. Il rimborso vale sono in alcuni casi. Se il volo è annullato per maltempo, non ve lo possiamo garantire.
   Sposta il pronome combinato dopo il verbo:
   → _____
3. Aspetto il rimborso, ma per favore non me lo fate via PayPal.
   Trasforma la frase da negativa a affermativa:
   → _____
4. Abbiamo bisogno della copia del documento. Non inviatecela via posta normale, ma via mail.
   Trasforma da *voi* a *Lei*:
   → _____
5. Il rimborso non è automatico: deve richiedercelo.
   Sposta il pronome combinato prima del verbo:
   → _____
6. Ci serve una richiesta di rimborso. Ce la mandi via mail.
   Trasforma da formale (*Lei*) a informale (*tu*):
   → _____

BASTA + INFINITO

3 Completa le frasi con le espressioni della lista.

basta | non basta | sufficiente | non è

1. Perché devo venire per chiedere il rimborso? Non è _____ inviare una mail?
2. Signora, deve venire direttamente in banca per avere una nuova carta di credito. Purtroppo _____ fare una telefonata.
3. Mi scusi, ma la copia del documento _____ sufficiente: mi serve l'originale.
4. Adesso _____ ! Mi dovete rimborsare!

IL DISCORSO INDIRETTO

4 Un signore va al commissariato di polizia per denunciare un furto. Tu sei il poliziotto. Su un foglio a parte, scrivi la denuncia, come nell'esempio sotto.

> Signor Vegni: "Ieri notte, mentre stavo dormendo, qualcuno è entrato in casa mia e ha rubato la mia macchina fotografica e il computer che mi servono per lavorare. Non ho notato niente fino a quando, alle 7 di mattina, la mia vicina di casa è venuta da me per dirmi che un ladro durante la notte le aveva rubato tutti i gioielli."

Il signor Vegni dichiara che ieri notte, mentre stava dormendo...

DOVERE IPOTETICO

5 Seleziona le frasi in cui *dovere* indica un'<u>ipotesi</u>.

1. Strano.... Attilio non è in casa. Deve essere ancora in ufficio. ○
2. Francesca è uscita perché deve andare a prendere Enrico all'aeroporto. ○
3. Domani dobbiamo fare la spesa, il frigo è vuoto. ○
4. Claudia deve essere ancora in Austria, non ho sue notizie da giorni. ○
5. Non c'è nessuna prenotazione a mio nome? Allora deve essere a nome di mia moglie, Enrica Ghezzi. ○

CONNETTIVI E AVVERBI

6 Completa il testo con gli elementi della lista.

bensì | tra l'altro (x2) | precisamente | oppure (x2)

Restituzione di un prodotto

Vuoi restituire un prodotto che hai acquistato? Nessun problema, è semplicissimo e _____ gratuito. Per prima cosa, rimetti l'oggetto dentro la scatola nella quale te lo abbiamo spedito, _____ – se non l'hai conservata – in un'altra simile. Poi stampa l'etichetta che trovi sul nostro sito, _____ nella sezione "RESI", e incollala sulla scatola. Poi, via mail _____ al telefono, decidi il giorno del ritiro del pacco: non dovrai andare alle poste e fare la fila, _____ aspettare comodamente a casa tua, verremo noi da te. _____, potrai scegliere non solo il giorno, ma anche l'orario in cui passeremo a prendere il pacco.

3 GRAMMATICA

LA GRAMMATICA DEL BARBIERE
Vai su www.almaedizioni.it/dieciB1
e guarda il terzo episodio della videogrammatica.

IL CONGIUNTIVO PRESENTE

Il congiuntivo si usa dopo:
- alcune espressioni impersonali, come *è possibile, è probabile, sembra / pare*
  <u>È probabile</u> che in autostrada oggi **ci sia** molto traffico.
- verbi o espressioni che indicano:
  - opinione personale, come *credo, suppongo* e *dubito*
  <u>Credo</u> che qui il limite di velocità **sia** di 50 km/h.
  - speranza o desiderio, come *spero* e *voglio*
  <u>Spero</u> che non **piova** mentre siamo in autostrada.
  - emozioni o stati d'animo, come *ho paura* e *temo*
  <u>Ho paura</u> che mi **portino** via la macchina, l'ho parcheggiata male.
  - aspettativa, come *aspetto*
  <u>Aspetto</u> che **finisca** di piovere e parto.

Verbi regolari

	PORTARE	VEDERE	APRIRE	FINIRE
io	porti	veda	apra	finisca
tu	porti	veda	apra	finisca
lui / lei / Lei	porti	veda	apra	finisca
noi	portiamo	vediamo	apriamo	finiamo
voi	portiate	vediate	apriate	finiate
loro	portino	vedano	aprano	finiscano

Casi particolari: verbi in -*iare*, -*care* e -*gare*

	MANGIARE	GIOCARE	PAGARE
io	mangi	giochi	paghi
tu	mangi	giochi	paghi
lui / lei / Lei	mangi	giochi	paghi
noi	mangiamo	giochiamo	paghiamo
voi	mangiate	giochiate	paghiate
loro	mangino	giochino	paghino

Verbi irregolari

andare: vada, vada, vada, andiamo, andiate, vadano
avere: abbia, abbia, abbia, abbiamo, abbiate, abbiano
dare: dia, dia, dia, diamo, diate, diano
dire: dica, dica, dica, diciamo, diciate, dicano
dovere: debba, debba, debba, dobbiamo, dobbiate, debbano
essere: sia, sia, sia, siamo, siate, siano
fare: faccia, faccia, faccia, facciamo, facciate, facciano
potere: possa, possa, possa, possiamo, possiate, possano
sapere: sappia, sappia, sappia, sappiamo, sappiate, sappiano
uscire: esca, esca, esca, usciamo, usciate, escano
venire: venga, venga, venga, veniamo, veniate, vengano
volere: voglia, voglia, voglia, vogliamo, vogliate, vogliano

Le forme *abbiate, siate, sappiate, vogliate* si usano anche per fare l'imperativo irregolare con *voi* dei verbi *avere, essere, sapere* e *volere*.
Abbiate pazienza, siamo in ritardo!

Dopo *per / secondo* + *me, te, Laura, i sondaggi...* si usa l'indicativo.
Per / Secondo me il mese migliore per andare in vacanza <u>è</u> giugno.

Si usa l'indicativo anche dopo *sono sicuro/a*.
Sono sicura che in questo albergo le camere <u>sono</u> carissime, soprattutto in agosto.

Dopo *non sono sicuro/a*, invece, si usa il congiuntivo.
Non sono sicuro che questo <u>sia</u> un buon albergo.

BUONO + NOME

Quando *buono* è davanti a un nome maschile, funziona come l'articolo indeterminativo.

		casi particolari
maschile	un **buon** caffè	*buono* davanti a: s + consonante: un **buono** stereo z: un **buono** zaino y: un **buono** yogurt ps: un **buono** psicologo
femminile	una **buona** scuola	

I VERBI PRONOMINALI

I verbi pronominali sono molto diffusi nella lingua parlata. Si coniugano insieme a uno o due pronomi.

farcela (a)	volerci	smetterla (di)
Ce la fai a prendere il treno delle 8, o è troppo presto per te?	Quanto **ci vuole** per arrivare a Catania?	Devi **smetterla** di guidare così veloce, è pericoloso!
sentirsela (di)	andarsene	entrarci (con)
Sono stanchissimo, non **me la sento** di uscire stasera.	Non **andartene**, rimani ancora qualche minuto!	Perché ti arrabbi con me? Io non **c'entro** con questa storia, non ho fatto niente!

146   ALMA Edizioni | DIECI

GRAMMATICA 3

IL CONGIUNTIVO PRESENTE

1 *Coniuga i verbi tra parentesi al congiuntivo presente.*

● Senti, Corrado, allora come ci andiamo a Trieste, in treno o in macchina?
▶ Mah, vuoi che (*decidere*) _____ io?
Io andrei in macchina, penso che così
(*noi - spendere*) _____ di meno.
● Dici? Dubito che andare in macchina (*costare*)
_____ meno, ma sicuramente è più veloce.
Tra l'altro credo che i treni (*essere*) _____
spesso in ritardo in questo periodo.
▶ Ah sì, è vero, sembra che (*esserci*) _____
dei problemi sulla linea. Dai, allora andiamo in macchina. Possiamo usare la mia.
● Ok. Però non voglio che (*guidare*) _____
solo tu, o ti stanchi troppo.

2 *Scrivi la forma del congiuntivo presente, come nell'esempio.*

1. loro – avere   *abbiano*
2. tu – mangiare   _____
3. lui – uscire   _____
4. voi – fare   _____
5. io – volere   _____
6. noi – pagare   _____
7. loro – dire   _____
8. tu – potere   _____
9. lei – venire   _____
10. voi – sapere   _____
11. loro – dovere   _____
12. io – dare   _____

3 *Sottolinea l'opzione corretta tra quelle evidenziate.*

Secondo le statistiche recenti, il turismo invernale di montagna **sta / stia** cambiando: in passato andavano in settimana bianca solo gli amanti dello sci, ma oggi non **è / sia** più così. Sembra infatti che sempre più persone **fanno / facciano** questo tipo di vacanza non per sciare, bensì per rilassarsi nella natura. Inoltre, secondo i dati, anche gli sciatori **hanno / abbiano** necessità e desideri nuovi: lo sport da solo non basta più. Molti, per esempio, vogliono fare anche esperienze enogastronomiche. Le agenzie di viaggi chiamano questo tipo di vacanza "Ski Gourmet Tour" e pensano che **è / sia** la tendenza del futuro. Un'altra attività sempre più apprezzata e adatta anche a chi non scia **è / sia** la camminata sulla neve. Gli albergatori sperano che questo nuovo modo di vivere la montagna al 100% (e non più solo come "palestra" per lo sci) **può / possa** portare più turismo anche nei mesi caldi.

BUONO + NOME

4 *Completa con la forma corretta dell'aggettivo* buono, *come nell'esempio.*

1. un *buon* albergo
2. una _____ pizza
3. un _____ studente
4. un _____ prodotto
5. una _____ amica
6. un _____ yogurt
7. _____ appetito!
8. _____ Pasqua!
9. _____ Natale!
10. _____ compleanno!

I VERBI PRONOMINALI

5 *Completa il testo con i verbi della lista. Attenzione: c'è un verbo in più.*

c'entri | te la senti | ce la fai
ci vuole | smettila | c'entra

Che cosa _____ la musica con la montagna?
I suoni delle Dolomiti (Trentino-Alto Adige)

Vivi tutto l'anno in città e non _____ più a sopportare lo stress, il caos, la fretta? Partecipa a *I Suoni delle Dolomiti*, festival di musica in natura: un'unione perfetta di sport e cultura!
Per vedere un concerto si fa trekking nella natura. Di solito per raggiungere il luogo del concerto _____ circa un'ora, ma se non _____ di camminare, puoi prendere un autobus.
_____ di sognare e passa le tue vacanze con noi!

LAGO DI CAREZZA, DOLOMITI OCCIDENTALI

6 *Sottolinea l'opzione corretta tra quelle evidenziate.*

1. Non **me ne / ci / me la** sento di guidare fino a Reggio Calabria, è troppo lontano.
2. Dovremmo **smetterla / smetterci / smettercela** di andare in vacanza sempre nello stesso posto.
3. Questa spiaggia non mi piace, c'è troppa gente. **Andiamocela! / Andiamocene! / Andiamoci!**
4. Secondo te ce la **facciamo / entriamo / smettiamo** a arrivare a Trapani per l'ora di cena?

4 GRAMMATICA

LA GRAMMATICA DEL BARBIERE
Vai su www.almaedizioni.it/dieciB1
e guarda il quarto episodio della videogrammatica.

POSIZIONE DELL'AGGETTIVO

Alcuni aggettivi cambiano significato a seconda della loro posizione. Di solito, dopo il nome hanno un significato più letterale, prima del nome un significato figurato.

povero
un signore povero = un signore senza soldi
un povero signore = un signore sfortunato

grande
un libro grande = un libro di grandi dimensioni
un grande libro = un libro importante

vecchio
un amico vecchio = un amico anziano
un vecchio amico = un amico che ho da molto tempo

buono
un architetto buono = un architetto gentile
un buon architetto = un architetto bravo

FORME IMPERSONALI

Vari tipi di forme impersonali
Quando il soggetto è generico possiamo usare:
- *si* + verbo alla terza persona singolare:
  In questo ristorante si mangia bene.
- *uno* + verbo alla terza persona singolare:
  Se uno lavora tutto il giorno, è normale che sia stanco.
- verbo alla terza persona plurale:
  Che film danno stasera al cinema?
- il verbo *dicono* alla terza persona plurale e il congiuntivo:
  Dicono (= si dice) *che Milano sia una città molto cara.*

Forma impersonale dei verbi riflessivi
La forma impersonale dei verbi riflessivi si costruisce così:
ci + *si* + verbo alla terza persona singolare.
Per tradizione non ci si sposa di martedì o di venerdì: porta sfortuna.

Forma impersonale e verbi modali
Quando c'è un verbo modale prima di un verbo all'infinito, la forma è: *si* + modale + infinito.
Se qualcuno dice "In bocca al lupo!" si deve rispondere: "Crepi!"

Se il verbo all'infinito è un riflessivo, la forma è:
ci + *si* + modale + infinito.
La domenica ci si può svegliare più tardi.

Forma impersonale e aggettivi
Quando la forma impersonale è seguita da un aggettivo, questo è al plurale.
Ci si sente rilassati dopo una bella doccia.

Forma impersonale con *si* al passato prossimo
Al passato prossimo la forma impersonale con *si* prende sempre l'ausiliare *essere*.
Nel 1984 in Italia si è deciso di rendere l'ora di religione opzionale.

Quando dopo il verbo c'è un oggetto diretto, il participio passato concorda in genere e numero con l'oggetto diretto.
Si sono costruite varie chiese in questa zona.
Si sono fatti molti progressi nel dialogo interreligioso.

LA RIPETIZIONE PER INTENSIFICARE

Nella lingua parlata, per rinforzare un aggettivo è possibile ripeterlo due volte:
La tua casa è bella bella. = *La tua casa è molto bella.*

Possiamo usare la ripetizione anche con alcuni avverbi.
Sto guidando piano piano perché questa strada è pericolosa.
Quel collega è molto molto pesante.

POSIZIONE DELL'AGGETTIVO

1 Completa le frasi con l'aggettivo in **blu** nella posizione e nella forma corretta, come nell'esempio.

1. **vecchio** | Io e Leila abbiamo fatto le scuole insieme. È una mia ___vecchia___ amica _____ .
2. **buono** | Mio figlio ha un _____ professore _____ di matematica. È davvero bravo.
3. **grande** | Mi serve una _____ pentola _____ per cucinare le lenticchie per il cenone di Capodanno.
4. **grande** | Dante Alighieri è un _____ poeta _____ , conosciuto in tutto il mondo.
5. **povero** | Quella _____ ragazza _____ ha rotto uno specchio e da quel momento nella sua vita va tutto male!

FORME IMPERSONALI

2 Sottolinea l'opzione corretta tra quelle **evidenziate**.

1. Dicono che un ferro di cavallo **porta** / **porti** fortuna.
2. Ai matrimoni spesso ci si veste **elegante** / **eleganti**.
3. Di solito non **si** / **uno** mettono i pantaloni corti per andare in ufficio.
4. In questa azienda **paghino** / **pagano** bene?
5. Uno non **si** / **–** deve fare domande troppo intime a persone che non conosce bene.
6. Quando **ci** / **–** si lavora con i clienti, non **si** / **–** parla di politica.

GRAMMATICA 4

3 *Coniuga i verbi tra parentesi alla forma impersonale presente con si.*

Alla fine della scuola superiore, in Italia, (*fare*) _____ "l'esame di maturità". È una prova difficile, di cui (*ricordarsi*) _____ per tutta la vita e che spesso (*continuare*) _____ a sognare di notte anche da adulti! Esattamente 100 giorni prima dell'esame, per tradizione, (*organizzare*) _____ dei riti portafortuna. Nelle città vicine al mare, (*andare*) _____ in spiaggia e sulla sabbia (*scrivere*) _____ il voto che (*sperare*) _____ di ricevere all'esame. A Pisa (*girare*) _____ intorno alla Torre per 100 volte. A Rimini e Riccione (*divertirsi*) _____ in discoteca per non pensare alla paura dell'esame. In provincia di Teramo, se (*essere*) _____ credenti, (*recarsi*) _____ Santuario di San Gabriele dell'Addolorata.

4 *Trasforma i verbi evidenziati dal presente al passato prossimo.*

1. Torino: **si inaugura** la nuova moschea.
   → Torino: _____ la nuova moschea.
2. In Italia oggi **ci si sposa** più in Comune che in chiesa.
   → Nel 2018 in Italia per la prima volta _____ più in Comune che in chiesa.
3. In Italia **si battezzano** molti bambini (circa il 70%).
   → In Italia l'anno scorso _____ molti bambini (circa il 70%).
4. In Italia **si celebrano** ogni anno quasi 1000 matrimoni tra persone di religione diversa.
   → In Italia l'anno scorso _____ quasi 1000 matrimoni tra persone di religione diversa.

5 *Trasforma le frasi in frasi impersonali con si, come nell'esempio. Fa' tutte le modifiche necessarie.*

1. Se uno è cattolico, non si può dimenticare di celebrare il Natale.
   → *Se si è cattolici, non ci si può dimenticare di celebrare il Natale.*
2. Se uno è ebreo ortodosso, il sabato non lavora.
   → _____
3. Uno può non frequentare la chiesa e comunque essere credente.
   → _____
4. Quando uno fa il Ramadan, spesso si sente un po' debole perché non mangia e non beve durante il giorno.
   → _____
5. Secondo la religione induista, uno non dovrebbe mangiare mai carne di mucca.
   → _____

LA RIPETIZIONE PER INTENSIFICARE

6 *Seleziona le espressioni che hanno lo stesso significato.*

> Il mio ragazzo è **alto alto**.

1. il più alto ○
2. altissimo ○
3. molto alto ○
4. non alto ○
5. davvero alto ○
6. abbastanza alto ○

5 GRAMMATICA

LA GRAMMATICA DEL BARBIERE
Vai su *www.almaedizioni.it/dieciB1*
e guarda il quinto episodio della videogrammatica.

LA CONGIUNZIONE TUTTAVIA

Tuttavia ha lo stesso significato di *ma* e *però*.
Si usa soprattutto nella lingua scritta.
Lo scrittore Dino Buzzati è famoso per i suoi racconti, **tuttavia** *aveva un grande talento anche come pittore.*

IL CONGIUNTIVO PASSATO

Il congiuntivo passato si forma così: congiuntivo presente di *essere* o *avere* + participio passato del verbo.

	ASCOLTARE	USCIRE
io	abbia ascoltato	sia uscito/a
tu	abbia ascoltato	sia uscito/a
lui / lei / Lei	abbia ascoltato	sia uscito/a
noi	abbiamo ascoltato	siamo usciti/e
voi	abbiate ascoltato	siate usciti/e
loro	abbiano ascoltato	siano usciti/e

Il congiuntivo passato indica un'azione che accade prima di quella del verbo principale.

VERBO PRINCIPALE   VERBO DIPENDENTE
                    (cong. passato)
Credo che questo libro **abbia venduto** molto.
Spero che Andrea **non abbia perso** il treno.

PROPRIO

Proprio può essere un avverbio o un aggettivo possessivo.

Avverbio
Proprio ha lo stesso significato di *davvero* o *esattamente*.
Pinocchio è **proprio** *(= davvero) un bel romanzo.*

- Ieri ho visto Enrico.
- Mio cugino?
- **Proprio** (= esattamente) lui!

Aggettivo possessivo
Proprio ha quattro forme: *proprio, propria, propri, proprie*.
In questo caso *proprio* può sostituire *suo* o *loro*. Per questa sua caratteristica, si può usare anche per evitare ambiguità.
Laura ha visto Elisa e le ha chiesto il suo libro.
ambiguo 😐 il libro è di Laura o di Elisa?
Laura ha visto Elisa e le ha chiesto il proprio libro.
chiaro 🙂 il libro è di Laura (il soggetto della frase)

Prima di *proprio* si usa sempre l'articolo, anche con i nomi di famiglia al singolare.
Geppetto ama molto **il proprio** *figlio, Pinocchio.*
= *Geppetto ama molto* **suo** *figlio, Pinocchio.*

Nelle frasi impersonali è obbligatorio usare *proprio* invece di *suo*: *È importante lottare per i* **propri** *sogni.*

IL CONGIUNTIVO IMPERFETTO

Forme regolari

	GUARDARE	CREDERE	CAPIRE
io	guardassi	credessi	capissi
tu	guardassi	credessi	capissi
lui / lei / Lei	guardasse	credesse	capisse
noi	guardassimo	credessimo	capissimo
voi	guardaste	credeste	capiste
loro	guardassero	credessero	capissero

Forme irregolari

	DARE	ESSERE	FARE
io	dessi	fossi	facessi
tu	dessi	fossi	facessi
lui / lei / Lei	desse	fosse	facesse
noi	dessimo	fossimo	facessimo
voi	deste	foste	faceste
loro	dessero	fossero	facessero

	STARE	DIRE	BERE
io	stessi	dicessi	bevessi
tu	stessi	dicessi	bevessi
lui / lei / Lei	stesse	dicesse	bevesse
noi	stessimo	dicessimo	bevessimo
voi	steste	diceste	beveste
loro	stessero	dicessero	bevessero

Il congiuntivo imperfetto si usa quando il verbo principale è al passato prossimo o all'imperfetto.

VERBO PRINCIPALE   VERBO DIPENDENTE
                    (congiuntivo imperfetto)
Ho pensato che questa notizia **fosse** una bufala.
Credevi che Franco e Ada non **volessero** venire?

Guarda il video
Uso di "proprio" nella rubrica *Grammatica caffè*.

GRAMMATICA 5

Di solito dopo l'avverbio *magari* si usa il congiuntivo imperfetto. Questa costruzione indica un desiderio impossibile o difficilmente realizzabile: **Magari** questa notizia <u>fosse</u> vera!

PRIMA CHE + CONGIUNTIVO

Con la formula *prima che* si usa il congiuntivo.
Quanto ci vuole **prima che** <u>arrivi</u> Eleonora?
Mi sono addormentato **prima che** tu <u>tornassi</u>.

Se il soggetto della frase dipendente e della frase principale è lo stesso, usiamo *prima di* + infinito: **Prima di** dormire, leggo sempre un po'.

LA CONGIUNZIONE TUTTAVIA

1 *Sottolinea l'opzione logica tra quelle **evidenziate**.*

1. Questo romanzo ha vinto premi importanti, tuttavia **non è molto famoso. / lo hanno tradotto in varie lingue.**
2. Questa saga ha solo recensioni negative, tuttavia **a me non è piaciuta per niente. / ha venduto moltissime copie.**
3. Il mercato degli ebook è in crescita, tuttavia **la maggior parte delle persone continua a preferire i libri di carta. / questo fenomeno ha dei vantaggi anche per l'ambiente.**

IL CONGIUNTIVO PASSATO

2 *Completa le frasi con il congiuntivo passato o con il passato prossimo dei verbi tra parentesi.*

> Il Premio Strega è il più importante premio letterario italiano. Per alcuni è sorprendente che il fondatore di un premio così prestigioso (*essere*) _____ un produttore di liquori, Guido Alberti. La prima edizione del premio (*tenersi*) _____ nel '47, subito dopo la guerra, e sembra che Alberti l' (*organizzare*) _____ per combattere lo spirito triste di quegli anni. (*Vincere*) _____ il premio autori importantissimi come Pavese, Moravia, Bassani... Non mancano le donne, tra cui Ginzburg e Morante. Tuttavia, in molti pensano che le scrittrici premiate fino a oggi (*essere*) _____ troppo poche. Il problema è ancora attuale: dal 2000 al 2020 solo tre donne (*ricevere*) _____ il premio Strega.
> Anche se molti dei libri premiati negli anni, come *Il nome della Rosa* e *Il Gattopardo*, (*diventare*) _____ grandi classici della letteratura italiana, in molti pensano che il premio (*diventare*) _____ una vasta operazione commerciale e che il valore delle opere non sia più alto come in passato.

PROPRIO

3 *Trasforma le frasi e sostituisci in ognuna una parola con* proprio, *come nell'esempio.*
Attenzione: in un caso <u>non</u> è possibile!

Melania Mazzucco è davvero una brava scrittrice.
→ <u>Melania Mazzucco è proprio una brava scrittrice.</u>

1. Ognuno ha il suo autore preferito. Il tuo qual è?
→ _____

2. Amo i film di Pasolini, ma non ho ancora letto nessuno dei suoi romanzi.
→ _____

3. *Lessico famigliare* (scritto esattamente così: *famigliare*, non *familiare*), è il capolavoro di Natalia Ginzburg.
→ _____

4. I libri di Carlo Emilio Gadda sono davvero difficili per chi non conosce bene l'italiano.
→ _____

IL CONGIUNTIVO IMPERFETTO

4 *Completa i titoli del giornale con il congiuntivo presente o imperfetto dei verbi tra parentesi.*

1. Guidava senza la patente: "Non sapevo che (*servire*) _____".
2. "È necessario che la qualità dell'aria (*migliorare*) _____ per la salute di tutti".
3. "Vogliamo che il governo (*fare*) _____ qualcosa per risolvere i nostri problemi."
4. Biologa di Padova dirige centro di ricerca negli USA: "Magari noi italiane (*avere*) _____ le stesse possibilità nel nostro Paese!"
5. Si fa il bagno nella fontana di Trevi, la polizia lo ferma: "Non credevo che (*essere*) _____ vietato".

PRIMA CHE + CONGIUNTIVO

5 *Sottolinea l'opzione corretta tra quelle **evidenziate**.*

1. Prima **di iniziare / che io inizi** un libro leggo subito la fine. Sono curiosissimo!
2. Compro romanzi prima **di leggerli / che li leggano** i miei amici, così nessuno può rivelarmi la trama!
3. Prima **di leggere / che lei legga** un romanzo, Simona cerca sempre la biografia dell'autore.
4. Leggo romanzi in inglese prima **di uscire / che escano** in italiano: mi piace vivere l'esperienza in lingua originale.
5. In genere leggo prima **di svegliarsi / che si sveglino** tutti a casa mia, così nessuno mi disturba.

6 GRAMMATICA

LA GRAMMATICA DEL BARBIERE
Vai su www.almaedizioni.it/dieciB1
e guarda il sesto episodio della videogrammatica.

CONGIUNZIONI E CONGIUNTIVO

Dopo le congiunzioni *sebbene*, *nonostante*, *benché* e *malgrado* si usa il congiuntivo.
Sebbene / Nonostante / Benché / Malgrado gli Eco-Hotel si trovino soprattutto in montagna o in campagna, sono presenti anche nei centri urbani.

Dopo *nonostante* e *malgrado* ci può essere anche un nome. **Nonostante / Malgrado** il prezzo un po' alto, in questo albergo ci tornerei.

Dopo *anche se* si usa l'indicativo.
Vorrei andare in un Eco-Hotel, **anche se** è molto caro.

IL PERIODO IPOTETICO

Il periodo ipotetico del 1° tipo
Indica un'ipotesi certa o probabile: si usa quando si è sicuri delle conseguenze di un evento. Si può formare con vari tempi verbali nell'ipotesi (la frase con *se*) e nella conseguenza.

IPOTESI	CONSEGUENZA
indicativo presente	indicativo presente
Se quell'albergo **è** troppo caro,	non ci **vado**.
indicativo futuro	indicativo futuro
Se **seguirai** i tuoi sogni,	**farai** molta strada.
indicativo presente	indicativo futuro
Se non **ti copri**,	**avrai** freddo.
indicativo presente	imperativo
Se **hai** voglia di uscire,	**chiamami** stasera.

Il periodo ipotetico del 2° tipo
Indica un'ipotesi possibile o poco probabile.
Di solito si forma con il congiuntivo imperfetto nell'ipotesi e il condizionale presente nella conseguenza.

IPOTESI	CONSEGUENZA
congiuntivo imperfetto	condizionale presente
Se **potessi**,	**vivrei** su un'isola.

Formule con il congiuntivo
La formula *se fossi in te* (*lui, lei, voi, loro*) + condizionale significa "al posto tuo (suo, ecc.)".
Se fossi in te, andrei in Trentino: in inverno è stupendo!
Se fossi in voi, cercherei una casa più vicina al centro.

Dopo la formula *come se* usiamo il congiuntivo imperfetto:
Lo ricordo **come se fosse** ieri.

AGGETTIVI DI QUANTITÀ

Molto, *tanto* e *parecchio* sono aggettivi di quantità e hanno lo stesso significato. Concordano con il nome a cui si riferiscono.

	singolare	plurale
maschile	molto tanto parecchio	molti tanti parecchi
femminile	molta tanta parecchia	molte tante parecchie

In questo parco ci sono **molti / tanti / parecchi** lupi.

Molto, *tanto* e *parecchio* possono anche essere avverbi (quindi invariabili): *Mi piace **parecchio** andare in montagna*.

CONGIUNZIONI E CONGIUNTIVO

1 Sottolinea la forma corretta tra quelle **evidenziate**.

Consigli per un'alimentazione sana e sostenibile

1. Mangia pochi cibi pronti. **Sebbene / Malgrado** la loro comodità, questi prodotti contengono troppi zuccheri. Inoltre, le confezioni inquinano l'ambiente, **anche se / nonostante** sempre più spesso sono in plastica riciclata, fortunatamente.

2. Riduci il consumo di carne: gli allevamenti industriali aumentano l'inquinamento. **Benché / Anche se** le proteine siano fondamentali per la nostra dieta, le possiamo trovare anche in altri alimenti, per esempio nei legumi.

3. Scegli frutta e verdura di stagione. **Nonostante / Anche se** le persone siano ormai abituate a acquistare di tutto quando vogliono, ricordiamo che frutta e verdura estive sono disponibili in inverno grazie all'uso di molte sostanze chimiche, negative per la salute.

4. **Malgrado / Anche se** all'inizio può sembrare difficile cambiare abitudini, ti sentirai presto più sano se seguirai queste semplici regole... e il pianeta ti ringrazierà!

GRAMMATICA 6

IL PERIODO IPOTETICO

2 *Coniuga i verbi con IP all'indicativo presente, quelli con CI al congiuntivo imperfetto, quelli con CP al condizionale presente, quelli con I all'imperativo.*

Case sull'albero

Se (*tu – potere – CI*) _____,
(*tu – vivere – CP*) _____
in una casa su un albero? Qui segnaliamo tre alberghi speciali in cui realizzare il tuo sogno!
Se (*tu – cercare – IP*) _____
una soluzione di lusso, puoi andare al Caravan Park Sexten, in Trentino-Alto Adige. Dormirai in una casa sull'albero con la sauna!
Se invece la priorità per te è il rispetto dell'ambiente, (*tu – andare – I*) _____
all'Eco-Lodge Langhe [a Cuneo, in Piemonte]: è completamente realizzato con materiali naturali e ecocompatibili. Nella suite sull'albero del Meisters Hotel Irma, a Merano [Trentino-Alto Adige], puoi dormire sotto le stelle, come se (*tu – essere – CI*) _____ un esploratore nella giungla! Infatti, questa casa sull'albero ha anche un terrazzo sul quale è possibile passare la notte. Chiaramente se (*piovere – IP*) _____ o se (*fare – IP*) _____ troppo freddo, si dorme dentro!

3 *Completa le frasi con il congiuntivo imperfetto o il condizionale presente dei verbi tra parentesi.*

1. Venezia è stupenda ma caotica:
   mi (*piacere*) _____ viverci
   se (*esserci*) _____ meno turisti.
2. Lidia adora andare tutte le sere in un locale diverso.
   Se (*lei – abitare*) _____ in campagna,
   (*annoiarsi*) _____ moltissimo.
3. Se tu (*trasferirsi*) _____ in un'altra
   città, ti (*io – seguire*) _____.
   Non posso stare senza di te!
4. In questa città si (*vivere*) _____
   meglio se le case non (*costare*) _____
   così tanto.
5. Io e mia moglie (*comprare*) _____
   una casa in centro se (*riuscire*) _____
   a trovarne una abbastanza grande per la nostra famiglia.

4 *Abbina gli elementi della colonna sinistra e della colonna destra e forma dei dialoghi logici. Poi coniuga i verbi tra parentesi.*

1. ● Claudia vorrebbe diventare vegana, ma ha paura che sia un problema per la salute.
2. ● Vorrei mettere il condizionatore d'aria in casa. Odio il caldo!
3. ● Io e Riccardo vorremmo fare una vacanza in un Eco-Hotel. Ne conosci qualcuno?
4. ● Devo trasferirmi a Milano per lavoro, ma odio le metropoli!
5. ● A luglio vorrei fare un trekking nel Parco del Gran Paradiso, ma tutti i miei amici vogliono andare al mare...

a. ▶ Se fossi in voi, (*andare*) _____ al Vigilius Mountain Resort: è stupendo!
b. ▶ Non ti preoccupare! Ci sono quartieri molto tranquilli dove ti sentirai come se (*tu – abitare*) _____ in una piccola città.
c. ▶ Se fossi in lei, (*chiedere*) _____ consigli per la dieta a un medico.
d. ▶ Se fossi in te (*invitare*) _____ Nicola, lui adora la montagna!
e. ▶ Guarda che è molto costoso... Se fossi in te, prima (*provare*) _____ con dei ventilatori.

AGGETTIVI DI QUANTITÀ

5 *Completa il testo con le parole della lista. Una delle parole è un avverbio: alla fine scrivi qual è.*

tanti | parecchie | tanta | molto

Se non sai dove andare in vacanza al mare quest'estate, hai considerato la costa adriatica? Questa parte d'Italia è _____ bella e tranquilla: soprattutto in Molise, esistono diverse località dove non c'è mai _____ gente, neanche in estate. Una delle cose per cui è famosa questa costa sono i bellissimi *trabocchi*. Si tratta di particolari costruzioni di legno, sul mare: in passato si usavano per pescare. _____ *trabocchi* si trovano proprio in Molise. Oggi _____ di queste costruzioni sono diventate ristoranti.

L'avverbio è: _____

7 GRAMMATICA

LA GRAMMATICA DEL BARBIERE
Vai su www.almaedizioni.it/dieciB1
e guarda il settimo episodio della videogrammatica.

INDEFINITI

qualunque / qualsiasi
Qualunque e *qualsiasi* sono aggettivi e hanno lo stesso significato. Hanno solo la forma singolare.
*Roma ha quasi 1000 chiese, più di **qualunque** / **qualsiasi** altra città al mondo.* = più di ogni altra città al mondo

Se dopo *qualunque* / *qualsiasi* + nome c'è un verbo, questo va al congiuntivo.
*Qualsiasi / Qualunque albergo tu **scelga** per le vacanze, per me va bene.*

chiunque
È un pronome e si riferisce a persone, mai a cose. Ha solo la forma singolare.
*Roma piace a **chiunque**.* = a tutte le persone

Se dopo *chiunque* c'è un verbo, questo va al congiuntivo.
*Chiunque **visiti** Roma, se ne innamora.*
= Tutte le persone che vedono Roma se ne innamorano.

IL PASSIVO CON ESSERE E VENIRE

La forma attiva ha un soggetto (chi fa l'azione), un verbo attivo e, eventualmente, un oggetto.

I turisti visitano il museo.
soggetto — verbo attivo — oggetto

La forma passiva ha un soggetto (chi subisce l'azione), un verbo passivo e, eventualmente, un agente (chi fa l'azione).

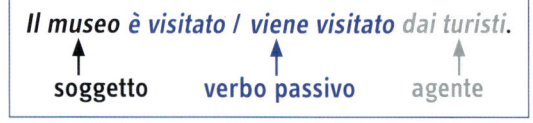

Il museo è visitato / viene visitato dai turisti.
soggetto — verbo passivo — agente

Il verbo passivo si forma con l'ausiliare *essere* o *venire* e il participio passato del verbo.
L'ausiliare *venire* si può usare solo con i tempi semplici, mentre l'ausiliare *essere* si può usare anche con i tempi composti (passato prossimo, trapassato prossimo, ecc.).
*Roma **è chiamata** / **viene chiamata** "la città eterna".*
*Roma **è stata fondata** / ~~viene stata fondata~~ più di 2700 anni fa.*

L'agente è introdotto dalla preposizione *da* (semplice o articolata).
*Molte fontane sono state realizzate **da** grandi artisti.*
*Roma è attraversata **dal** fiume Tevere.*

I PREFISSI DIS-, S- E IN-

I prefissi *dis-*, *s-* e *in-* si usano per creare il contrario (><) di un nome o di un aggettivo.

NOMI		
uguaglianza	><	**dis**uguaglianza
fiducia	><	**s**fiducia
esperienza	><	**in**esperienza

AGGETTIVI		
organizzato	><	**dis**organizzato
fortunato	><	**s**fortunato
utile	><	**in**utile

Attenzione! Il prefisso *in-*:

diventa:	davanti a:	esempi		
il-	l	legale	><	**il**legale
im-	p, m, b	possibile	><	**im**possibile
		maturo	><	**im**maturo
		bevibile	><	**im**bevibile
ir-	r	responsabile	><	**ir**responsabile

L'AVVERBIO MICA

L'avverbio **mica** è tipico della lingua parlata e si usa per rafforzare la negazione.
*Non è **mica** vero.* = Non è per niente vero.

ESPRESSIONI CON L'INDICATIVO E IL CONGIUNTIVO

dato che = **poiché** = **visto che** + indicativo
Dato che / Poiché / Visto che è tardi, ti accompagno in macchina.
= siccome è tardi

a meno che non + congiuntivo
*Domani andiamo al mare, **a meno che non** piova.*
= ma solo se non piove

a condizione che + congiuntivo
*Potresti venire in vacanza con noi, **a condizione che** i tuoi genitori siano d'accordo.*
= ma i tuoi genitori devono essere d'accordo

GRAMMATICA 7

INDEFINITI

1 <u>Sottolinea</u> la forma corretta tra quelle **evidenziate**.

I Musei Vaticani

Chiunque **ama / ami** l'arte dovrebbe visitare i Musei Vaticani una volta nella vita. **Nessun / Qualsiasi** altro museo al mondo è così ricco: le opere sono così tante che è impossibile vederle tutte in un solo giorno. Nei Musei infatti troverete praticamente **qualunque / chiunque** cosa: pittura, scultura, arte egizia e grecoromana, carte geografiche e molto altro. Qualunque **sia / è** la vostra scelta, c'è una cosa che non potete assolutamente perdere: la Cappella Sistina.

IL PASSIVO CON ESSERE E VENIRE

2 Trasforma le frasi da attive a passive, o viceversa.

Quattro cose da sapere su Napoli

1. Milioni di turisti ogni anno visitano la famosa Piazza del Plebiscito.
   → _____
   _____

2. Il castello del Maschio Angioino è considerato da molti il simbolo della città.
   → _____
   _____

3. Nel 1889 il pizzaiolo napoletano Raffaele Esposito ha inventato la pizza margherita.
   → _____
   _____

4. Il centro della città è tagliato in due dalla strada Spaccanapoli.
   → _____
   _____
   _____

SPACCANAPOLI

3 <u>Sottolinea</u> l'opzione corretta tra quelle **evidenziate**. In alcuni casi sono corrette tutte e due le opzioni.

Se sei già stato in Emilia Romagna, probabilmente in qualche negozio ti **viene / è** stata fatta questa domanda: "Vuole una sportina?". Ma qual è il significato di questo vocabolo? La parola "sportina" **è / viene** usata in alcune zone d'Italia al posto di "sacchetto": **è / viene** considerata un regionalismo, cioè non **è / viene** utilizzata da tutti gli italiani. La sua storia è molto lunga: "sportina" deriva infatti da "sporta", una parola che in origine **è / viene** stata inventata dai Greci e che anticamente **era / veniva** usata anche dai Romani e dagli Etruschi.

I PREFISSI DIS-, S-, IN-

4 Scrivi il contrario di ogni parola della lista nel riquadro corretto, come nell'esempio.

✓ organizzato | esperienza | legale
fiducia | possibile | fortunato
responsabile | uguaglianza | utile

S-	DIS-	IN- / IR- / IL- / IM-
	disorganizzato	

L'AVVERBIO MICA E ESPRESSIONI CON L'INDICATIVO E IL CONGIUNTIVO

5 Completa le frasi con le parole della lista.

che | non | poiché | mica | condizione | dato

1. _____ che Antonio è appassionato di arene romane, durante il nostro viaggio in Francia ci fermeremo a vedere quella di Nîmes.
2. Domani andrò a fare una passeggiata sulla via Appia Antica, a meno che _____ faccia brutto tempo.
3. A _____ che abbiate abbastanza tempo, dopo la visita di Ostia Antica vi consiglio di andare in spiaggia e fare un bagno, _____ in questo periodo fa molto caldo.
4. Dopo i Musei Vaticani, il Colosseo e i Fori imperiali vuoi visitare anche Villa Adriana a Tivoli? Ti ricordo che restiamo solo due giorni a Roma, _____ una settimana!
5. L'arena di Verona si è conservata così bene visto _____ dal 1500 sono stati fatti molti lavori di restauro.

ALMA Edizioni | DIECI   155

8 GRAMMATICA

LA GRAMMATICA DEL BARBIERE
Vai su www.almaedizioni.it/dieciB1
e guarda l'ottavo episodio della videogrammatica.

IL GERUNDIO TEMPORALE, MODALE E CAUSALE

In una frase dipendente si può usare il gerundio con diverse funzioni.

FUNZIONE	RISPONDE ALLA DOMANDA	ESEMPIO	SIGNIFICATO
modale	Come? In che modo?	Ho imparato l'italiano **frequentando** un corso a Milano.	Ho imparato l'italiano **grazie a** un corso a Milano.
temporale	Quando?	**Facendo** shopping in centro, ho incontrato Ilario.	**Mentre facevo** shopping in centro, ho incontrato Ilario.
causale	Perché?	**Essendo** appassionato di moda, Claudio spende molti soldi in abiti.	**Siccome è** appassionato di moda, Claudio spende molti soldi in abiti.

Attenzione: per poter usare il gerundio, il soggetto delle due frasi (principale e dipendente) deve essere lo stesso.
La frase *Ho visto Luisa **andando** a lavorare.*

🙂 significa:
*Ho visto Luisa mentre **(io) andavo** a lavorare.*

☹ non significa:
*Ho visto Luisa mentre **(lei) andava** a lavorare.*

Alcuni verbi hanno il gerundio irregolare:

INFINITO	GERUNDIO
bere	be**vendo**
dire	di**cendo**
fare	fa**cendo**

La posizione dei pronomi con il gerundio
I pronomi vanno dopo il gerundio e formano una sola parola.

*Gli uomini hanno "modernizzato" il borsalino **indossandolo** in occasioni informali.*

ALMA.tv
Guarda il video
Uso del gerundio nella rubrica *Grammatica caffè*.

GLI AGGETTIVI IN -BILE

plastica **riciclabile**
= plastica che si può / che è possibile riciclare
una spiaggia **raggiungibile** a piedi
= una spiaggia che si può / che è possibile raggiungere a piedi
una macchina con il tetto **apribile**
= un tetto che si può / che è possibile aprire

VERBI IN -ARE	ricicl**are**	ricicl**abile**
VERBI IN -ERE	raggiung**ere**	raggiung**ibile**
VERBI IN -IRE	apr**ire**	apr**ibile**

Questi aggettivi spesso compaiono nella forma negativa, con il prefisso *in-* / *il-* / *im-* / *ir-*: **in**credibile, **in**dimenticabile, **in**comprensibile, **il**leggibile, **im**prevedibile, **ir**raggiungibile...

Forme irregolari:
fare → fattibile
bere → bevibile (più comune il contrario: imbevibile)

IL CUI

La costruzione *il cui* ha valore di possessivo. Il primo elemento, l'articolo determinativo, concorda con l'elemento che si trova dopo *cui*.

*Questo libro, **il cui** autore insegna linguistica, illustra la storia della nostra lingua.* (il cui autore = l'autore del libro)

*La lingua italiana, **la cui** influenza è forte in ambito musicale, è spesso considerata armoniosa.*
(la cui influenza = l'influenza della lingua italiana)

IL GERUNDIO TEMPORALE, MODALE E CAUSALE

1 Trasforma le frasi sottolineate usando il gerundio. Riscrivile nella pagina successiva, come nell'esempio.

Miuccia Prada: una biografia

Da giovane, mentre fa l'università (**1**), Miuccia Prada partecipa al movimento di protesta del '68. Negli stessi anni, studia recitazione, poiché ha una passione per il mimo (**2**). Nel 1971 inizia a lavorare nell'azienda di famiglia, la casa di moda Prada, di cui diventa direttrice nel 1978. Dato che ama l'innovazione (**3**), fa grandi cambiamenti nell'azienda, che inizia a produrre vestiti. Inoltre, poiché vuole ancora più libertà di sperimentare (**4**), fonda un nuovo marchio: Miu Miu. Miuccia non si occupa solo di moda ma anche di arte. Grazie alla collaborazione con il marito Patrizio Bertelli (**5**), anche lui collezionista, nel 1993 apre la Fondazione Prada (a Milano e a Venezia) per promuovere l'arte contemporanea. Nella sede di Milano, oltre al museo, si trova il "Bar Luce": uno dei luoghi più di tendenza di Milano, perché è un progetto del famoso regista Wes Anderson (**6**).

GRAMMATICA 8

1. _facendo l'università_
2. _____
3. _____
4. _____
5. _____
6. _____

LA FONDAZIONE PRADA A MILANO

2 Coniuga i verbi tra parentesi al gerundio e aggiungi il pronome che sostituisce la parola sottolineata, come nell'esempio.

Come fare il caffè con la moka

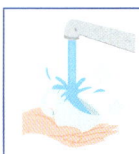

1. Riscalda una <u>tazzina</u>, (passare) _passandola_ sotto l'acqua calda.

2. Metti dell'<u>acqua</u> nella moka, (versare) _____ fino a circa un cm dal bordo.

3. Metti il caffè nel <u>filtro</u>, (riempire) _____ bene.

4. Avvita <u>le due parti</u> della moka, (stringere) _____ con forza.

5. Metti la moka sul <u>fuoco</u>, (regolare) _____ basso.

6. Quando il caffè finisce di salire nella parte alta, spegni il fuoco. Il caffè è pronto!

GLI AGGETTIVI IN -BILE

3 Trasforma i verbi in aggettivi in -bile. Poi aggiungi il prefisso e forma il contrario, come nell'esempio.

1. vendere — _vendibile_ >< _invendibile_
2. credere — _____ >< _____
3. utilizzare — _____ >< _____
4. accettare — _____ >< _____
5. discutere — _____ >< _____
6. guarire — _____ >< _____
7. prevedere — _____ >< _____

4 Completa le frasi con gli aggettivi in -bile derivati dai verbi della lista. Attenzione: in alcuni casi devi usare il contrario!

raggiungere | bere | lavare | leggere | sostituire

1. Ho ritrovato i diari di mia nonna, ma purtroppo con il tempo si sono rovinati e sono praticamente _____.
2. San Gimignano è _____ in autobus da Firenze? Noi non abbiamo la macchina.
3. Si è rotto un pezzo della lavatrice ma per fortuna dovrebbe essere _____.
4. Questa aranciata è cattivissima, davvero _____!
5. Compro solo vestiti _____ in lavatrice: non ho tempo di lavare a mano.

IL CUI

5 Ordina le parole e forma frasi corrette. Le prime parole (**evidenziate**) sono in ordine.

1. **La parola *marmellata*,** | è entrata nella lingua italiana | la cui | nel XVI secolo | origine è portoghese,
   → _____

2. **La lingua italiana,** | deriva | dialetti sono numerosi, | dal latino | i cui
   → _____

3. **Dante Alighieri,** | la cui | il mondo, | della lingua italiana | è considerato il padre | *Divina Commedia* è conosciuta in tutto
   → _____

4. **Galileo Galilei,** | ancora oggi importantissime, | scoperte sono | testi scientifici in lingua italiana | le cui | ha scritto i primi
   → _____

ALMA Edizioni | DIECI 157

9 GRAMMATICA

LA GRAMMATICA DEL BARBIERE
Vai su www.almaedizioni.it/dieciB1
e guarda il nono episodio della videogrammatica.

IL FUTURO ANTERIORE

Il futuro anteriore si forma così:

ausiliare *essere* o *avere* al futuro + participio passato

| | FUTURO ANTERIORE ||
	PARLARE	TORNARE
io	avrò parlato	sarò tornato/a
tu	avrai parlato	sarai tornato/a
lui / lei / Lei	avrà parlato	sarà tornato/a
noi	avremo parlato	saremo tornati/e
voi	avrete parlato	sarete tornati/e
loro	avranno parlato	saranno tornati/e

Il futuro anteriore si usa per indicare un'azione che accade prima di un'altra azione futura.

Dopo che avrò passato l'esame farò una grande festa.
AZIONE FUTURA 1: passare l'esame
↓
AZIONE FUTURA 2: fare una grande festa

Come il futuro semplice, il futuro anteriore può esprimere un'ipotesi, in questo caso nel passato.

● Ieri Anna non si è presentata all'esame.
▶ **Avrà capito** che non era ancora pronta.
= probabilmente ha capito che non era ancora pronta.

● Dove sono Lorenza e Fabio?
▶ Non lo so, **saranno usciti**. = forse sono usciti

Il futuro anteriore si usa spesso con *(non) appena, dopo che, quando.*

*Cercherò lavoro **(non) appena** avrò finito gli studi.*

*Simonetta si sta per trasferire a Milano. **Dopo che** avrà trovato una casa, voglio andare a trovarla.*

***Quando** tutti saranno tornati dalle vacanze, faremo una riunione per programmare il lavoro.*

GLI ALTERATI

I suffissi possono alterare (cambiare) il significato di una parola.

	ESEMPI
-ONE (grande, importante)	libr**one**
-INO / -ETTO / -ELLO (piccolo, non importante)	piatt**ino** cas**etta** finestr**ella**
-ACCIO (brutto, cattivo)	giornat**accia**
-UCCIO (piccolo, a volte in senso ironico o affettuoso)	bocc**uccia**

In alcuni casi prima dei suffissi bisogna inserire una consonante o modificare leggermente la radice della parola: poltron**c**ina (da *poltrona*), post**ic**ino (da *posto*), vent**ic**ello (da *vento*), ca**gn**accio (da *cane*).

A volte il nome alterato può cambiare genere:
il sapone ➝ *la saponetta*, *la palla* ➝ *il pallone da calcio*.

In molti casi, gli alterati sono diventati parole autonome, con un significato non più strettamente collegato alla parola da cui derivano, per esempio: *telefonino* (da *telefono*; non indica un piccolo telefono, bensì il *telefono cellulare*), *spaghetti* (da *spago*).

Alcune parole sono falsi alterati, cioè parole che solo casualmente terminano come i suffissi degli alterati. Ecco alcuni esempi: *bambino, focaccia, biglietto, limone, collina, balcone.*

L'INTERROGATIVA INDIRETTA

Per trasformare una domanda diretta in un'interrogativa indiretta, possiamo usare l'indicativo o il congiuntivo.
"Quante ore lavora un avvocato?"
➝ *Mi domando quante ore **lavora / lavori** un avvocato.*

Di solito si usa il congiuntivo per dare uno stile più elegante alla frase.

Quando nella domanda non c'è un interrogativo (*Come?, Quando?, Chi?, Quanto?* eccetera), l'interrogativa indiretta inizia con *se*.
Alessia: "È meglio lavorare da soli o in un'azienda?"
➝ *Alessia chiede **se** sia meglio lavorare da soli o in un'azienda.*

158 ALMA Edizioni | DIECI

GRAMMATICA 9

IL FUTURO ANTERIORE

1 *Coniuga i verbi al futuro semplice o al futuro anteriore. Tutti i verbi sono alla seconda persona singolare* (tu).

> **Vinicio Z.**
> Vorrei diventare medico.
> Che percorso di studi devo fare e quanto dura?

> **Valentina B.**
> Quella del medico è una bellissima professione, ma gli studi sono molto lunghi e impegnativi.
> Per prima cosa, (*dovere*) _____ superare il test d'ingresso per entrare all'università.
> Dopo che (*passare*) _____ il test, (*cominciare*) _____ a studiare: (*fare*) _____ molti esami, (*trascorrere*) _____ un periodo di prova in un ospedale (il "tirocinio") e infine (*prendere*) _____ la laurea.
> Il percorso di laurea dura 6 anni.
> Dopo che (*ottenere*) _____ la laurea, (*dovere*) _____ fare l'Esame di Stato: si tratta di una prova scritta e di un altro tirocinio. Dopo che (*superare*) _____ l'Esame di Stato (*essere*) _____ pronto per iscriverti all'Albo dei medici: ma la strada non è ancora finita! Infatti, manca ancora la scuola di specializzazione, che dura dai 2 ai 5 anni.
> Non appena (*terminare*) _____ la scuola di specializzazione, (*diventare*) _____ finalmente un medico a tutti gli effetti. In bocca al lupo!

'ALMA.tv

Guarda il video *L'italiano alterato* nella rubrica *Grammatica caffè*.

2 *Seleziona le frasi in cui il futuro anteriore indica un'ipotesi.*

	indica un'ipotesi
1. Incredibile! Quasi nessun candidato ha passato l'esame di ammissione. **Sarà stato** davvero molto difficile!	○
2. L'azienda non mi ha selezionato. **Ci saranno stati** candidati migliori di me.	○
3. Nel questionario c'erano davvero molte domande. **Saranno state** almeno 100.	○
4. Quando **avrai finito** l'esame, chiamami: voglio sapere come è andata!	○

GLI ALTERATI

3 *Indica per ogni alterato da quale parola deriva. Attenzione: c'è un falso alterato!*

1. ragazzaccio ⇐ _____
2. cuginetta ⇐ _____
3. esamone ⇐ _____
4. limone ⇐ _____
5. foglietto ⇐ _____
6. balconcino ⇐ _____

4 <u>Sottolinea</u> *l'alterato logico tra quelli* **evidenziati**.

1. Non ho superato l'esame per un **erroruccio** / **errorone**, davvero non capisco come sia possibile.
2. Leonardo ha comprato una **biciclettona** / **biciclettina** per il suo bambino.
3. Sembri molto stanco. Perché non fai un **riposone** / **riposino**? Ti sveglio io tra **mezz'oretta** / **mezz'oraccia**.
4. Mentre ero al cinema è suonato un cellulare: era il mio… Che **figuraccia** / **figurona**!

L'INTERROGATIVA INDIRETTA

5 *Trasforma le interrogative da dirette a indirette.*

1. Qual è l'azienda italiana con più dipendenti?
   → Non so _____
   _____.

2. Come si crea una *startup*?
   → Vorremmo sapere _____
   _____.

3. Serve una laurea magistrale per fare l'infermiere?
   → Mi interessa sapere _____
   _____.

4. In quali settori è più facile trovare lavoro?
   → Mi chiedo _____
   _____.

5. Come si diventa avvocato?
   → Spesso mi chiedono _____
   _____.

ALMA Edizioni | DIECI 159

10 GRAMMATICA

LA GRAMMATICA DEL BARBIERE
Vai su www.almaedizioni.it/dieciB1
e guarda il decimo episodio della videogrammatica.

IL CONDIZIONALE PASSATO

Il condizionale passato indica azioni o desideri che potevano realizzarsi ma non si sono realizzati.

A Firenze ho visitato gli Uffizi. **Sarei entrata** anche nel Duomo, ma c'era troppa fila.
(= alla fine non sono entrata)

Abbiamo visto due quadri stupendi in una galleria d'arte. Li **avremmo comprati** per la nuova casa, ma purtroppo costavano troppo.
(= alla fine non li abbiamo comprati)

Il condizionale passato si forma con il condizionale presente di *avere* o *essere* e il participio passato del verbo.

	MANGIARE	USCIRE
io	avrei mangiato	sarei uscito/a
tu	avresti mangiato	saresti uscito/a
lui / lei / Lei	avrebbe mangiato	sarebbe uscito/a
noi	avremmo mangiato	saremmo usciti/e
voi	avreste mangiato	sareste usciti/e
loro	avrebbero mangiato	sarebbero usciti/e

Con i verbi modali *dovere*, *volere*, *potere* seguiti da un infinito, l'ausiliare è quello del verbo all'infinito.

Avremmo voluto visitare la Mole Antonelliana a Torino, ma era chiusa. (visitare → ausiliare *avere*)
Saremmo volute andare a Pompei, ma faceva troppo caldo. (andare → ausiliare *essere*)

IL PARTICIPIO PRESENTE

Il participio presente si forma così:

INFINITO	DESINENZA	ESEMPIO
VERBI IN -*ARE*	-ante	interessante
VERBI IN -*ERE*	-ente	precedente
VERBI IN -*IRE*	-ente	divertente

Alcuni verbi hanno il participio passato in -*iente*:
dorm**iente**, ubbid**iente**, proven**iente**, sap**iente**...

Il participio presente si usa spesso come un aggettivo.
Ho letto una notizia **scioccante**.
Secondo te chi è il più grande artista **vivente**?

Alcuni participi presenti sono diventati nomi comuni:
cantante, insegnante, assistente, badante...

SUBORDINATE COMPLETIVE

Con alcuni verbi o espressioni come *pensare*, *credere*, *sperare*, *aspettarsi*, *augurarsi*, *avere paura*, *mi sembra*, se il soggetto della frase principale e il soggetto della frase subordinata (dipendente) sono **uguali** si usa la costruzione *di* + infinito.
Penso **di essere** una brava ballerina.
Mi sembra **di avere** la febbre.

Se invece il soggetto della frase principale e il soggetto della frase subordinata sono **diversi**, si usa la costruzione *che* + congiuntivo.
Penso che <u>lei</u> **sia** una brava ballerina.
Mi sembra che <u>tu</u> **abbia** la febbre.

IL CONDIZIONALE PASSATO

1 Trasforma i verbi dal condizionale presente al condizionale passato, come nell'esempio.

1. faremmo → *avremmo fatto*
2. andrei → _____
3. mangerebbero → _____
4. vorresti → _____
5. uscirebbe → _____
6. capireste → _____

2 Completa il testo con i verbi tra parentesi al condizionale passato.

Nel 1981 Maria Lai, un'artista sarda, (dovere) _____ creare a Ulassai, il paese in cui era nata, un monumento per ricordare i soldati morti in guerra. Questo era quello che il sindaco le aveva chiesto, ma lei aveva un desiderio diverso: creare un'opera per i vivi. Il suo progetto era straordinario: (lei – volere) _____ legare, con l'aiuto degli abitanti, tutte le case del paese tra loro utilizzando un nastro celeste. Perché proprio un nastro celeste?
Nel 1861 un pezzo della montagna di Ulassai era caduto, uccidendo un gruppo di bambine. Solo una di loro si era salvata: aveva in mano un nastro celeste. Secondo la leggenda che si era diffusa nel paese, senza il nastro celeste (morire) _____ anche lei. Nell'idea iniziale di Maria Lai, il nastro (dovere) _____ essere il simbolo di un legame di amore, ma non tutti gli abitanti erano d'accordo, perché tra molte famiglie i rapporti non erano buoni. Così il progetto è cambiato: solo se al nastro veniva legato del pane, significava che le famiglie erano amiche.

GRAMMATICA 10

3 **Condizionale presente o passato?**
Coniuga i verbi tra parentesi al tempo corretto.

1. (*Tu – venire*) _____ con me al museo domani? Dai, non mi va di andare da sola.
2. A Diego (*piacere*) _____ fare l'artista, ma poi ha cambiato completamente strada.
3. Se potessi, (*io – vedere*) _____ sia Firenze sia Venezia: purtroppo ho solo tre giorni di ferie.
4. (*Noi – venire*) _____ volentieri alla mostra con voi, ma dovevamo lavorare.
5. Perché non mi hai detto niente? (*Tu – dovere*) _____ chiamarmi!
6. Mi (*piacere*) _____ vedere Pompei, forse in primavera ci vado.

IL PARTICIPIO PRESENTE

4 Scrivi il participio presente dei verbi.

1. determinare ➡ _____
2. vincere ➡ _____
3. apparire ➡ _____
4. rilassare ➡ _____
5. sorridere ➡ _____

5 Completa le frasi con i participi presenti derivati dai verbi tra parentesi. Fa' tutte le modifiche necessarie (plurale / singolare).

> ### La "Primavera" di Sandro Botticelli
>
> Tutti gli (*amare*) _____ dell'arte dovrebbero visitare la Galleria degli Uffizi. Tra i tanti capolavori del museo, c'è anche la celebre "Primavera" di Botticelli.
> Quest'opera, (*raffigurare*) _____ nove personaggi in un bosco, ha un significato che ancora oggi rimane in parte misterioso.
> Il primo personaggio a destra è Zefiro, che cerca di prendere la ninfa Clori, bellissima nel suo abito (*trasparire*) _____.
> Clori si trasforma nella primavera, cioè nel personaggio (*seguire*) _____ con il vestito a fiori.
> Al centro ci sono Venere e un piccolo angelo (*volare*) _____: Cupido.
> Le tre figure (*danzare*) _____ sono le Grazie. Accanto a loro c'è Mercurio.
> Una delle caratteristiche più (*sorprendere*) _____ di quest'opera è la cura con cui Botticelli ha raffigurato i fiori. Nel quadro possiamo infatti osservarne tantissimi tipi diversi, tutti realmente (*esistere*) _____.

SUBORDINATE COMPLETIVE

6 Seleziona l'opzione corretta tra quelle **evidenziate**.

1. Non penso **che / di / -** conoscere questo artista, invece credo **che Ada lo ama / Ada di amarlo / che Ada lo ami** molto.
2. Mi aspetto che **ci siano / esserci / ci sono** riduzioni per questa mostra.
3. Hanno paura **di non trovano / di non trovare / che non trovano** più biglietti per la mostra.
4. Non credo **che capisco / che io capisca / di capire** il significato di quest'opera.
5. Pensi **che tu vada / di andare / che vai** a visitare la collezione di gioielli antichi?

7 Completa la subordinata completiva usando il soggetto e il verbo in **blu**, come nell'esempio.

il Comune – decidere

1. Mi auguro _che il Comune decida_ di non cancellare questi *murales*, sono bellissimi.

noi – riuscire

2. Speriamo _____ a vendere tutti i quadri che abbiamo realizzato.

questa statua – essere

3. Mi sembra _____ di bronzo.

Lucy – potere

4. Lucy spera _____ vedere i Bronzi di Riace durante il suo soggiorno in Calabria.

il museo – essere

5. Enrico ha paura _____ troppo affollato.

PRIMAVERA (CIRCA 1480)

1 VOCABOLARIO

STRUMENTI MUSICALI

- chitarra
- chitarra elettrica 
- basso 
- violino 
- violoncello 
- contrabbasso  
- pianoforte 
- tromba 
- sassofono 
- batteria 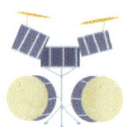
- flauto 

LE PAROLE DEL CINEMA

- il / la regista
- capolavoro
- attore / attrice 
- sceneggiatura (trama = la storia) 

Generi cinematografici

- commedia / film comico
- film drammatico 
- film sentimentale, commedia romantica 
- film storico 
- film poliziesco 
- film di fantascienza 
- horror 
- film d'avventura 
- fantasy 

LE PAROLE DELLA TELEVISIONE

la serie

episodio 1 episodio 2 eccetera	stagione 1
episodio 1 episodio 2 eccetera	stagione 2

- **protagonista** = il personaggio principale
- **spettatore / spettatrice** = la persona che guarda

COMANDI DI INTERNET E DELLE APP

- cliccare
- caricare 
- scaricare 
- condividere 
- profilo 
- registrarsi 
- accedere 
- abbonamento 
- nome utente e password 
- pulsante / tasto 
- taggare
- chattare 
- visualizzare 

162 ALMA Edizioni | DIECI

VOCABOLARIO 1

STRUMENTI MUSICALI

1a Unisci le parti di parole e forma i nomi degli strumenti. Attenzione: c'è una parte in più!

arra | vi | oncello
eria | chit | fono
viol | olino | batt

1b Che cosa stanno suonando? Scrivi il nome degli strumenti del punto precedente sotto le foto corrispondenti.

1. _____
2. _____
3. _____
4. _____

LE PAROLE DEL CINEMA

2 Leggi la trama e scrivi il genere del film, come nell'esempio.

1. Qualcuno ruba un quadro famoso da un museo. Un detective cerca di risolvere il mistero.
   → *film poliziesco*

2. Nell'ufficio di Luca arriva una nuova collega ed è subito amore.
   → _____

3. Un gruppo di ragazzi si perde in un bosco dove vive un terribile mostro. Uno dopo l'altro cominciano a scomparire.
   → _____

4. La vera storia del difficile rapporto tra Leonardo da Vinci e Michelangelo.
   → _____

5. Nel 2200, a causa dei cambiamenti del clima, gli umani vivono in città sotto il mare.
   → _____

LE PAROLE DELLA TELEVISIONE

3 Completa il testo con le parole della lista. Attenzione: se necessario, cambia il genere e il numero.

spettatore | episodio | comico | attore
stagione | film | protagonista | serie

Una serie di successo

Boris è una serie _____ italiana che racconta in modo ironico e divertente il mondo della televisione. È durata per tre stagioni (42 _____ di mezz'ora circa ciascuno). Per il grandissimo successo che ha ottenuto, nel 2011 i produttori ne hanno fatto anche un _____ e nel 2021 a grande sorpresa hanno annunciato l'uscita di una quarta _____.
Il _____ di *Boris* è Alessandro, un giovane appassionato di cinema che lavora sul set di una _____ televisiva di pessima qualità, *Gli occhi del cuore*.
Il personaggio preferito degli _____ è però il regista René Ferretti, interpretato meravigliosamente dall' _____ Francesco Pannofino.

COMANDI DI INTERNET E DELLE APP

4 <u>Sottolinea</u> l'opzione corretta tra quelle **evidenziate**.

1. Inserisci il tuo nome **utente / profilo** e la password per **condividere / accedere** all'area riservata del sito.
2. **Carica / Chatta** le tue foto e **scarica / tagga** i tuoi amici.
3. **Visualizza / Abbonati** al nostro sito per 9,99 € al mese!
4. **Clicca / Accedi** su questo pulsante per **condividere / accedere** l'articolo con i tuoi amici.

2 VOCABOLARIO

PROBLEMI CON IL VOLO

passeggeri

sciopero

carta d'imbarco

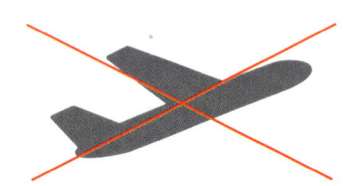

rimborso

volo cancellato

volo in ritardo

IN BANCA

prelevare / ritirare (dei soldi)

bancomat

conto

sportello

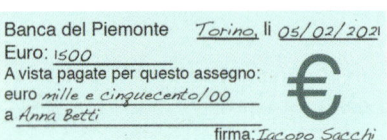

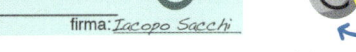

assegno

cambiare (dei soldi)

LA CORRISPONDENZA FORMALE

PER ANNUNCIARE UNA NOTIZIA	Le comunico che... Vi comunichiamo che... **notizia positiva**: Sono lieto / Siamo lieti di comunicarLe / comunicarvi che... **notizia negativa**: Sono spiacente / Siamo spiacenti di comunicarLe / comunicarvi che...
PER RINGRAZIARE	La ringrazio / ringraziamo per... Vi ringrazio / ringraziamo per...
PER SCUSARSI	La prego di scusarci. Vi preghiamo di scusarci.
PER CHIEDERE QUALCOSA	La invito / invitiamo a... Vi invito / invitiamo a...

L'ASSISTENZA TELEFONICA

digitare

riempire / compilare (un modulo)

bolletta

operatore / operatrice

trimestre

VOCABOLARIO 2

PROBLEMI CON IL VOLO

1 *Completa le parole con le lettere mancanti.*

1. La compagnia mi ha restituito i soldi.
   → La compagnia mi ha dato un r☐m☐☐☐☐☐☐.
2. Il volo è partito dopo l'orario previsto.
   → Il volo è partito in r☐☐ar☐☐.
3. Il personale oggi non lavora per protesta.
   → Il personale oggi è in sc☐☐☐☐☐☐o.
4. Il volo previsto non parte più.
   → Il volo è c☐☐☐el☐☐☐o.
5. In questo aereo ci sono 50 posti.
   → Questo aereo può portare 50 pa☐☐e☐☐☐r☐.
6. Il volo ha un ritardo di più di tre ore.
   → Il volo ha un ritardo sup☐ri☐☐☐ alle tre ore.
7. Puoi avere un risarcimento.
   → Hai d☐ri☐☐o a un risarcimento.
8. Se il volo è cancellato, puoi chiedere un rimborso.
   → In caso ☐☐ volo cancellato, puoi chiedere un rimborso.

IN BANCA

2 *Sottolinea l'opzione o le opzioni corrette tra quelle evidenziate.*

1. Mi scusi, c'è **un bancomat / un conto / un assegno** qui vicino? Ho bisogno di soldi.
2. Per favore, vada dal mio collega **all'assegno / allo sportello / allo scontrino** numero 2.
3. Vorrei **prelevare / spendere / cambiare** questi euro in dollari, sto partendo per gli Stati Uniti.
4. Devo **prelevare / tirare / ritirare** dei soldi, ma **al bancomat / ai contanti / al conto** c'è troppa fila.
5. Posso pagare con **un assegno / uno sportello / la carta di credito**?

LA CORRISPONDENZA FORMALE

3 *Completa le due mail con le parole della lista.*

vi ringrazio per | di comunicarLe | a causa
maggiori chiarimenti | riguardo | vi prego
un controllo | La informiamo

● ● ●

Gentili Signori,
ho una prenotazione presso il vostro albergo per le notti del 23 e del 24 marzo. Purtroppo, _____ di un impegno di lavoro, devo annullare il viaggio, _____ di scusarmi. È possibile avere il rimborso dei soldi che ho pagato? _____ la pazienza e la comprensione. Spero di potervi fare visita in un'altra occasione: per caso ci sono delle offerte per la prossima estate?
Un cordiale saluto, Anna Ricci

● ● ●

Gentilissima Signora Ricci,
sono spiacente _____ che purtroppo non è possibile restituirLe i soldi. Infatti, abbiamo fatto _____ e abbiamo visto che Lei ha usato un coupon regalo per la prenotazione. In questo caso possiamo solo spostare la Sua prenotazione. _____ alla Sua domanda sulle offerte per l'estate, la prima settimana di giugno c'è la possibilità di prenotare per una settimana al prezzo speciale di 700 euro, tutto incluso. Potrebbe usare il Suo coupon per questa offerta. _____ che sono rimaste solo due camere, quindi Le consigliamo di decidere rapidamente.
Per _____, mi lasci il Suo numero di telefono e La chiamerò all'orario che desidera.
Cordialmente,
Enzo Frati - Hotel La Terrazza

L'ASSISTENZA TELEFONICA

4 *Abbina gli elementi di sinistra e quelli di destra. Attenzione: in alcuni casi devi abbinare gli elementi di sinistra a più elementi di destra.*

1. digitare
2. riempire
3. la bolletta
4. chiedere aiuto

dell'acqua
un modulo
a un operatore
asterisco (*)
del gas
4 per tornare al menù principale
del primo trimestre

FRASI UTILI

5 *Completa il dialogo con gli elementi della lista. Attenzione: ci sono tre elementi in più!*

dev'esserci | non basta | ho capito | non ci deve
da matti | ma come | questa che | resti in | volta che

Utente: Buongiorno. È la seconda _____ chiamo. Siamo senza connessione a internet.
Operatrice: Mi dà il Suo nome e cognome?
Utente: Sebastiano Capocci.
Operatrice: Grazie, _____ linea, controllo... Ecco, vedo che Lei non paga internet da due mesi.
Utente: _____! Due mesi fa non ero vostro cliente. Ho aperto il contratto tre settimane fa!
Operatrice: _____. Non si preoccupi. _____ un errore da parte nostra, lo risolviamo subito.
Utente: Eh, lo spero, perché senza internet non posso lavorare. Roba _____!

ALMA Edizioni | DIECI 165

3 VOCABOLARIO

SEGNALI STRADALI

- code 
- lavori in corso 
- Polizia stradale 
- centro storico 
- strada statale 
- autostrada 
- stazione di servizio 
- limite di velocità 
- Zona a Traffico Limitato (ZTL)

LE PAROLE DELLE VACANZE

	definizione
• Pasquetta	il lunedì dopo Pasqua
• gita fuori porta	escursione breve e vicino alla città
• giorno festivo	domenica, il 25 dicembre ecc.
• giorno feriale	giorno non festivo
• vacanze "fai da te"	vacanze organizzate in modo autonomo, senza tour operator
• settimana bianca	vacanza sulla neve
• fare il ponte	unire giorni festivi e feriali per avere più giorni di vacanza
• prendere le / andare in ferie	andare in vacanza dal lavoro

LA MACCHINA

- la portiera 
- la ruota / gomma 
- il clacson 
- il sedile 
- il volante 
- il tergicristalli 
- (accendere / spegnere) i fari

IL PORTABAGAGLI   IL FINESTRINO   LA FRECCIA

MECCANICO   IL CARRO ATTREZZI

IL TEMPO ATMOSFERICO

- temporale (piove forte)
- fulmine 
- nebbia (c'è nebbia) 
- grandine (grandina)
- è nuvoloso / è coperto / fa brutto tempo
- fa bel tempo / è sereno 
- neve (nevica)

VOCABOLARIO 3

SEGNALI STRADALI

1 *Abbina gli elementi di destra a quelli di sinistra. Attenzione: due elementi a sinistra vanno con lo stesso elemento a destra.*

1. superare
2. centro
3. Zona a Traffico
4. strada
5. stazione di
6. lavori in
7. fare
8. rispettare

a. storico
b. statale
c. corso
d. benzina
e. il limite di velocità
f. servizio
g. Limitato

IL TEMPO ATMOSFERICO

2 *Guarda le immagini e completa le parole con le lettere mancanti.*

1. G ☐☐ ND ☐☐ E
2. ☐ UL ☐☐☐ E
3. ☐ E ☐☐☐ A
4. È SE ☐☐☐ O

LE PAROLE DELLE VACANZE

3 *Sottolinea l'opzione corretta tra quelle evidenziate.*

Voglia di viaggiare

Hai voglia di esplorare posti nuovi con la bella stagione? Leggi la nostra guida alle gite **fuori / accanto / dentro** porta e parti il prossimo weekend!
Sogni un viaggio più lungo di un fine settimana? Non dovrai aspettare l'estate: questo è un anno fortunato perché in primavera ci sono diversi giorni **vacanza / festivi / feriali** che cadono di martedì o giovedì: l'occasione perfetta per **andare in / prendere / andare** un giorno di ferie e **salire / fare / prendere** un ponte. Guarda i nostri reportage e scegli la tua destinazione. Se invece vuoi andare a sciare, fai una settimana **neve / fredda / bianca**: in questo periodo costa molto meno che in pieno inverno. Abbiamo raccolto le migliori offerte per te!

LA MACCHINA

4 *Leggi le definizioni sotto e completa il cruciverba.*

ORIZZONTALI →
3. Indica agli altri automobilisti che sto per girare a destra o a sinistra.
4. Ci metto le valigie o altri oggetti di grandi dimensioni.
5. Mi ci siedo quando guido.
6. Mentre guido, lo suono per segnalare agli altri di fare attenzione.

VERTICALI ↓
1. La persona che ripara le macchine.
2. La apro per entrare nella macchina.
3. Le luci della macchina.

FRASI UTILI

5 *Seleziona le risposte possibili alla domanda sotto.*

Facciamo una gita fuori porta sabato?

1. Molto volentieri. ○
2. Sì, neanche io. ○
3. Mi dispiace, questo sabato non ce la faccio. ○
4. Sì, che bello! Non vedo l'ora! ○
5. Magari, sarebbe stupendo! Purtroppo lavoro. ○
6. Hai fatto bene. ○
7. Sì, pazienza. ○
8. Non saprei dirti in questo momento. ○

4 VOCABOLARIO

CONNETTIVI

CONNETTIVO	FUNZIONE	ESEMPIO
vale a dire cioè	serve a spiegare o dare più informazioni	Nel Medioevo il gatto nero rappresentava la notte, **vale a dire** il male.
dunque quindi perciò pertanto per questo	introduce una conseguenza	Sono superstizioso, **per questo** non apro l'ombrello in casa.

RELIGIONI

Buddismo / buddista

Cattolicesimo / cattolico

Ebraismo / ebreo

Chiesa ortodossa / ortodosso

Induismo / induista

Islam / musulmano

Protestantesimo / protestante

- **ateismo** = non credere in nessun Dio
- **ateo** = chi non crede in nessun Dio

Luoghi di culto

chiesa (cattolica / ortodossa)

moschea

sinagoga / tempio

Parole della religione cattolica

messa — fedeli — prete

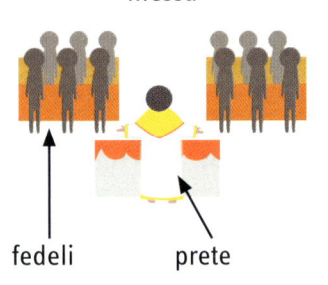

battesimo (battezzare)

ESPRESSIONI SCARAMANTICHE

incrociare le dita
(per attirare la fortuna)

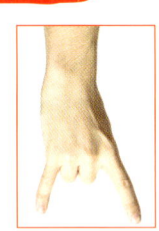

fare le corna
(per allontanare la sfortuna)

In bocca al lupo per l'esame!

Crepi!

ESCLAMAZIONI

- Gesù!
- Oddio!
- Santa pace!
- Accidenti!
- Ma dai!
 (= Incredibile!)
- Sì, come no!
 (= Ne dubito.)

VOCABOLARIO 4

CONNETTIVI

1 *Sottolinea* il connettivo corretto tra quelli **evidenziati**. Attenzione: in un caso sono corrette tutte e due le opzioni.

Storia del numero 17

Vuoi sapere **siccome / perché** gli italiani considerano il 17 un numero sfortunato?
La storia è lunga e comincia nell'Antica Grecia, dove si consideravano il 16 e il 18 numeri perfetti **perché / perciò** sono collegati alla figura geometrica del quadrato. Il 17 **insomma / invece** non è collegato al quadrato matematicamente e **vale a dire / pertanto** era un numero da evitare.
Per questo / Inoltre, sulle tombe degli antichi romani si può leggere "VIXI" (che significa "ho vissuto", **cioè / bensì**: "sono morto"): questa parola è l'anagramma di XVII, **in realtà / vale a dire** 17 in numeri romani.
Anche la religione cristiana ha un ruolo nella storia del numero 17, **infatti / pertanto** secondo la Bibbia il diluvio universale è iniziato il 17 febbraio.
Infine / In realtà secondo la Smorfia napoletana (un libro che associa gli elementi dei sogni a dei numeri) il numero 17 porta sfortuna.
Insomma / In sintesi, non si può spiegare con una sola ragione la paura degli italiani per il venerdì 17. I motivi sono vari.

RELIGIONI

2 Per ogni aggettivo scrivi la religione corrispondente, come nell'esempio.

1. ortodosso — *Chiesa ortodossa*
2. buddista — _____
3. ebreo — _____
4. protestante — _____
5. induista — _____
6. cattolico — _____
7. musulmano — _____

3 *Sottolinea* la parola della lista che <u>non</u> si può associare ai verbi sotto.

una tradizione | una religione | un fedele
un culto | una fede

abbandonare | seguire | aderire a

ESPRESSIONI SCARAMANTICHE E ESCLAMAZIONI

4 Completa le possibili reazioni alle frasi in rosso con le espressioni delle liste.

1. **La cerimonia religiosa finisce a mezzanotte.**

   Ma dai! | Sì, come no. | Pazienza.
   a. _____ Finirà sicuramente più tardi!
   b. _____ Le cerimonie finiscono così tardi? Non lo sapevo.
   c. Sicuramente sarà bellissima, ma non potrò partecipare. _____

2. **Domani sera presento il mio libro in televisione.**

   Ma dai! | Accidenti! | Sì, come no!
   a. _____ Non ci credo per niente!
   b. _____ Domani lavoro, non potrò vederti!
   c. _____ Hai scritto un libro? Che bella notizia!

3. **Ieri ho fatto un colloquio per un lavoro in Giappone.**

   Incrocio le dita per te! | Non vedo l'ora! | Oh, Gesù!
   a. _____ Spero che ti scelgano, sei bravissima.
   b. _____ Perché vuoi andare a vivere così lontano da casa?
   c. Allora potrò venirti a trovare a Tokyo, la città dei miei sogni! _____

PROVERBI DIFFUSI

5a Ordina le parole e ricostruisci i proverbi. Alcune parole sono già presenti.

1. fa | da | fa | sé | per
   Chi _____ tre.
2. va | e | va | va | sano | piano
   Chi _____ lontano.
3. fa | forza | la | unione
   L' _____.
4. il | Paese | è | mondo
   Tutto _____.

5b Adesso abbina i proverbi del punto precedente al significato corrispondente.

a. Insieme agli altri si ottiene di più. ☐
b. Usanze e tradizioni sono simili dappertutto. ☐
c. Non bisogna fare le cose di fretta. ☐
d. È meglio non chiedere aiuto agli altri. ☐

5 VOCABOLARIO

IL ROMANZO

Romanzo:

- sentimentale / rosa
- giallo / poliziesco 
- storico 
- fantasy 
- d'avventura 
- di fantascienza 

Chi scrive romanzi:
- autore / autrice
- scrittore / scrittrice

GENERI LETTERARI

poesia = composizione lirica

racconto = breve storia

favola = storia per bambini

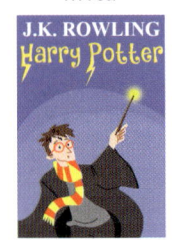

romanzo = storia lunga

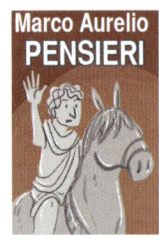

saggio = libro di carattere scientifico

ESPRESSIONI PER RIASSUMERE

- all'inizio = in principio = inizialmente
- dopo = in seguito = poi
- in conclusione = alla fine = infine

INFORMARSI

- i giornali, la stampa
- il / i social (network) 
- internet, il web, la rete 
- la radio 
- le fake news, le bufale = le notizie false 

PROPORZIONI

metà
= uno su due
= 50% (cinquanta per cento)

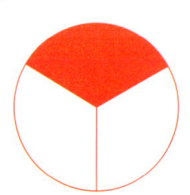

un terzo
= uno su tre

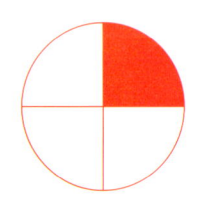

un quarto
= uno su quattro
= 25%

- almeno uno = uno o più di uno

ACQUISTI E ORDINI ONLINE

- aggiungere al carrello
- svuotare il carrello 
- procedere all'acquisto 
- tornare alla pagina precedente 
- annullare l'ordine 

- fare un ordine
- selezionare un prodotto
- inserire i dati (personali)

VOCABOLARIO 5

IL ROMANZO

1 Completa i generi con le lettere della lista. Poi abbina genere e immagine.

AL | EN | SA | RA | FA | CO | ST | AS | VE | NT

1. D'AV☐☐NTU☐☐
2. GI☐☐LO
3. ☐☐ORI☐☐
4. ☐☐NT☐☐Y
5. DI FA☐☐ASCI☐☐ZA
6. RO☐☐

a ☐ b ☐ c ☐
d ☐ e ☐ f ☐

GENERI LETTERARI

2 *Seleziona* l'opzione corretta tra quelle **evidenziate**. Attenzione: in alcuni casi sono possibili *due* opzioni.

1. Questa è **una poesia** / **una favola** di G. Ungaretti.
2. Normalmente, un romanzo è più **corto** / **lungo** / **saggio** di un racconto.
3. Un romanzo che parla di detective e misteri si chiama **giallo** / **poliziesco** / **rosa**.
4. Una composizione lirica si chiama anche **favola** / **poesia** / **romanzo sentimentale**.
5. Un saggio è un libro di carattere **breve** / **giallo** / **scientifico**.
6. Di solito **un saggio** / **un romanzo** / **una favola** racconta una storia.

Soldati

Si sta come
d'autunno
sugli alberi
le foglie.

ESPRESSIONI PER RIASSUMERE

3 Ordina le parti del testo da 1 a 5.

Leggere: la passione di Mariangela

☐ All'inizio me li leggevano i miei genitori.

☐ Alla fine mi sono stancata di leggere i libri degli altri e sono diventata una scrittrice.

☐ In seguito, ho cominciato a leggere soprattutto romanzi di fantascienza e gialli, ma anche moltissime poesie e saggi.

☐ Poi quando ho iniziato la scuola ho cominciato a farlo da sola. Amavo le favole e i libri d'avventura per bambini.

☐ Amo i libri da quando ero piccolissima.

PROPORZIONI

4 Leggi e indica sotto se le frasi sono vere o false.

Libro, eBook o audiolibro? Il 60% dei lettori continua a preferire la carta, ma il 30% oggi sceglie invece gli eBook. Inoltre, c'è un 10% di persone che ascolta audiolibri.
Per quanto riguarda i dispositivi sui quali leggere gli eBook, l'eReader sta passando di moda. Lo usa il 54% dei lettori digitali (in passato: l'80%), mentre il 46% preferisce usare lo smartphone. Lo smartphone, inoltre, è il dispositivo più usato per l'ascolto degli audiolibri.

	V	F
1. Un terzo dei lettori usa ancora il libro di carta.	○	○
2. Un quarto dei lettori legge eBook.	○	○
3. Un lettore su dieci ascolta gli audiolibri.	○	○
4. Poco più della metà dei lettori digitali usa l'eReader.	○	○
5. Oggi lo smartphone è il dispositivo più usato per leggere eBook.	○	○

ACQUISTI E ORDINI ONLINE

5 Risolvi gli anagrammi.

1. Fare / Annullare un **RINDOE** _____.
2. Svuotare / Aggiungere al **LARCOERL** _____.
3. Tornare alla **NIPAGA** _____ precedente.
4. Procedere all'**SQTAUCOI** _____.
5. Selezionare un **OPOTRTDO** _____.

FRASI UTILI

6 Seleziona le *due* reazioni logiche per ogni frase evidenziata.

1. **Porca miseria!**
   ○ Che cosa c'è che non va?
   ○ Sei un tesoro, grazie.
   ○ Stai calmo, adesso troviamo una soluzione.

2. **Ho sbagliato ordine. Non mi va di ricominciare da zero.**
   ○ Hai ragione, lascia perdere. Questo sito non funziona bene.
   ○ Ti aiuto io, lascia fare a me.
   ○ Grazie, per fortuna che ci sei tu.

3. **La connessione non funziona e l'offerta sul sito finisce oggi!**
   ○ Aggiungilo al carrello.
   ○ Un attimo di pazienza, basta riprovare tra 10 minuti.
   ○ Cavolo, che sfortuna!

ALMA Edizioni | DIECI 171

6 VOCABOLARIO

ECOLOGIA

- ambiente
- inquinamento 
- riciclo 
- ecologico 
- biologico 
- a chilometro zero 
- (energia) rinnovabile 
- emissioni 
- biodegradabile 
- OGM (organismo geneticamente modificato) 
- (lampadina) a basso consumo 
- rifiuti organici
- riscaldamento globale 

LA MONTAGNA

MONTAGNA
CASCATA
FORESTA / BOSCO
LAGO
COLLINA
RUSCELLO
FIUME
FIORI

Animali montani

- aquila
- volpe
- cervo
- cinghiale
- stambecco
- lupo
- marmotta
- orso

VOCABOLARIO 6

ELETTRODOMESTICI

- il frigo(rifero)
- il ventilatore 
- la lavatrice 
- il condizionatore 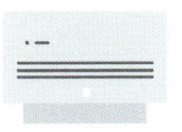
- l'asciugacapelli (m.) / il fon 
- il ferro da stiro 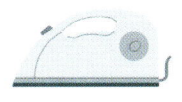
- il forno a microonde 
- il forno 
- l'aspirapolvere (m.) 

ECOLOGIA

1 *Sottolinea* l'opzione corretta tra quelle **evidenziate**.

Città italiane: i voti di Legambiente

Le migliori

Secondo l'associazione Legambiente, è Macerata la città più **ecologica / differenziata / biodegradabile** d'Italia. Qui ci sono **molte / poche / parecchie** emissioni, la raccolta **organica / biologica / differenziata** copre oltre il 70% dei rifiuti e ogni anno aumenta l'utilizzo di **energia rinnovabile / inquinamento / riscaldamento globale**.
Fra le città con l'aria poco **a basso consumo / inquinata / a chilometro 0**, troviamo anche Enna e Pisa. Ottimi risultati anche per Agrigento, che copre quasi tutti i **rifiuti / ricicli / consumi** domestici di elettricità con le energie rinnovabili.

MACERATA (MARCHE)

Le peggiori

In fondo alla lista delle città *green* troviamo Frosinone, Palermo, Caserta.
Anche Milano e Genova vanno male: sono le città con più **ambiente / inquinamento / OGM** dell'aria.

LA MONTAGNA

2 Completa il testo con le parole della lista.

stambecco | fiori | marmotte | montagne
cascate | montani | stambecchi | aquila
foreste | ambienti | alpino | laghi

Due tesori valdostani

Il **Parco naturale Mont Avic** offre paesaggi magnifici, _____ non modificati dall'uomo, decine di _____ azzurri e vaste _____.
Ci vivono numerosi animali _____ come gli _____ e le _____.
Non lontano si trova il **Parco nazionale del Gran Paradiso**: come indica il nome, ospita una delle _____ più alte d'Italia, il Gran Paradiso (4061 m). Il simbolo del parco è lo _____, animale protetto dal 1856. Tra gli uccelli, il più famoso e ammirato è sicuramente l'_____ reale. Fra le tante attrazioni da non perdere: a Cogne, una piccola città vicina al parco, si trova il giardino _____ Paradisia, con oltre mille tipi di _____ diversi, e le _____ di Lillaz, alte 150 metri (v. foto).

ELETTRODOMESTICI

3 Quale elettrodomestico è utile in queste situazioni?

1. _____
2. _____ 
3. _____ 
4. _____ 

FRASI UTILI

4 Abbina le frasi con un significato simile.

1. In che senso?
2. Se mi lasci finire...
3. Ti dispiace se vengo anch'io?
4. Vabbe', lasciamo perdere.
5. Che male c'è?

a. Non vedo il problema.
b. Non importa, non parliamone più.
c. Non mi interrompere.
d. Non ho capito.
e. Posso venire con te?

7 VOCABOLARIO

LE PAROLE DELL'ARCHITETTURA

ponte
palazzo 
strada 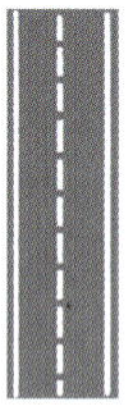
fontana 
giardino 
CUPOLA
BASILICA
ARCO
COLONNATO
COLONNA

LA CITTÀ

sindaco / sindaca:
persona che amministra la città

municipio / Comune:
sede del governo della città

monumento 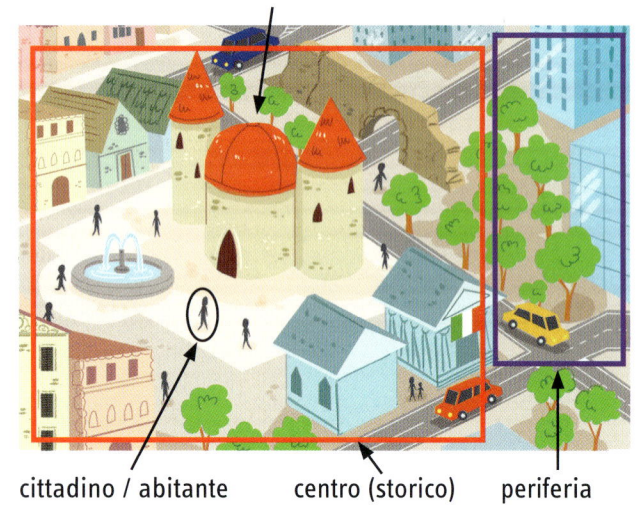
cittadino / abitante
centro (storico)
periferia

ARCHITETTURA ROMANA

acquedotto
teatro 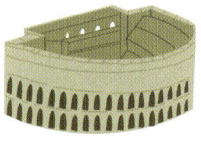
tempio (pl. templi) 
terme 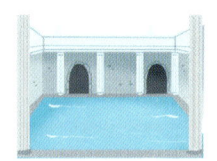
anfiteatro / arena 

LE PAROLE DELL'ARCHITETTURA

1 *Guarda le immagini e completa i nomi dei monumenti.*

1. l' _____ della Pace (Milano)
2. il _____ di Rialto (Venezia) 
3. il _____ di Villa Bardini (Firenze) 
4. il _____ di Piazza del Plebiscito (Napoli) 
5. le _____ della chiesa di San Cataldo (Palermo) 
6. la _____ delle 99 cannelle (L'Aquila) 

174 ALMA Edizioni | DIECI

VOCABOLARIO 7

LA CITTÀ

2 *Completa il testo con le parole della lista. Attenzione: c'è una parola in più!*

palazzi | sindaci | periferia | metropoli
eterna | abitanti | Comune | traffico | strade

La _____ più estesa d'Europa: Roma. Una città piena di contraddizioni, con le sue splendide piazze storiche da una parte e le sue _____ non sempre pulite dall'altra. La casa editrice Iperborea dà la parola a chi la critica e a chi la difende con un numero di *The Passenger*, rivista dedicata alla vita contemporanea di un Paese, o di una città e dei suoi _____.
In questo numero si parla di turismo di massa, di ore passate nel _____, di disuguaglianze tra chi abita in centro e chi in _____, dell'incapacità dei _____ che hanno amministrato la capitale, ma anche dell'amore profondo dei romani per la propria città. Sorprendentemente, scopriamo che Roma – anche se "_____", cioè fondata quasi tremila anni fa – è una città moderna, come lo è il 92% dei suoi _____.

ARCHITETTURA ROMANA

3 *Completa il testo con le parole della lista.*

porto | quartieri | luoghi | strade | città
tempio | teatro | abitanti | terme

Visita Ostia antica con ArcheoViaggi

A pochi chilometri da Roma puoi tornare indietro nel tempo, abbandonare il traffico della _____ moderna e vivere il caos dell'antichità: i mercati, le _____ affollate dove passavano sia uomini che animali, i palazzi pubblici, le monumentali _____ e le osterie del III secolo avanti Cristo. Senza dimenticare i templi e i negozi dell'antico _____ di Roma. Attraverseremo i _____ della città, dalle zone popolari, dove vivevano gli _____ più poveri, agli spazi commerciali, ai monumentali _____ istituzionali come il foro, religiosi come il _____ di Roma e Augusto, o di intrattenimento come il _____, dove vengono rappresentati spettacoli ancora oggi.

4 *Abbina gli elementi di destra e di sinistra e ricostruisci le parole.*

1. AC   a. ME
2. ANFIT   b. QUEDOTTO
3. TEM   c. PIO
4. TER   d. ENA
5. AR   e. EATRO

5 *Osserva le immagini e sottolinea l'opzione corretta tra quelle evidenziate.*

1. **l'acquedotto** / **l'arena** / **il tempio** di Segovia (Spagna)

2. **le terme** / **l'arena** / **l'arco** di El Jem (Tunisia)

3. **il ponte** / **l'acquedotto** / **il teatro** di Jerash (Giordania)

FRASI UTILI

6 *Scrivi ogni frase sotto l'espressione equivalente.*

1. Ti consiglio di andare a Roma.
2. Se fossi in te andrei a Roma.
3. Ti sconsiglio di andare a Roma.
4. Ti suggerisco di andare a Roma.
5. Evita di andare a Roma.

Vai a Roma!	Non andare a Roma!

ALMA Edizioni | DIECI

8 VOCABOLARIO

CATEGORIE DI PRODOTTI

arredamento

veicoli / autovetture

abbigliamento

calzature

cosmetici

ESPRESSIONI DI TEMPO

- **in un primo momento** = inizialmente
- **in un secondo momento** = successivamente

  In un primo momento questa azienda realizzava cappelli a mano. In un secondo momento / Successivamente ha cominciato a usare anche delle macchine.

- **in anni recenti** = recentemente = negli ultimi anni

  In anni recenti queste scarpe sono tornate di moda.

- **tutt'oggi** = ancora oggi

  Quest'azienda produce cosmetici dal 1920 e tutt'oggi usa solo ingredienti naturali.

- **da allora** = da quel momento

  La Vespa nasce alla fine degli anni '40. Da allora ne sono state prodotte molte versioni diverse.

- **d'ora in poi** = a partire da adesso

  In passato la nostra azienda produceva veicoli a benzina, ma d'ora in poi produrrà solo veicoli elettrici.

- **di sempre** = di tutti i tempi

  La Ferrari 250 GTO è una delle automobili più famose di sempre.

- **fin da subito** = fin dall'inizio = immediatamente

  La lampada Eclisse fin da subito, cioè negli anni Sessanta, ha ricevuto importanti premi per il suo design.

- **finora** = fino ad adesso

  Finora sono stati prodotti 15 modelli di questa macchina.

L'APERITIVO

Stuzzichini

bruschetta  — salatini  — patatine

nocciolini — tartine / crostini 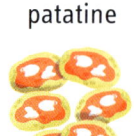 — pizzette

olive  — tramezzino

Bevande

birra chiara  — birra scura

acqua frizzante  — acqua leggermente frizzante — acqua naturale

(un cocktail, un bicchiere d'acqua...) con ghiaccio

(un cocktail, un bicchiere d'acqua...) senza ghiaccio

- **alcolico**
  Non bevo alcolici. (= Non bevo bevande con alcol.)
  Questo cocktail è molto alcolico! (= contiene molto alcol)

- **analcolico**
  Vorrei un analcolico, grazie.
  (= Vorrei una bevanda senza alcol.)
  Prendo una birra analcolica. (= una birra senza alcol)

VOCABOLARIO 8

CATEGORIE DI PRODOTTI

1 Completa i nomi delle categorie di prodotti e poi scrivi i prodotti della lista nella categoria corrispondente, come nell'esempio.

✓ gonna | sandali
motorino | divano
crema viso | cappello
lampada | giacca
profumo | macchina
stivali

1. C☐LZ☐TU☐E

2. VE☐☐O☐I

3. C☐SM☐TI☐I

4. AR☐E☐AM☐☐TO

5. AB**B**IGL**I**A**M**EN**T**O
   gonna

ESPRESSIONI DI TEMPO

2 Sottolinea l'espressione corretta tra quelle **evidenziate**.

L'Ape Piaggio è un piccolo veicolo a tre ruote ideato nel 1948 e **tutt'oggi / di tutti i tempi** in produzione. L'Ape è stata molto apprezzata **d'ora in poi / fin da subito** (soprattutto dai commercianti, che la usavano per il trasporto dei loro prodotti) ed è rapidamente diventata un vero e proprio simbolo del design italiano. **In un primo momento / Di sempre** si presentava come una Vespa con una parte dietro per trasportare oggetti.
Finora / Successivamente, il progetto si è evoluto anche per permettere a chi guidava di proteggersi dalla pioggia e stare più comodo. **D'ora in poi / Recentemente** è uscito un modello più ecologico dei precedenti.

L'APERITIVO

3 Abbina gli elementi di sinistra e di destra e forma espressioni.

1. menù   a. volontà
2. cocktail   b. cassa
3. birra   c. scontrino
4. servizio al   d. chiara
5. buffet a   e. ghiaccio
6. fare lo   f. fisso
7. pagare alla   g. leggermente alcolico
8. spremuta senza   h. tavolo gratuito

4 Seleziona tutte le opzioni che completano le frasi in modo logico.

1.
Vorrei un bicchiere d'acqua...

○ gassata.   ○ con ghiaccio.
○ analcolica.   ○ naturale.
○ con del limone.   ○ chiara.
○ scura.   ○ leggermente frizzante.

2.
● Avete degli stuzzichini?
▶ Certo, Le porto....

○ delle patatine.   ○ uno spritz.
○ del vino.   ○ delle tartine.
○ delle olive.   ○ delle noccioline.
○ dei salatini.   ○ degli spaghetti.
○ delle lasagne.   ○ una birra.
○ del ghiaccio.   ○ un tramezzino.
○ uno scontrino.   ○ una bruschetta.

FRASI UTILI

5 Per ogni frase, indica in quale posizione va la parola nella colonna destra.

1. SI PREGA FARE PRIMA LO SCONTRINO.	DI
2. POTREBBE PORTARE DEL VINO?	MI
3. SI AVERE UNO SPRITZ?	PUÒ
4. SA CHE PRENDO UNA BIRRA.	MI
5. VOLEVO UN CAFFÈ MACCHIATO.	GIUSTO

ALMA Edizioni | DIECI   177

9 VOCABOLARIO

SELEZIONI DI LAVORO

prova scritta / esame scritto    prova orale / esame orale

- **concorso**: selezione per ottenere un posto di lavoro nella pubblica amministrazione
- **candidato/a**: persona che partecipa a una selezione
- **questionario**: lista di domande

MINISTERI

Ministero:

- degli (affari) esteri
- dell'interno 
- della giustizia 
- della difesa 
- dell'economia 
- dell'ambiente
- dell'istruzione 
- della salute 

L'ISTRUZIONE / IL SISTEMA EDUCATIVO

asilo nido (0 - 3 anni)

scuola materna / dell'infanzia (3 - 6 anni)

scuola primaria = scuola elementare (6 – 10 anni)	scuola superiore di primo grado = scuola media (11 – 13 anni)	scuola superiore di secondo grado = scuola superiore • licei • istituti tecnici / professionali (14 – 18 anni)

università
- laurea triennale
- laurea magistrale (specialistica)
- master di primo livello
- master di secondo livello
- dottorato

- maestro/a (scuola materna, scuola primaria)
- professore / professoressa (scuola secondaria, università)
- diploma (scuola media / scuola superiore) 
- laurea (università)

IL LAVORO

orario (fisso o flessibile)    riunione di lavoro    stipendio (mensilità, tredicesima)

(prendere dei giorni di) malattia    (prendere dei giorni di) ferie     lavoratore / lavoratrice autonomo/a >< dipendente, impiegato/a

- **disoccupato/a**: senza lavoro
- **stage / tirocinio**: periodo in cui un giovane impara a fare un lavoro

LA POSTAZIONE DI LAVORO

scrivania (= il tavolo su cui si lavora)

schermo

mouse   tastiera   stampante    connessione (a internet)

VOCABOLARIO 9

FORMULE DEGLI ANNUNCI DI LAVORO

- Cercasi...
- È richiesto/a...
- Si richiede...
- È previsto/a...

NUMERALI COLLETTIVI

- paio, due paia (f.)
- decina
- dozzina
- ventina / trentina / quarantina...
- centinaio, centinaia (f.)
- migliaio, migliaia (f.)

SELEZIONI DI LAVORO E MINISTERI

1 *Completa le parole nel testo con le lettere della lista.*

SAM | MES | NC | EST | SU | RUZ
IST | AT | RO | NDI | RA | RS | ARI

> MIN___ERO DELL'IST___IONE
> **SELEZIONE INSEGNANTI SCUOLA PUBBLICA**
>
> Il co___o___o è composto da due p___ve (una scritta, il primo marzo, e una o___le, il primo aprile). L'e___e scritto consiste in un qu___ion___o di 50 domande. Solo i ca___dati che rispondono correttamente ad almeno 30 di queste saranno am___si alla seconda parte della selezione. I ri___lt___i dello scritto verranno comunicati entro il 15 marzo.

L'ISTRUZIONE / IL SISTEMA EDUCATIVO

2 *Completa il testo con le parole della lista.*

media | tecnico | diplomati | diploma
università | elementare | superiore

> Secondo il Ministero dell'Istruzione, circa il 10% degli studenti in Italia è di cittadinanza non italiana. La percentuale più alta di questa comunità (36,5%) si concentra nella fascia di età più bassa, nella scuola _____. Alla scuola _____ sono circa il 21%. Per quanto riguarda la scuola _____, gli studenti stranieri sono il 7,4%: di questi, dopo il _____ di fine studi, il 34% sceglie un liceo (in particolare, lo scientifico e il linguistico), mentre il 37% preferisce frequentare un istituto _____ e il 19% un istituto professionale. Al termine della scuola superiore di secondo grado, il 34% dei _____ con cittadinanza non italiana prosegue gli studi all' _____.

IL LAVORO

3 *In ogni serie* ~~cancella~~ *la parola che* <u>non</u> *può andare insieme a quella* **evidenziata**.

1. **orario** — fisso | dipendente | lavorativo | flessibile
2. **lavoratore** — autonomo | tirocinio | con molta esperienza | dipendente
3. **esperienza** — lavorativa | tredicesima | lunga | professionale
4. **lavoro** — autonomo | disoccupato | stabile | in azienda
5. **stipendio** — buono | basso | mensilità | ottimo

FORMULE DEGLI ANNUNCI DI LAVORO

4 <u>Sottolinea</u> *l'opzione corretta tra quelle* **evidenziate**.

> **Offresi / Cercasi** receptionist per la **stagione / mensilità** estiva in albergo di lusso a Venezia.
>
> Si **richiedono / prevedono**:
> - esperienza nel settore (**almeno / ancora** tre anni)
> - **diploma / laurea** di scuola superiore
> - **capacità / conoscenza** di due lingue straniere
> - disponibilità **a / di** lavorare anche di notte.
>
> Contratto a tempo **determinato / indeterminato** (5 mesi, da maggio a settembre). È **richiesta / prevista** la possibilità di vivere in albergo per chi lo desideri. Inviare **colloquio / curriculum** e una lettera **da / di** presentazione a hr@hotelleonedivenezia.it.

NUMERALI COLLETTIVI

5 *Scrivi il nome collettivo, come nell'esempio.*

1. circa sessanta = *una sessantina*
2. circa cento = _____
3. circa due = _____
4. circa mille = _____
5. circa dodici = _____
6. circa quaranta = _____

FRASI UTILI

6 *Seleziona le due domande a sinistra che vanno bene con* <u>tutte</u> *le risposte a destra.*

- ○ Può spiegare meglio?
- ○ Vuole dire che l'esperienza non conta?
- ○ Lei ha fatto due stage, giusto?
- ○ Com'è andata la prova?
- ○ Può fare qualche esempio?

- Certamente.
- Non proprio.
- Esatto.
- Proprio così.

10 VOCABOLARIO

I MATERIALI DELL'ARTISTA

- bronzo
- marmo
- ferro 
- terracotta 
- legno 
- plastica 
- cemento 
- vernice 

PITTURA E SCULTURA

- SCULTORE — STATUA
- SCULTRICE
- PITTORE — QUADRO (PAESAGGIO)
- PITTRICE — QUADRO (RITRATTO)
- AFFRESCO
- CORNICE
- TELA

I SECOLI

1700 = (il) Settecento = XVIII (diciottesimo) secolo
1800 = (l') Ottocento = XIX (diciannovesimo) secolo

Numeri romani

I = primo	XI = undicesimo
II = secondo	XII = dodicesimo
III = terzo	XIII = tredicesimo
IV = quarto	XIV = quattordicesimo
V = quinto	XV = quindicesimo
VI = sesto	XVI = sedicesimo
VII = settimo	XVII = diciassettesimo
VIII = ottavo	XVIII = diciottesimo
IX = nono	XIX = diciannovesimo
X = decimo	XX = ventesimo
	XXI = ventunesimo

- a.C. = avanti Cristo
- d.C. = dopo Cristo

LA SEGNALETICA NEI MUSEI

- silenziare i telefoni cellulari
- percorso accessibile a persone con disabilità motoria e a mobilità ridotta 
- area videosorvegliata 
- è consentito fare foto solo senza flash 
- l'ingresso agli animali non è consentito 
- vietato fare riprese 
- non è consentito entrare con cibo o bevande 
- guardaroba 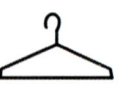
- ascensore 
- audioguida 
- cassette di sicurezza 
- uscita di emergenza

VOCABOLARIO 10

I MATERIALI DELL'ARTISTA

1 Con quale materiale sono state realizzate queste opere?

1. _____ 2. _____

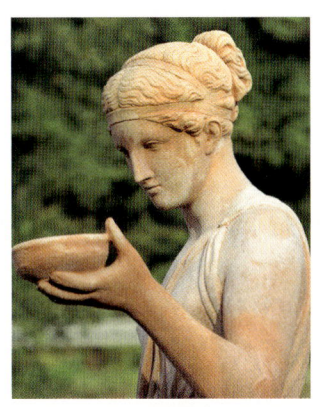

3. _____ 4. _____

PITTURA E SCULTURA

2 Completa le definizioni del dizionario con le parole della lista. Attenzione: in ogni paragrafo alcune parole devono essere <u>ripetute</u> (al singolare o al plurale).

affresco | dipingere | celebre | rappresentazione
realizzata | paesaggio | pittura | sconosciuto
marmo | scultura | opera

1. _____
Risultato di un lavoro creativo nel campo delle lettere, delle scienze e delle arti: _____ letterarie, _____ scientifiche, _____ d'arte o _____ musicali. Spesso il vocabolo si usa insieme al nome dell'autore o dell'artista: le _____ di Michelangelo.

2. _____
a) _____ del mondo fisico con la pietra, il _____, il legno, il bronzo o altro materiale;
b) opera scolpita: una _____ di Donatello.

3. _____
a) tecnica di _____ con la quale si stendono colori su un muro; b) pittura _____ con questa tecnica: gli _____ di Raffaello in Vaticano.

4. _____ (part. pass. *dipinto*)
Rappresentare artisticamente con i colori un oggetto o una persona reale o di fantasia: _____ un _____, un ritratto ecc.

5. celeberrimo (superlativo di _____)
Molto _____; sinonimo: *famosissimo*; contrario: *ignoto*, _____, *anonimo*.

I SECOLI

3 Osserva l'immagine e leggi la didascalia.
Poi indica sotto se le affermazioni sono vere (**V**) o false (**F**).

VILLA DEI MISTERI, POMPEI, I SECOLO A.C.
AUTORE: ANONIMO

	V	F
1. L'opera raffigura un paesaggio.	○	○
2. Nella scena sono rappresentati dei personaggi.	○	○
3. Si tratta di un affresco.	○	○
4. L'opera è una scultura di bronzo.	○	○
5. Il dipinto ha una grande cornice di legno.	○	○
6. Si sa chi ha realizzato l'opera.	○	○
7. L'opera è del primo secolo avanti Cristo.	○	○

10 VOCABOLARIO

4 Completa come nell'esempio.

a. XVI (16°) secolo = *il Cinquecento*
b. XVII (17°) secolo = _____
c. XX (20°) secolo = _____
d. XV (15°) secolo = _____
e. XIX (19°) secolo = _____

LA SEGNALETICA NEI MUSEI

5a Completa il testo con le parole della lista.

audioguide | accessibile | senza | guide | guardaroba
ingresso | visitatori | accompagnatori | riduzioni
pagamento | bevande | non | cellulari

MUSEO DI ARTE MODERNA E CONTEMPORANEA DI TRENTO E ROVERETO (MART)

TARIFFE

Biglietto intero: 11 euro

_____ previste per:
- famiglie
- giovani dai 15 ai 26 anni
- senior dai 65 anni di età
- gruppi di 10 persone

_____ gratuito per:
- ragazzi fino a 14 anni
- persone con disabilità motoria + loro _____
- _____ turistiche e insegnanti

INFO PRATICHE

- Sono disponibili le _____ in italiano, inglese e tedesco (servizio a _____: 3 euro).
- È vietato entrare con cibi e _____.
- È vietato l'accesso agli animali a eccezione dei cani-guida di persone _____ vedenti.
- È obbligatorio silenziare i _____.
- È possibile fare fotografie solo _____ flash.
- I _____ sono pregati di depositare pacchi, ombrelli, borse e zaini di medie o grandi dimensioni nel _____ gratuito prima di accedere alle collezioni.
- Il MART è completamente _____ alle persone con disabilità motorie o problemi di mobilità.

5b Quali di questi elementi (servizi, divieti ecc.) <u>non</u> sono nominati nel testo al punto precedente?

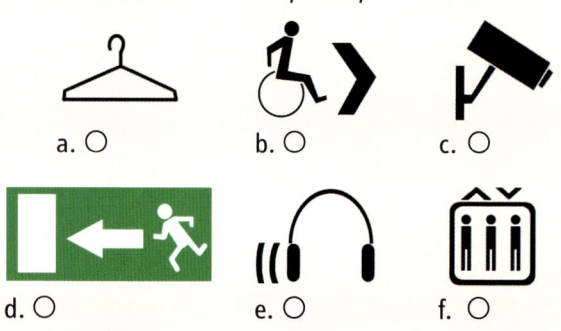

a. ○   b. ○   c. ○
d. ○   e. ○   f. ○

FRASI UTILI

6 Seleziona la risposta o le risposte logiche.
Attenzione: in un caso sono logiche <u>tutte</u> le risposte.

1. Ci sono riduzioni per i residenti?
   - ○ I residenti entrano gratis.
   - ○ No, spiacente.
   - ○ Certamente, ma solo dal lunedì al venerdì.

2. Non posso salire le scale a piedi, c'è un ascensore?
   - ○ Sì, può usare il guardaroba in fondo a destra.
   - ○ Sì, La accompagno io, venga.
   - ○ Non si preoccupi, il museo è al piano terra.

3. Dove posso lasciare la valigia?
   - ○ In fondo a destra trova l'uscita di sicurezza.
   - ○ Può usare le nostre cassette di sicurezza.
   - ○ Guardi, non è consentito entrare con la valigia.

4. Se prenoto, mi manderete una conferma?
   - ○ Certo, la riceverà via mail.
   - ○ No, non sono previsti rimborsi.
   - ○ Sì, nel guardaroba.

5. Vorrei cancellare la prenotazione per domani.
   - ○ Non accettiamo prenotazioni via mail, mi dispiace.
   - ○ A che nome era?
   - ○ Mi dispiace ma non è più possibile annullare, dovrà pagare comunque.

6. È possibile saltare la coda in biglietteria?
   - ○ No, per fare poca fila bisogna arrivare con grande anticipo.
   - ○ Sì, sono previsti rimborsi.
   - ○ Sì, basta prenotare online.

ESERCIZI

E EPISODI A FUMETTI DI
VIVERE E PENSARE ALL'ITALIANA

NOTA BENE:
le chiavi degli esercizi sono disponibili
su www.almaedizioni.it/dieciB1

1 ESERCIZI

SEZIONE A Bella ciao

1 Come nasce una canzone
Completa il testo con le parole della lista.
Attenzione: c'è uno spazio in più!

blu | cantante | cantare | canzoni | musica | parole
pianoforte | quadro | testo | vento | volare

Volare
"Nel blu dipinto di blu", più conosciuta con il titolo di "Volare", è una delle _____ italiane più famose. Ma forse non tutti sanno come è nata. È il 1957. Domenico Modugno, musicista e _____, chiede all'amico Franco Migliacci di scrivergli un _____ per una nuova canzone. Migliacci, che è un attore, non un autore di testi, non ha idee _____. Un pomeriggio si addormenta e sogna un _____ del grande pittore Marc Chagall, "Le coq rouge", dove si vede un gallo rosso che vola in un cielo _____. Migliacci si sveglia e scrive il suo sogno, ma il testo ancora non contiene le _____ "Volare, oh oh, cantare oh oh oh oh...". Poi va da Modugno e gli dà il testo. Modugno comincia a scrivere la _____, ma sente che nel testo manca qualcosa. Un giorno, mentre suona il suo _____, a Roma inizia a piovere forte. Il _____ apre la finestra e i fogli con la musica cominciano a _____ per la stanza. Modugno inizia a gridare e poi a _____: "Volare, oh oh...". E così è nata la canzone che tutti conosciamo.

2 Come nasce una parola
Leggi il testo. Poi sottolinea l'opzione corretta tra quelle evidenziate in alto a destra.

La parola *ciao*
Dopo *pizza* è la parola italiana più conosciuta all'estero. *Ciao* è una delle espressioni che usiamo più spesso per salutare in modo amichevole, come le sue molte varianti, per esempio il *ciao ciao* che diciamo quando andiamo via o il *ciao, bello / ciao, bella* che si è diffuso nella lingua parlata. È anche una delle parole più usate nelle canzoni, dall'inno partigiano "Bella ciao", alle canzoni d'amore come "Ciao ciao bambina" di Modugno. L'origine di questa espressione così popolare è veneziana e prima ancora latina. Deriva infatti dal dialetto veneziano *s'ciavo* (trasformato poi in *s'ciao*), che significava *schiavo* (dal latino *sclavus*) e che si usava per dire "sono il tuo servo, il tuo schiavo", cioè per esprimere rispetto e cortesia. I primi esempi di questo vocabolo si trovano già nella Venezia del 1400. In seguito *ciao* si estende in Lombardia e in alcune zone del nord, ma solo nel 1900 comincia a entrare nell'uso comune in tutta Italia. E da allora la sua diffusione non ha più limiti, tanto in Italia quanto all'estero.

1. Nel mondo *pizza* è una parola **più / meno** conosciuta di *ciao*.
2. *Ciao ciao* si usa **all'inizio / alla fine** di un incontro.
3. L'uso di *ciao, bello / ciao, bella* **riguarda / non riguarda** la lingua scritta.
4. *Ciao* ha un'origine **veneziana / lombarda**.
5. La diffusione di *ciao* su tutto il territorio nazionale **è stata / non è stata** immediata.

3 Strumenti perfetti
Completa il testo con le lettere mancanti.

La perfezione di uno Stradivari
Antonio Stradivari, artigiano italiano del diciassettesimo secolo, è stato uno D☐☐ più grandi costruttori di strumenti musicali di tutti i tempi. La sua fama è ancora attuale: per molti M U ☐☐☐☐ S T I infatti nessuno strumento potrà mai avere la perfezione di uno "Stradivari". Nel mondo oggi esistono ancora circa 650 "Stradivari", soprattutto V I ☐☐☐☐ I e violoncelli, che si trovano più all'estero ☐☐☐ in Italia. Uno "Stradivari" è molto P ☐☐ caro di un normale strumento e può raggiungere prezzi record, tanto Q U ☐☐☐☐ un'opera d'arte: nel 2011 un ricco collezionista ☐ E ha comprato uno per 15,9 milioni di dollari.

Guarda il Linguaquiz
Da quale dialetto deriva.

ESERCIZI 1

SEZIONE B — I classici del cinema italiano

4 Fellini e la lingua italiana

Sottolinea l'opzione corretta tra quelle **evidenziate**.
Attenzione: in alcuni casi sono corrette tutte e due.

Federico Fellini è stato uno dei più importanti registi italiani. Alcuni titoli **dei suoi / di suoi** film sono entrati nell'uso della lingua italiana, come *La dolce vita*, espressione con **cui / la quale** si indica un modo di vivere, un atteggiamento verso la vita; o come *Amarcord*, espressione del dialetto romagnolo che significa "mi ricordo" e **che / con cui** oggi si usa per definire un momento nostalgico. Non solo: anche il nome di Fellini è entrato nel vocabolario. L'aggettivo *felliniano* indica infatti una situazione surreale, onirica, grottesca, come le atmosfere dei film del grande maestro, **a cui / al quale** non mancava l'ironia: a **chi / cui** gli chiedeva un'opinione su *felliniano*, rispondeva "Ho sempre sognato, da grande, di fare l'aggettivo!".

5 Dal libro al film

Sostituisci nella recensione le espressioni evidenziate con le parole della lista che hanno lo stesso significato.
Attenzione: in alcuni casi devi cambiare anche l'articolo e il genere (maschile / femminile).

attrice | capolavoro | drammatico
regista | sceneggiatura | trama

Gli indifferenti ★★★☆☆
di L. Guerra Seràgnoli

Gli indifferenti, film di genere tragico diretto da Leonardo Guerra Seràgnoli, si ispira al famoso romanzo del 1929 dello scrittore Alberto Moravia. Il testo con le scene del film rispetta solo in parte il libro. Come nel romanzo, il film segue la vita della famiglia Ardengo, la madre Mariagrazia e i suoi due figli Michele e Carla: i loro amori, le loro crisi esistenziali, la loro incapacità di cambiare una condizione umana triste e senza speranza. Ma il direttore del film ha ambientato la storia del film ai nostri giorni. La protagonista è un'interprete di successo come Valeria Bruni Tedeschi, mentre il ruolo dei figli è affidato ai due giovani interpreti Vincenzo Crea e Beatrice Grannò.
Un film che vorrebbe dare nuova vita a un'opera bellissima della letteratura italiana ma che non ci riesce completamente.

6 Ennio, un maestro

E1 a Ascolta. Poi associa le informazioni che senti ai nomi a destra. In alcuni casi sono possibili più associazioni.

1. Ha vinto un Oscar.
2. È il regista di *Nuovo Cinema Paradiso*.
3. È il regista degli spaghetti western.
4. È un maestro della commedia all'italiana.
5. Suonava la tromba.

a. Sergio Leone
b. Mario Monicelli
c. Ennio Morricone
d. Dino Risi
e. Giuseppe Tornatore

b Vero o falso?

                                                V F

1. Il libro "Ennio, un maestro" è un'intervista del più giovane al più anziano. ○ ○
2. Quando scrive per un film, Morricone pensa la musica senza le immagini. ○ ○
3. Morricone ama la musica classica ma anche quella più attuale. ○ ○
4. Morricone ha lavorato con moltissimi grandi registi. ○ ○

c Completa le frasi con il pronome relativo tra parentesi: fa' attenzione al genere e al numero corretti e aggiungi prima la preposizione e l'articolo appropriati.
Poi ascolta ancora e verifica.

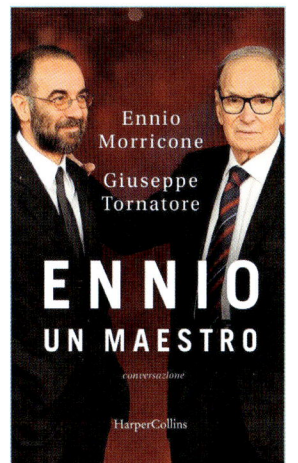

1. Oggi parliamo di due grandi artisti del cinema e di un libro (*quale*) _____ il più giovane, famoso regista, intervista il più anziano, maestro della musica per film.
2. Nel libro, una lunga conversazione tra due amici, Morricone si racconta con sincerità: dagli anni della giovinezza a Roma, (*cui*) _____ suonava la tromba per i soldati americani, subito dopo la Seconda guerra mondiale, ai primi passi nel mondo del cinema.
3. Morricone è un artista e un uomo severo (*quale*) _____ la musica di oggi piace poco.
4. Oltre a Sergio Leone e a Tarantino, nel libro si parla di molti grandi registi (*quale*) _____ Morricone ha collaborato.

1 ESERCIZI

SEZIONE C Serie all'italiana

7 Tre serie italiane
Ordina le parole evidenziate e ricostruisci le frasi dei testi.

1. ROMULUS

Romulus è una serie televisiva italiana del regista Matteo Rovere. La fiction, divisa in dieci episodi e ambientata nell'ottavo secolo avanti Cristo,
gli | alla | di | nascita | precedenti racconta | Roma | eventi

_____
_____.

Una curiosità: per dare maggiore realismo, i personaggi parlano in latino antico,
anni | di | fa | lingua | quasi | tremila | una

_____
_____.

2. LA COMPAGNIA DEL CIGNO

La serie racconta la storia di sette musicisti tra i 15 e i 18 anni che frequentano il Conservatorio Giuseppe Verdi di Milano e del loro maestro, un terribile
chiamano | che | d' | direttore orchestra | i | "il bastardo" | ragazzi

_____
_____.

I giovani attori sono dei veri musicisti. A parte due ragazzi, prima di questa esperienza
aveva mai | di | loro | nessuno | recitato

_____
_____.

3. DON MATTEO

255 episodi e 12 stagioni per il prete detective più famoso della TV italiana. Il protagonista è infatti un religioso che indaga sui crimini
abita | accadono | che | città in cui | nella | piccola

_____
_____.

In ogni episodio, Don Matteo riesce sempre a trovare la soluzione prima dei Carabinieri.

8 Una donna straordinaria
Coniuga 3 verbi al passato prossimo e 4 verbi al trapassato prossimo.

cronache del cinema
Un Oscar per Lina
di Gaia Narduzzi

LOS ANGELES - Un altro prestigioso premio per Lina Wertmüller. Ieri sera a Los Angeles la grande regista, che ha da poco compiuto 91 anni, (*ricevere*) _____ l'Honorary Academy Award, il premio Oscar alla carriera.
"Grazie per l'Oscar. Ma basta con questi nomi maschili. Chiamiamolo Anna!", (*ringraziare*) _____ la Wertmüller con la sua abituale ironia quando ha preso in mano la statuetta. Già molti anni fa l'Academy Award (*riconoscere*) _____ il talento dell'artista italiana. Nel 1977, infatti, la Wertmüller (*essere*) _____ la prima regista nella storia degli Oscar a ricevere una candidatura (per il film "Pasqualino settebellezze").
Una donna straordinaria, la Wertmüller, che ha raggiunto grandi risultati in tutto quello che (*fare*) _____: prima di lei nessuna regista (*ottenere*) _____ successo in TV con una fiction (ci riferiamo naturalmente a "Il giornalino di Gian Burrasca", la fortunata serie degli anni Sessanta) e nessuna donna (*partecipare*) _____ mai _____ al festival di Cannes come regista con un suo film (e qui il riferimento è a "Mimì metallurgico", la divertentissima commedia del 1972).

9 Appena
Inserisci la parola appena *al posto giusto nella frase.*

appena

Ho visto una serie che è un vero capolavoro, non devi assolutamente perderla!

'ALMA.tv

Guarda il video
Il trapassato prossimo nella rubrica Grammatica caffè.

ESERCIZI 1

ITALIANO IN PRATICA

SEZIONE D Clicca sul pulsante.

10 Domande tecniche
Osserva le immagini e completa le frasi.

1.
- Come faccio ad _____ all'area personale?
▶ Devi inserire il _____ utente e la password.

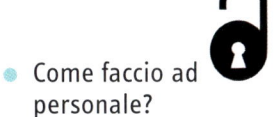

2.
- Quanto costa l' _____ al sito?
▶ 15 euro al mese, o 150 euro per un anno.

3.
- Vorrei cambiare la foto del mio _____. 
▶ Clicca sul _____ "modifica" in alto a destra.

4.
- Non riesco a _____ il documento che mi hai mandato.
▶ Hai provato a _____ due volte sul file?

5.
- Ho un problema con il mio abbonamento.
▶ Puoi _____ con un operatore e chiedere aiuto.

11 Attiva subito!
a *Per ogni spazio vuoto nel testo, seleziona la parola giusta.*

1. abbonati / carica
2. accedi / condividi
3. meglio / migliori
4. password / formula
5. accedere / modificare
6. scaricare / chattare

PAGINABIANCA.IT

1. _____ e leggi online il tuo giornale preferito!

2. _____ alle ultime notizie, agli articoli più interessanti sui fatti del giorno e ai reportage dei
3. _____ giornalisti.

Clicca su uno dei pulsanti e scegli la 4. _____ che fa per te.

FORMULA BASE	FORMULA PLUS	FORMULA PRO
ATTIVA SUBITO	ATTIVA SUBITO	ATTIVA SUBITO
10 € / mese o 119 € / anno	15 € / mese o 159 € / anno	20 € / mese o 209 € / anno

CHE COSA PUOI AVERE CON OGNI FORMULA

	BASE	PLUS	PRO
tutti gli articoli del giorno	✓	✓	✓
la newsletter settimanale	✓	✓	✓
i podcast	✗	✓	✓
i docufilm di PAGINABIANCA	✗	✓	✓
uno sconto del 20% sui libri di PAGINABIANCA	✗	✓	✓
l'archivio degli ultimi 10 anni	✗	✗	✓

Vuoi 5. _____ o interrompere l'abbonamento? Facile: puoi farlo quando vuoi.

Hai bisogno di aiuto? Clicca **qui** per 6. _____ con noi.

b *Quale formula consiglieresti a queste persone?*

FORMULA

Martina | Lavoro per un sito di informazione, ho bisogno di documentarmi anche sulle notizie più vecchie.

Sara | Mi interessa essenzialmente leggere le notizie principali.

Pietro | Sono spesso in macchina, non ho tempo per leggere, le notizie preferisco ascoltarle.

VIVERE E PENSARE ALL'ITALIANA
LA SPAGHETTATA

TESTI: CHIARA PEGORARO
DISEGNI: VALERIO PACCAGNELLA

VAL, PIERO E ALCUNI AMICI TORNANO A CASA DOPO UN CONCERTO.

CHE BELLA SERATA!

CHE FAME PERÒ!

FACCIAMO UNA PASTA?

GURGLE

SÌÌÌ!

A QUEST'ORA?

CERTO, FACCIAMO UNA BELLA SPAGHETTATA DI MEZZANOTTE. È TRADIZIONE.

ALLORA, SE MI PERMETTETE, QUESTA VOLTA CUCINO IO!

TUUU?

SÌ, VI PREPARO LA PASTA "ALLA VAL", UNA MIA CREAZIONE.

METTIAMO L'ACQUA SUL FUOCO.

BUTTIAMO LA PASTA! ALLORA, PENNE, MA ANCHE SPAGHETTI E UN PO' DI FARFALLE, COSÌ VIENE ABBONDANTE.

INTANTO PREPARO IL SUGO: POMODORO, BASILICO, ORIGANO...

SCIAFF **PESTO, PARMIGIANO...**

E PER FINIRE: DEL BUON PEPERONCINO!

OH! HO DIMENTICATO IL SALE! PAZIENZA, LO METTO ADESSO. E ORA ASPETTIAMO... CHE C'È?

COME, "CHE C'È"?

> LA PASTA SI FA COSÌ: METTI A BOLLIRE L'ACQUA, QUANDO BOLLE AGGIUNGI IL SALE E POI LA PASTA (SOLO UN TIPO!) E INTANTO PREPARI IL SUGO CON POCHI E SEMPLICI INGREDIENTI.

> CAPISCO, MA... MA?

> MA NON L'AVETE ASSAGGIATA! POTREBBE ANCHE PIACERVI!

> SCIAFF

> NO? NO!

> FINE!

ATTIVITÀ

1 Osserva le frasi di Val e Piero e la loro riformulazione. Poi prova a riformulare le frasi sotto come vuoi tu.

Val Che bella serata! = *Ci siamo divertiti stasera!* | **Piero** Che fame però! = *Ma io vorrei tanto mangiare qualcosa!*

1. Che caldo! = _____ 2. Che sete! = _____ 3. Che sonno! = _____

2 Seleziona le *due* affermazioni vere.

○ In Italia non si mangia mai la pasta tardi.
○ In Italia spesso si cucinano vari tipi di pasta insieme.
○ Gli amici di Val vogliono assolutamente assaggiare la sua pasta.
○ Gli amici di Val pensano che la sua pasta sarà cattiva.
○ In Italia di solito non si mettono troppi ingredienti nel sugo.

3 Abbina azioni e immagini. Attenzione: c'è un intruso!

a. buttare la pasta
b. mettere l'acqua a bollire
c. preparare il sugo
d. aggiungere il sale

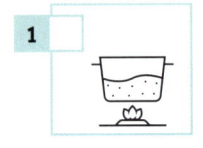

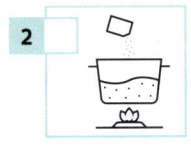

SEZIONE A — Problemi in viaggio

1 Cambio di orario

a Completa la mail con le parole della lista.

cancellato | clienti | costo | data | orario | partenza
passeggeri | prenotazione | sciopero | superiore | volo

🔴🟡🟢

Gentile Cliente,
a causa di uno _____ del personale, il Suo volo ha subìto un cambio di _____. Clicchi qui per visualizzare le modifiche al Suo _____.
Per Sua comodità Le offriamo tre opzioni (può selezionare solo un'opzione):

ACCETTO IL CAMBIAMENTO DI ORARIO

Il Suo biglietto è aggiornato con i nuovi dettagli di volo. Controlli bene i nuovi orari di _____ e arrivo.
Il numero della Sua _____ non cambia.

VOGLIO RICEVERE UN VOUCHER

La Sua prenotazione è annullata e Lei riceve un voucher pari al _____ del biglietto, da utilizzare sui nostri voli entro un anno dalla _____ di emissione.

VOGLIO IL RIMBORSO DEL BIGLIETTO

La Sua prenotazione è annullata e Lei riceve il rimborso del biglietto. Attenzione: ha diritto al rimborso solo se il Suo volo è _____ o se il cambio di orario è _____ a due ore sull'orario di partenza / arrivo.

Per domande o informazioni può cliccare qui e contattare il nostro servizio _____.
Le informazioni sui diritti dei _____ sono disponibili qui.

Ci scusiamo per i possibili disagi.
Il Team di AirBellissimo

b Seleziona il significato delle espressioni nella prima colonna.

	significato
1. ha subìto	○ è annullato ○ ha avuto
2. per Sua comodità	○ per Sua informazione ○ per aiutarLa
3. pari al costo	○ uguale al costo ○ un po' più basso del costo
4. entro un anno	○ per massimo un anno ○ tra un anno
5. ha diritto	○ non può chiedere ○ può avere

2 Il rimborso

Sottolinea l'opzione corretta tra quelle **evidenziate**.

DIRITTO AL RIMBORSO
Quando il volo è cancellato, ha diritto al rimborso del biglietto, cioè la restituzione dei soldi che ha pagato. **Glieli / Te lo / Te li** restituiamo se non Le abbiamo dato un volo alternativo.
Se ha dovuto sostenere delle spese, può chiederci di **rimborsartele / rimborsarcele / rimborsargliele**. In questo caso: conservi sempre le ricevute dei pagamenti e **mandacele / ce le mandi / mandi ce le**.

3 Per favore...

Formula delle istruzioni con gli elementi della prima colonna. Usa i pronomi combinati, come nell'esempio.

Per favore:

1. tu / a me / il biglietto
   ✓ fare, pagare, dare — *fammelo*

2. tu / a noi / i bagagli
   non aprire, non perdere, non danneggiare

3. Lei / a noi / i voli
   trovare, prenotare, offrire

4. voi / a loro / le spese
   verificare, non controllare, non rimborsare

4 Un passaggio in aeroporto

a Ordina le frasi del dialogo tra due persone da 1 a 6.

☐ Ma il volo non era alle 17:30?
☐ Mi dispiace, ma a quell'ora non posso. Sono ancora in ufficio. Chiedi a Mara.
☐ Allora forse ti ci può portare Rocco.
☐ Senti, mi puoi accompagnare in aeroporto domani? Parto alle 15:25.
☐ Gliel'ho chiesto, ma neanche lei può.
☐ Sì, ma c'è uno sciopero e mi hanno cambiato l'orario.

b Nel dialogo al punto *a* sostituisci *mi puoi accompagnare* con *puoi accompagnare mia figlia* e fa' tutte le modifiche necessarie, come nell'esempio.

ESEMPIO:
Senti, **puoi accompagnare mia figlia** in aeroporto domani? Parte alle 15:25.

2 ESERCIZI

SEZIONE B Problemi in banca

5 Espressioni in banca
Completa le espressioni con i verbi della lista.

aprire | cambiare | pagare | prelevare

1. _____ con un assegno

2. _____ dei dollari in euro

3. _____ dei soldi al bancomat

4. _____ un conto

6 Solo su appuntamento
Completa il dialogo tra un impiegato di una banca e una cliente: ordina le **lettere** e coniuga i **verbi** tra parentesi al tempo e al modo giusto.

- Mi dica.
- Mi sono appena trasferita in Italia e vorrei aprire un **NTOCO** _____.
- Purtroppo stiamo (*chiudere*) _____. Ha un appuntamento?
- Ma come? C'è bisogno di un appuntamento? Non lo (*io – sapere*) _____.
- Sì, questo **TELSPORLO** _____ riceve solo su appuntamento.
- No, scusi, sul sito però questo non c'è (*scrivere*) _____.
- Guardi, se Lei conosce già il sito, la cosa migliore è aprire il conto online. Basta (*registrarsi*) _____ e in pochi minuti il Suo conto è attivo. E dopo qualche giorno riceverà a casa anche la **ARTAC** _____ di credito con cui potrà fare tutti i pagamenti o **RELEPREVA** _____ soldi.
- Ho capito, grazie.

7 Dicono di noi
Sottolinea l'opzione corretta tra quelle **evidenziate**. Attenzione: in un caso sono corrette tutte e due le opzioni!

BancaFacile

50000 nuovi conti aperti ogni mese
Apri un conto online e semplificati la vita.
È facile, comodo, economico!
È un'occasione unica: non **perderla / la perdere**!

Dicono di noi

Fabrizio ★★★★★
Sono pienamente soddisfatto. È più economica **delle / che di** altre banche. Se hai un problema, basta **scrivere / scrivi** al Servizio Clienti e **te lo risolvono / risolvitelo** in un attimo.

Concetta ★★★★★
Fantastico poter pagare con l'app senza problemi. Prima di BancaFacile **provavo / avevo provato** altre banche online, ma poi un amico mi ha parlato di questa e così **aprivo / ho aperto** un conto: è la **migliore / superiore** di tutte!

8 Ho perso la carta.
Anna sta chattando con Paolo. Passa dal discorso diretto al discorso indiretto.

discorso diretto	discorso indiretto
A che ora vieni da me?	1. Anna chiede a Paolo a che ora _____
Non lo so, ho un problema: ho appena perso la mia carta.	2. Paolo risponde che non _____ perché _____ un problema: _____ carta.
Mi dispiace.	3. Anna dice che _____ _____
Era qui nel mio portafogli ma non la trovo.	4. Paolo dice che la carta era _____ ma che non _____
Devi telefonare subito al servizio assistenza per bloccarla.	5. Anna dice a Paolo che _____

ESERCIZI 2

SEZIONE C Problemi di pagamento

9 Formule di cortesia
Collega le tre colonne e ricostruisci le frasi, come nell'esempio.

1. La preghiamo		comunicarLe che Le abbiamo riservato uno sconto.
2. Sono spiacente	a	effettuare al più presto il pagamento.
3. Vi ringrazio	di	la gentile offerta.
4. La invito	per	informarLa che non abbiamo più camere disponibili.
5. Siamo lieti		scusarci.

10 Un errore di pagamento
Leggi la chat tra la signora Cingolani e l'assistente online e <u>sottolinea</u> l'opzione corretta tra quelle **evidenziate**. Attenzione: in un caso sono giuste <u>due</u> opzioni!

Buongiorno, sono Edo. Ha bisogno di aiuto?

Sì. **Ero / Stavo / Io** prenotando una camera sul vostro sito, ma per **favore / fortuna / errore** ho pagato la doppia invece della singola.

A che nome è la prenotazione?

Cingolani. Due notti dal 3 al 5 marzo. **Ci / La / Gliela** vede?

Un momento, sto verificando... Sono **lento / lieto / spiacente**, signora, non c'è nessuna prenotazione a questo nome.

Ma **come / cosa / perché** è possibile? Deve esserci un errore. **La / Lo / Ti** prego di controllare meglio. L'ho **appena / prima / subito** fatta.

Probabilmente non è ancora visibile nel nostro sistema. **A causa / Bensì / Oppure** il pagamento non è andato bene.

No, guardi, sulla mia carta risulta che avete già **pagato / prelevato / ritirato** i soldi.

Non si preoccupi. Quando riceviamo il pagamento, verifico la prenotazione e Le mando subito **il prelievo / il rimborso / lo sconto**.

La **ringrazia / ringrazi / ringrazio**.

11 Un soggiorno molto caro
a Leggi le due mail e rispondi alle domande sotto.

🔴🟡🟢

Gentili Signori,
da un controllo sul mio conto risulta che in occasione del pagamento del mio ultimo soggiorno presso la vostra struttura (una notte in camera matrimoniale), avete prelevato due volte i soldi dalla mia carta.
Vi invito a verificare e a restituirmi al più presto la somma che avete ritirato per errore.
Cordialmente, Mauro Bellucci

🔴🟡🟢

Gentile Signor Bellucci,
riguardo alla Sua mail del 9 giugno scorso in cui ci segnalava un problema nel pagamento con la carta, Le comunichiamo che ha perfettamente ragione. Siamo lieti di informarLa che non solo Le abbiamo rimborsato la somma prelevata per errore (precisamente 150 euro), ma Le abbiamo anche fatto uno sconto del 10% sul costo della camera.
La preghiamo di scusarci e ci auguriamo di riaverLa presto presso la nostra struttura.
Con l'occasione La informiamo che sono disponibili le offerte per il periodo estivo.
Cordiali saluti, Ilaria Forti
Albergo Pellicano

1. Quanto ha prelevato la prima volta l'albergo dalla carta del signor Bellucci?
   _____

2. Quanto era il costo della camera?
   _____

3. Alla fine quanto ha pagato il signor Bellucci?
   _____

b Cerca nelle due mail precedenti le espressioni che hanno lo stesso significato di quelle nello schema sotto (le espressioni <u>non</u> sono in ordine).

mail del signor Bellucci	mail dell'albergo
1. rimborsarmi = _____	1. l'estate = _____
2. il vostro albergo = _____	2. in relazione alla = _____
3. vi prego di = _____	3. le promozioni = _____
4. il prima possibile = _____	4. speriamo = _____

2 ESERCIZI

ITALIANO IN PRATICA
SEZIONE D Digiti uno.

12 Assistenza telefonica

E2 ▶ <u>Sottolinea</u> l'espressione corretta tra quelle **evidenziate** e completa il dialogo della Lezione 2D. Poi ascolta e verifica.

Operatore: Buongiorno signor Catucci, sono Bernardo, come posso aiutarLa?

Utente: Buongiorno. È la terza volta che chiamo. Ho un problema con l'elettricità: siamo in blackout totale da due giorni.

Operatore: Ha già fatto la comunicazione al servizio tecnico?

Utente: **Bensì. / Sì, certo.**
Ma mi hanno risposto che non ci sono problemi elettrici sulla mia linea. Come devo fare? Siamo una famiglia con due bambini piccoli, siamo senza elettricità e senza riscaldamento...

Operatore: Capisco... Aspetti un momento... Resti in linea. Controllo... **In effetti / Oppure** Le confermo che non ci sono problemi.

Utente: **No, scusa, / No, scusi,** come è possibile?

Operatore: **Un momento / Ma come**, sto controllando i pagamenti. Ah... Ecco, c'è una bolletta non pagata, quella dell'ultimo trimestre, pari a 176 euro e 40. Questo è il problema.

Utente: **Ma come / Sì certo**, scusi, io ho pagato tutto!

Operatore: **Senta / Guarda**... Sicuramente è come dice Lei. Ma forse ha fatto il pagamento in ritardo e il sistema non l'ha ancora ricevuto.

Utente: **Sono lieto / Ho capito**... E voi mi interrompete l'elettricità per un piccolo ritardo? E in una casa con dei bambini? Roba da matti! E ora che cosa devo fare?

Operatore: **Senti / Guardi**... Scriva una mail al nostro servizio clienti e mandi la copia del pagamento. L'indirizzo è: comunicazioni@energica.it. Io intanto faccio subito una segnalazione urgente.

13 Situazioni problematiche

a Che cosa fai nelle situazioni sotto?

SITUAZIONE

1. Ricevi una bolletta con un conto altissimo da pagare.
2. Telefoni a un centro di assistenza telefonica, ma riesci a parlare solo con una voce automatica.
3. Arrivi in aeroporto e scopri che il tuo volo è cancellato.
4. Prendi un aereo e non trovi il tuo bagaglio all'arrivo.
5. Perdi la carta di credito.

CHE COSA FAI

a. Torni a casa e chiedi il rimborso del biglietto.
b. Telefoni subito al call center per bloccarla.
c. Scrivi una mail alla società che gestisce il servizio per chiedere spiegazioni.
d. Stanco/a di digitare 1 o asterisco, decidi di scrivere una lettera di protesta al servizio clienti.
e. Vai al servizio assistenza passeggeri e chiedi se sanno dov'è.

1 ☐ 2 ☐ 3 ☐ 4 ☐ 5 ☐

b Completa le frasi con le espressioni della lista. Attenzione, ci sono due parole in più!

**asterisco | chiarimenti | fila | fortunatamente
linea | purtroppo | soluzione | telefonicamente**

1. Per tornare al menù principale, digiti _____.

2. Resti in _____. A breve Le risponderà un nostro operatore.

3. Gentili Signori, Vi ringrazio per la rapida _____.

4. Per maggiori _____, La invitiamo a scriverci oppure contattarci _____.

5. Guardi, _____ non posso aiutarLa, deve parlare con il mio collega.

ESERCIZI 3

SEZIONE A In autostrada

1 Niente auto di domenica!
Completa il testo con le parole della lista. Poi <u>sottolinea</u> l'opzione corretta tra quelle **evidenziate**.

benzina | statale | bicicletta | temporale
storico | carabinieri | traffico

A NAPOLI TORNANO LE DOMENICHE ECOLOGICHE

Secondo gli ultimi studi, la qualità dell'aria a Napoli **è / sia** sempre più cattiva. Sembra che il _____, insieme all'assenza di piogge da più di due mesi, **è / sia** una delle cause principali del problema. Per questo il Comune di Napoli ha deciso di introdurre le domeniche ecologiche (intanto speriamo che **arriva / arrivi** presto un _____). Dal 24 gennaio, **insomma / siccome**, la domenica non sarà possibile circolare con macchine a _____ (ma si potranno utilizzare le auto elettriche).
Il divieto non interessa soltanto il centro _____, bensì tutta la città. Si potrà **invece / cioè** guidare per le principali vie di accesso alla città, come la strada _____ 162.

Le istituzioni locali hanno chiesto l'aiuto dei _____ per controllare il rispetto delle regole.
Soltanto **che / chi** si sposta in macchina per lavoro o per aiutare parenti anziani o malati non dovrà **fare / pagare** una multa.
Si spera che queste regole **aiutano / aiutino** a migliorare rapidamente la qualità dell'aria, ma anche che convincano i napoletani a fare più attività fisica almeno **mentre / durante** il fine settimana.
È infatti probabile che durante le domeniche ecologiche le persone **decidono / decidano** di muoversi in _____ o **a / in** piedi.

2 Strade panoramiche d'Italia
Coniuga i verbi tra parentesi al congiuntivo presente o all'indicativo presente e completa le parole evidenziate con le lettere mancanti.

In giro per l'Italia
di Felicia P.

L'Italia è il Paese più bello del mondo. Vi sembra che io (*esagerare*) _____? Può essere, ma dubito che (*esistere*) _____ qualcuno che non ami l'Italia. Questo Paese (*avere*) _____ tutto quello che cerca un viaggiatore: città antiche, cultura, montagne, mare...
Per apprezzarlo al meglio, vi consiglio di fare un *road trip*. In Italia ci sono tantissime strade panoramiche che vi permetteranno di osservare luoghi stupendi dal [f]_[n][e][s]___[n]_. Un esempio? La litoranea della Costiera Amalfitana, che alcuni (*chiamare*) _____ "nastro azzurro": 60 chilometri di strada sul mare, un vero spettacolo!
Però attenzione: nella stagione estiva è probabile che (*formarsi*) _____ delle lunghe [c][o]___ per i tanti turisti. Se possibile, andateci in primavera o in autunno.
Un'altra strada incredibile è la Chiantigiana, cioè la strada [s][t][a]___[l][e] che collega Firenze e Siena. Sono sicura che il suo nome vi (*ricordare*) _____ il vino Chianti, vero? E infatti questa strada attraversa la zona dove lo si produce.
Per restare in tema di vini, vi consiglio anche la strada del Barolo, in Piemonte. È breve (solo 13 km) ma credo che per apprezzarla (*essere*) _____ necessario passarci almeno 2 giorni: vicino ci sono tanti borghi da visitare... e tanti prodotti da gustare!
Questa, infatti, non è solo la patria del vino Barolo, ma anche del tartufo. In realtà questa zona è famosa anche per la [n][e]_[b]_[a]: fate attenzione quando guidate e se fa brutto tempo accendete i [f][a]_[i] anche di giorno!
Un ultimo consiglio: se decidete di fare un viaggio su queste strade, prima di partire ricordate di controllare se ci sono dei [l][a]__[o]__ in corso perché purtroppo può succedere.

IL CHIANTI

3 ESERCIZI

SEZIONE B Abitudini di viaggio

3 Noleggiare una macchina in aeroporto

E3 a *Ascolta e seleziona gli elementi di cui si parla nel dialogo.*

- code
- autostrada
- centro storico
- ZTL
- limite di velocità
- stazione di servizio

b *Abbina gli elementi a sinistra ai sinonimi che le due persone usano nel dialogo.*

1. automobilista
2. apparecchio per il pagamento automatico dell'autostrada
3. affittare
4. macchina
5. girare in macchina

a. noleggiare
b. auto
c. conducente
d. circolare
e. telepass

c *Sottolinea l'opzione corretta tra quelle evidenziate.*

1. Le due amiche rimarranno a Torino per **pochi / molti** giorni.
2. La signora **ha / non ha** deciso chi guiderà la macchina.
3. **Si può / Non si può** riportare la macchina in un'agenzia diversa da quella iniziale.
4. **Non è mai / A volte è** possibile entrare nelle ZTL.
5. Le due amiche probabilmente **usciranno / non usciranno** da Torino.
6. L'autostrada **è / non è** compresa nel costo del noleggio.

d *Completa le frasi con i verbi della lista, poi ascolta ancora e verifica.*

**riportiamo | serva | facciate
torni | paghi | sia | vada | sia**

1. Penso che una macchina piccola _____ benissimo per voi.
2. E... suppongo che si _____ con la carta di credito...
3. Sì, ed è importante che la carta _____ a Suo nome.
4. ... Poi è necessario che la _____ qui, la macchina?
5. Basta che ci _____ esattamente la stessa benzina...
6. Quindi è importante che _____ benzina prima di riportarla in agenzia.
7. Dubito che ci _____ il telepass.
8. Certo, signora. Aspetto che _____ ...

4 Italiani in vacanza
Sottolinea l'opzione corretta tra quelle evidenziate.

> **Le vacanze degli italiani:
> i dati del Centro Studi Touring Club Italiano**
>
> In che periodo vanno in vacanza gli italiani?
> **Chi / Che** ama sciare parte in pieno inverno, tra gennaio e marzo; a Pasquetta la tradizione vuole che si faccia la classica gita fuori **casa / porta** (un picnic in campagna, un pranzo al ristorante); il **primo / l'uno** maggio c'è la Festa dei Lavoratori, il 25 aprile la Festa della Liberazione.
> A inizio **di / -** anno gli occhi sono puntati sul calendario: si spera **siccome / infatti** che i giorni **feriali / festivi** cadano di giovedì o di martedì per poter fare il ponte e stare fuori più a lungo senza prendere troppe **ferie / feste**.
> **In realtà / Insomma** la maggior parte degli italiani aspetta che **viene / venga** l'estate, il periodo in **cui / quale** partono più volentieri.
> Per metà degli italiani le sistemazioni **meglio / migliori** sono gli alberghi o le strutture simili, dove tutto è organizzato; meno numerose sono **cioè / invece** le persone che affittano una casa autonoma.
> **Infine / Bensì** sono ormai poche le persone che pianificano le vacanze grazie **delle / alle** agenzie di viaggio: si tratta essenzialmente di chi non ha tempo per organizzarsi o ha paura che le vacanze "fai da te" **possono / possano** trasformarsi in un'esperienza catastrofica. È **oppure / comunque** essenziale per la **maggior / superiore** parte dei turisti italiani che il viaggio abbia un costo ridotto.

5 Il congiuntivo in vacanza
Trasforma le frasi come nell'esempio.

1. In agosto ci sono poche persone in questa località.
   → Dubito che
   in agosto ci siano poche persone in questa località.

2. Il prossimo anno ci sono molti ponti.
   → Spero che
   _____.

3. Tu e Paola venite in vacanza con noi.
   → Vogliamo che
   _____.

4. A Pasquetta molte persone vanno al mare.
   → È probabile che
   _____.

5. In montagna fa troppo freddo.
   → Ho paura che
   _____.

6. Anche tu puoi prendere ferie.
   → Per prenotare le vacanze aspetto che
   _____.

ESERCIZI 3

SEZIONE C Eventi popolari

6 Viaggiare a km 0
Ordina le parole evidenziate e ricostruisci le frasi del testo.

Il giro del mondo a km 0
Compri spesso cibo a km 0 per mangiare sano, ma non hai mai pensato anche di viaggiare a km 0?
Non tutti **la | viaggiare | in | se | di | sentono**
_____.
Paesi esotici e lontani per paura di spendere molto o **vuole | perché | arrivarci | ci | troppo | per**
_____ tempo, per questo proponiamo una soluzione. Quale?
Il libro *Il giro del mondo a Km 0* di Isabella Dalla Vecchia e Sergio Succu.
Se seguirai i consigli degli autori, potrai **senza | all' | dall' | andare | estero | uscire**
_____ Italia.
Visiterai infatti luoghi italiani simili a famose località o monumenti stranieri. Lo sapevi che in Italia è possibile trovare un paese che si chiama Betlemme (in Piemonte), la tomba di Dracula (a Napoli), una piramide antica (a Roma), la Grande Muraglia (la fortezza di Fenestrelle, sempre in Piemonte), la Statua della Libertà (sul Duomo di Milano) e pure un Moai vicino a Viterbo, nel Lazio?
Siamo sicuri **di | che | metterti | vedi | l'ora | non**
_____ in viaggio!
Il signor Fogg ha girato il mondo in 80 giorni, ma tu **senza | la | visitarlo | a | uscire | ce | farai**
_____ dal Belpaese!

7 Il Festival degli aquiloni
a *Completa il testo con le parole della lista. Attenzione: ci sono due parole in più!*

basta | ogni | che | pure | buon | buono | solo | quali

Il Festival Internazionale dell'Aquilone si tiene una volta all'anno a Cervia, in Emilia-Romagna. Dura due settimane, durante le _____ dalla spiaggia della cittadina si vedono coloratissimi aquiloni di varie forme e dimensioni. Per partecipare _____ andare in spiaggia: non serve un biglietto.
Il Festival ospita artisti di ogni parte del mondo: non _____ europei, ma anche indiani, indonesiani, statunitensi, messicani... La manifestazione inizia in spiaggia e si chiude con una grande festa. In mezzo, tante iniziative di _____ genere: combattimenti tra aquiloni, performance acrobatiche, incontri...
Tutti i giorni c'è _____ la possibilità di imparare a costruire un aquilone grazie ai laboratori con gli artigiani: non pensate che sia un _____ modo per passare un po' di tempo con i vostri figli e fare un'esperienza diversa?

b *Rileggi il testo e indica se le frasi sono vere (V) false (F) o non presenti nel testo (NP).*

	V	F	NP
1. Il Festival si tiene in estate.	○	○	○
2. Cervia è una località sul mare.	○	○	○
3. Per partecipare al festival è sufficiente andare in spiaggia.	○	○	○
4. Al festival non partecipano artisti europei.	○	○	○
5. Il festival inizia in città e finisce in spiaggia.	○	○	○
6. I laboratori per la costruzione degli aquiloni durano un'ora.	○	○	○
7. Ai laboratori possono partecipare solo adulti con figli.	○	○	○

8 Una gita fuori porta
Ordina le frasi del dialogo tra due persone da 1 a 6.

Pensavamo di partire alle 10:00 perché per fortuna per arrivare non ci vuole molto, circa un'ora. Poi verso le 16:00 torniamo a Bari. Dai, vieni, sono solo poche ore! ☐

Certo, invita anche lei! Che bello, non vedo l'ora! ☐

Va bene, così è perfetto. Allora vengo volentieri. Lo dico pure a Monia, ok? ☐

Eh, magari... Mi piacerebbe, ma non so se me la sento. Sono un po' stanco. Quanto pensavate di restarci? ☐

Sì, sono contento anch'io. Grazie per l'invito. ☐

Michele, allora ce la fai domani a venire con noi a Matera? ☐

ALMA Edizioni | DIECI   197

3 ESERCIZI

ITALIANO IN PRATICA

SEZIONE D Mi mandate il carro attrezzi?

9 Autovelox

a *Sostituisci le espressioni evidenziate con le parole della lista che hanno lo stesso significato.*

più di | sia obbligato a | tranquillo | verificato | aiutare
bassissimo | se sì | le quali | oppure | veicolo

UN AUTOVELOX SU UNA STRADA STATALE

AGENZIA 4 RUOTE

Hai superato il limite di velocità e hai ricevuto una multa?

Non preoccuparti, è possibile che tu non **debba** pagare! Inviaci una copia della multa per una valutazione gratuita. Ti possiamo **dare assistenza** per capire se devi pagare **o** no.

Ci sono quattro ragioni per **cui** non devi pagare:
- la multa è arrivata **oltre** 90 giorni dopo;
- nella foto dell'autovelox si vede un altro **mezzo di trasporto** oltre al tuo;
- nessun tecnico ha **controllato** l'autovelox nell'ultimo anno;
- l'autovelox non si vedeva bene dalla strada.

Scrivici e ti diremo entro 2 giorni se puoi chiedere la cancellazione della multa e **in caso di risposta positiva** ti aiuteremo a farlo.

Questo servizio ha un costo **minimo** rispetto alla multa!

b *Sottolinea l'opzione corretta tra quelle evidenziate.*

1. È possibile non pagare una multa **in ogni caso** / **ad alcune condizioni**.
2. Puoi non pagare una multa se la ricevi **prima di** / **dopo** 3 mesi.
3. È possibile non pagare una multa se nella foto dell'autovelox c'è **un solo veicolo** / **più di un veicolo**.
4. L'autovelox deve essere **invisibile** / **visibile**.
5. Chiedere la cancellazione della multa con l'Agenzia 4 Ruote **è gratis** / **costa poco**.

10 Abbinamenti

Abbina gli elementi di destra e sinistra in modo logico. Attenzione: un elemento della colonna sinistra si abbina a due elementi della colonna destra.

1. fare
2. andare
3. scendere
4. accendere
5. chiamare

a. benzina
b. i fari
c. la polizia stradale
d. dalla macchina
e. il carro attrezzi
f. sulla corsia destra

11 Soccorso stradale

Completa le parole del dialogo con le lettere della lista.

RRO | ZIN | ZIE | LOR | RON
RLA | NE | EZZ | VIZ | UAS

● P___nto, Soccorso stradale, come posso aiuta___?

▶ Buongiorno, ho bisogno di un ca___ attr___i. Ho fatto be___ a chiamare voi?

● Sì, certo. Che cosa è successo?

▶ Eh... Al___a... Mezz'ora fa ho fatto ben___a, ma forse non era del tipo giusto. Ora la macchina è g___ta, non parte più.

● Ho capito. In questo caso però dovrà pagare il ser___io.

▶ Va be', pa___nza, non ho altra scelta.

VIVERE E PENSARE ALL'ITALIANA
LA FILA

TESTI: CHIARA PEGORARO
DISEGNI: VALERIO PACCAGNELLA

IN UN PAESINO NELLA CAMPAGNA MARCHIGIANA...

HO CAPITO BENE? LA SAGRA È UNA FESTA DI PAESE DOVE SI MANGIA UNA SPECIALITÀ TIPICA? E BASTA?

SÌ, HAI CAPITO BENISSIMO.

SAGRA DEL FRITTO

ORA FACCIAMO LA FILA, IO VADO A PRENDERE DA BERE E TU DA MANGIARE. CI VEDIAMO AL TAVOLO, VA BENE?

PERFETTO!

MI DICA.

DUE PORZIONI DI FRITTO MISTO.

A CHI TOCCA?

A ME!

A CHI TOCCA?

A ME!

IL PROSSIMO! — **ECCOMI!** — ?

PREGO... — **SÌ, TOCCA A ME...**

EHI!

VAL?

CHE COSA FAI ANCORA QUI? TI STAVO ASPETTANDO AL TAVOLO!

STO PROVANDO A ORDINARE...

MA NON MI DÀ RETTA NESSUNO! COME FUNZIONA LA FILA QUI?!

ATTIVITÀ

1 A quali regioni italiane corrispondono questi aggettivi?

marchigiano *Marche*   pugliese _____   sardo _____
friulano _____   laziale _____   umbro _____

2 Quando si brinda si usa l'espressione **SALUTE**! Val ne usa un'altra: quale?

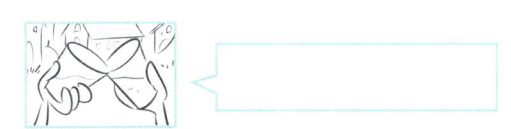

3 Completa con il verbo essere *all'indicativo o al congiuntivo presente*.

1. Piero pensa che per fare la fila in Italia _____ necessaria molta determinazione.
2. Secondo Piero in Italia le file _____ spesso molto disordinate.
3. Val dubita che _____ facile imparare a fare la fila come un italiano.

4 ESERCIZI

SEZIONE A — Superstizioni italiane

1 Sei superstizioso?

a *Fa' il test e calcola il tuo punteggio.*

1. **Credi all'astrologia e all'oroscopo?**
   a. No, sono tutte sciocchezze.
   b. Non ci credo, ma qualche volta leggo l'oroscopo.
   c. Sì.
2. **Il nostro destino dipende da noi?**
   a. Sì, completamente!
   b. Solo in parte.
   c. No, è già scritto.
3. **Hai degli oggetti portafortuna?**
   a. No, nessuno.
   b. Sì, uno.
   c. Sì, vari!
4. **Prima di un esame importante ripeti qualche rito particolare per attirare la fortuna?**
   a. No, mai.
   b. Sì, qualche volta.
   c. Sì, sempre.
5. **Per te venerdì 13 è un giorno sfortunato?**
   a. No, è un giorno come gli altri.
   b. No, ma preferisco non uscire!
   c. Sì.
6. **Nei sogni possiamo leggere il futuro?**
   a. No, mai.
   b. Forse, a volte ci sono strane coincidenze.
   c. Sì, spesso.
7. **A volte accadono fatti misteriosi a cui non possiamo dare una spiegazione scientifica. Sei d'accordo?**
   a. No, ci si deve sempre fidare della scienza.
   b. Sì, ora è così, ma forse un giorno la scienza troverà una spiegazione.
   c. Sì, non tutto si può spiegare con la scienza.
8. **Esistono persone che hanno poteri magici o extrasensoriali?**
   a. No.
   b. Forse.
   c. Sì, certo.

> **Punteggio** (per ogni risposta)
> **a** = 1 punto • **b** = 2 punti • **c** = 3 punti

Il mio punteggio: _____

b *Sottolinea l'opzione corretta tra quelle evidenziate e leggi i risultati del test.*

> **Da 8 a 10 punti** | Sei una persona razionale. Per **te / tu** la superstizione non ha senso e la fortuna e la sfortuna non esistono. Magari è vero, ma quando **ci si / le** fida troppo della ragione si **rischia / rischiano** di vivere una vita senza emozioni.

> **Da 11 a 16 punti** | Sei una persona moderatamente superstiziosa. Pensi che non tutto si **potrà / possa** spiegare con la razionalità e che non **ci si debba / si deve** vergognare di credere a cose come la fortuna e la sfortuna. Continua così e **la smetti / smettila** di fare test per scoprire quello che già sai!

> **Da 17 a 24 punti** | Sei una persona molto superstiziosa. Per te il futuro è un libro misterioso e **di cui / quindi** credi che la vita sia piena di rischi e incertezze. Ma **fa' / faccia** attenzione a non esagerare: quando si **vede / vedono** troppi misteri, non si capisce più niente!

2 Credenze popolari

a *Secondo te nella tradizione popolare italiana queste cose portano fortuna (F) o sfortuna (S)?*

	F	S
1. Buttare il sale per terra.	○	○
2. Gettare una moneta in una fontana.	○	○
3. Vedere in cielo una stella cadente.	○	○

b *Completa con le parole o le lettere mancanti e verifica le tue risposte al punto a.*

1. Nell'antica Roma con il sale ☐☐ pagavano i soldati (con il "salario", vale a ☐☐r☐ lo stipendio) perché il sale era raro e prezioso. Dunque ☐☐ crede che buttare il sale per terra ☐o☐☐☐ sfortuna.
2. Secondo gli antichi, nell'acqua ☐ quindi anche nelle fontane abitavano molte divinità. ☐☐☐ questo gettare una moneta in una fontana è un gesto di ☐☐☐n☐ augurio.
3. ☐☐ dice che quando vediamo una stella cadente in cielo, dobbiamo esprimere un desiderio e il desiderio ☐☐ realizzerà. Questo perché secondo una v e c ☐☐☐☐ credenza le stelle cadenti sono segni divini che portano ☐☐☐r t ☐☐☐.

3 Che iella!

Che cosa significa la parola iella*? Completa la definizione del dizionario.*

> **ièlla**
> Parola di origine romanesca (dialetto romano) che significa: _____. Espressioni:
> • avere iella → *Povera Claudia, ha avuto una iella incredibile!*
> • portare iella → *Non versare il sale, porta iella!*
> • che iella! → *Ho perso il treno, che iella!*

ESERCIZI 4

Guarda il video *Che iella* nella rubrica *Vai a quel paese*.

SEZIONE B — Argomenti scottanti

4 Bene, grazie.
Completa con le parole della lista. Attenzione: c'è una parola in più!

a cui | bene | chi | ci | ci si | lamentare
male | risponde | rispondere | sa
sentire | si | trovare | una | uno

"Ciao, come stai?" Quante volte abbiamo salutato qualcuno così? E quasi sempre la risposta è stata la più classica e prevedibile: "_____, grazie!"... O al massimo: "Non c'è _____, grazie.", "Abbastanza bene.", "Non mi posso _____."
Ci sono domande, infatti, _____ mai o quasi mai si _____ con la verità.
E questa è _____ di quelle. Perché rispondere con: "Be', sai, sto malissimo." o "È un periodo orribile." o frasi simili non _____ fa e quindi in questi casi _____ limita a dire quello che l'altra persona si aspetta di _____.
Si _____: le emozioni e gli stati d'animo spesso sono difficili da comunicare, ed è raro _____ qualcuno disposto ad ascoltar___ veramente. Ecco perché alla domanda "Come stai?" è più facile per tutti _____ semplicemente: "Bene." Anche se a volte _____ riceve questa risposta sa che forse non è così.

5 Tabù
Prova a completare le frasi con i pronomi mancanti. Poi ascolta di nuovo il dialogo della Lezione 4B e verifica.

1. In un'azienda così grande _____ conosce solo i colleghi più stretti!
2. Senti, ma... In contabilità quanto pagano? Cioè, _____ guadagna bene?
3. Sì, sì, molto, ho dei colleghi bravissimi, sono anche simpatici, i progetti molto interessanti, quindi non _____ lamento... Tu come _____ trovi?
4. Ma dai, l'azienda _____ ha portato fortuna! Comunque, al di là del lavoro, io non _____ trovo più bene in questa città...
5. In generale la situazione politica del Paese _____ sembra davvero terribile: ma _____ come può votare per questa gente... No? Tu che _____ pensi?
6. L'importante è che il lavoro _____ piaccia. Amare quello che _____ fa è fondamentale.
7. Sì, sì, come no, il lavoro bisogna amar_____.
8. _____ sposiamo alla chiesa di San Domenico, la conosci?
9. Comunque... Lei – si chiama Isabella – voleva sposar_____ in Comune, ma io ho insistito perché se _____ non si sposa in chiesa, che matrimonio è?
10. _____ sono sporcata con la torta, accidenti!
11. Ok, senti, vado in bagno a pulir_____, _____ vediamo, eh.

6 Non parliamo di...
a Completa il testo con una parola (la stessa parola per tutti gli spazi).

L'ultimo tabù
di Elsa Bellin

In Italia esiste un tabù, qualcosa di cui non si parla volentieri. L'ho capito quando a un amico americano ho fatto la classica domanda "Che cosa ti ha sorpreso di più qui in Italia?", e lui mi ha risposto che non riusciva a spiegarsi la nostra difficoltà a parlare di _____.
Ed è vero: i _____ sono l'ultimo tabù in Italia.
In America, e in molti altri Paesi, non hanno questa difficoltà: parlano senza problemi di quanto guadagnano e non si vergognano di dire quanti _____ hanno sul conto in banca.
Invece gli italiani tra di loro parlano spesso di politica, di religione, di sesso, insomma di argomenti che per altre culture sono tabù, ma mai di _____.
Per questo qui in Italia se uno chiede a una persona che ha appena conosciuto (ma anche a un amico), quanto è il suo stipendio, di solito riceve risposte imbarazzate: "Non so se voglio dirlo...", "Ma dai, che domande fai...".
E quindi: parliamo di quanto non mi piace il governo, del Papa, di amore, matrimonio, figli, salute... ma per favore non mi chiedere quanti _____ guadagno!

b Sostituisci nel testo i verbi **evidenziati** con la forma impersonale si + verbo.

In America, e in molti altri Paesi, non
hanno _____ questa difficoltà:
parlano _____ senza problemi
di quanto **guadagnano** _____
e non **si vergognano** _____ di dire
quanti soldi **hanno** _____ sul conto
in banca.

4 ESERCIZI

SEZIONE C La religione in Italia

7 Vacanze alternative

a *Sottolinea l'opzione corretta tra quelle evidenziate.*

ABBAZIA DI SANT'ANTIMO, TOSCANA

Un'immersione nel silenzio

Silenzio, bisogno di **andarci / andarsene / andarsi** dal caos delle città, voglia di vivere un'esperienza di pace e relax: ecco che cosa cerca **che / chi / il quale** decide di passare qualche giorno in un eremo, un luogo isolato e fuori dal mondo in cui vivono religiosi, di solito monaci o sacerdoti.
In Italia **ce ne / ci / ci si** sono circa 4000, distribuiti in tutta la penisola, dalla Valle d'Aosta alla Sicilia. Negli ultimi anni si **è vista / è visto / sono viste** una grande diffusione di queste vacanze spirituali e il motivo probabilmente è questo: **ci si è immersi / si è immersi / si è immersa** in una natura bellissima e **pagano / si paga / si pagano** pochi euro a notte. Certo, non si tratta di hotel a cinque stelle, **basta / oppure / quindi** dimenticate le comodità e soprattutto la tecnologia. Qui **si vive / si vivono / vive** come un monaco dell'undicesimo secolo, cioè **ci si / si / ti** sveglia prestissimo, si prega, si medita e si gusta **una cucina povera / una povera cucina / povera una cucina** ma comunque buonissima. "Durante il giorno **ci si fa / si fa / si fanno** esercizi di meditazione, si sta insieme agli altri, si discute, ma la maggior parte del tempo si sta in silenzio. – dice Dario, un manager di 35 anni – Alla fine **ci si sente rilassati / ci si sente rilassato / si sente rilassato** e in armonia con il mondo, e quando **ritorna / ritornano / uno ritorna** alla vita normale non è più lo stesso di prima."
Gli eremi sono aperti a tutti, non solo ai cattolici: sono luoghi di pace in cui si incontrano ebrei, buddisti, protestanti, musulmani e anche **gli atei / i credenti / i fedeli** sono i benvenuti.

b *Sostituisci ogni parola evidenziata con un sinonimo della lista. Attenzione: non devi usare tutte le parole.*

bensì | come | dunque | forse | in ogni caso
però | quando | vale a dire

1. Il motivo **probabilmente** _____ è questo.
2. Certo, non si tratta di hotel a cinque stelle, **quindi** _____ dimenticate le comodità.
3. Qui si vive come un monaco dell'undicesimo secolo, **cioè** _____ ci si sveglia prestissimo.
4. Si gusta una cucina povera ma **comunque** _____ buonissima.
5. Si discute **ma** _____ la maggior parte del tempo si sta in silenzio.

8 Santi d'Italia

a *Completa le parole evidenziate con l'ultima lettera.*

STATUA DI PADRE PIO

Si sono **pubblicat_** ieri i risultati di una curiosa ricerca che si è **svolt_** con cattolici praticanti in tutta Italia e che ha **cercat_** di rispondere alla domanda: qual è il santo più popolare d'Italia? **Second_** la ricerca, il santo più amato dagli italiani è Padre Pio.
In **second_** posizione in questa speciale classifica si **trov_** Sant'Antonio da Padova e al terzo posto San Francesco d'Assisi, che però si **pu_** definire come il santo più "social", vale a dire quello che ha più successo sul web, con un sito che ha più di un milione di visitatori **a_** giorno, e una pagina Facebook che ha già **ricevut_** 700000 like.
Tra le donne, **l_** più popolare è Santa Rita da Cascia. Inoltre il 71% degli intervistati dice di avere in casa o in macchina o di portare con sé **immagin_** di santi. Si resta un po' **sorpres_** però quando si legge che alla domanda "A chi chiedi aiuto in caso di bisogno?" la maggior **part_** (il 31%) risponde di nuovo "a Padre Pio" e **sol_** una minoranza dice di pensare alla Madonna (9%) o a Gesù (2%).

b *Vero o falso?*

	V	F
1. Il santo più popolare online è Padre Pio.	○	○
2. Ogni giorno più di un milione di persone visita il sito di San Francesco.	○	○
3. Il 71% degli italiani ha l'immagine di un santo.	○	○
4. Padre Pio è sia il santo più popolare sia la figura a cui si chiede più aiuto.	○	○

ESERCIZI 4

ITALIANO IN PRATICA
SEZIONE D Incrocio le dita!

9 Gesti italiani

a *Completa il testo con le parole mancanti. Ogni colore corrisponde alla stessa parola.*

> ### IL GESTO PIÙ FAMOSO
> Mano chiusa, dita unite verso l'alto: è il gesto italiano _____ famoso all'estero, con il quale _____ comunica qualcosa _____ è molto difficile da esprimere a parole e _____ significa _____ o meno "Ma che cosa vuoi?", ma anche "Ma che cosa dici?", "Ma che fai?". _____ un italiano il suo significato, _____ può cambiare a seconda del contesto, è immediatamente chiaro. _____ uno straniero invece può essere molto _____ difficile capire esattamente il senso del messaggio _____ ogni volta _____ vuole comunicare con questo gesto. Soprattutto se _____ pensa che _____ può usare sia quando ci _____ arrabbia sia _____ scherzare.
> Comunque, _____ tratta di un gesto così famoso _____ l'azienda Unicode Consortium, _____ crea nuove emoji nella Silicon Valley in California, ha deciso _____ anche questo simbolo dell'espressività italiana deve avere un'icona (insieme al *bubble tea*, al gatto nero e a altri concetti _____ non avevano ancora un'emoji). Insomma, da oggi il "Ma che vuoi?" nazionale diventa ancora _____ universale.

b *Di quale gesto parla il testo?*

a. ○

b. ○

c. ○

10 Facciamo le corna!
Sottolinea la reazione corretta tra quelle evidenziate.

> 1. È veramente simpatico il nuovo direttore.

a. **ESPRIME FINTO ACCORDO:**
Sì, come no... / Incrociamo le dita! / Ma dai...
b. **ESPRIME DISACCORDO:**
Facciamo le corna! / Non vedo l'ora! / No scusa, ma che dici...

> 2. Dicono che sia un esame facile facile.

a. **ESPRIME ACCORDO:**
Accidenti! / Eh, già... / Santa pace!
b. **INVOCA LA FORTUNA:**
Incrociamo le dita! / Ma dai! / Roba da matti!

> 3. Lo sai che Claudia ha perso l'aereo?

a. **ESPRIME SORPRESA:**
Facciamo le corna! / Ma dai! / Magari! Non lo sapevo.
b. **ESPRIME INTOLLERANZA:**
Povera... / In bocca al lupo! / Oddio!
È la seconda volta in un mese!

11 In bocca al lupo!
Ordina i paragrafi del testo, come nell'esempio.

[3] Quindi quando prima di un esame difficile auguriamo a qualcuno di finire "nella bocca del lupo", speriamo che si trovi in una situazione bruttissima?

[ ] Infatti questa è un'espressione apotropaica, che ha cioè il potere di tenere lontano il male. E il suo senso si capisce meglio grazie alla risposta che bisogna dare.

[ ] Da dove viene l'espressione "In bocca al lupo"?

[ ] Però negli ultimi anni, siccome si è diffuso un maggior rispetto degli animali e della natura, si sono cominciate a usare anche le risposte "Evviva il lupo!", "Viva il lupo!" o semplicemente "Grazie."

[ ] Assolutamente no. In realtà in questo modo vogliamo allontanare da lui la sfortuna e il male.

[ ] Sembra che la sua origine abbia una relazione con l'immagine negativa che da sempre il lupo ha nella tradizione popolare, come animale cattivo e pericoloso.

[ ] Come sappiamo, chi riceve questo augurio deve rispondere "Crepi!", vale a dire "Speriamo che il lupo muoia".

5 ESERCIZI

SEZIONE A   Primi in classifica

1 Il commissario Ricciardi

a Completa il testo con le preposizioni *di* o *in*, come nell'esempio.
Attenzione: in alcuni casi devi aggiungere l'articolo.

Il commissario Ricciardi è il protagonista __di__ alcuni romanzi polizieschi _____ successo, nati dalla fantasia _____ scrittore napoletano Maurizio de Giovanni. Le storie sono ambientate a Napoli _____ anni Trenta, durante il regime fascista.
Ricciardi ha un potere particolare che lo aiuta _____ sue indagini: "vede" gli spiriti _____ persone uccise e "sente" le ultime parole che hanno detto prima _____ morire.
Il primo romanzo _____ serie è *Il senso del dolore*, _____ cui il commissario indaga sulla morte _____ un famoso cantante d'opera.

b Coniuga i verbi tra parentesi al congiuntivo presente o passato e completa le opinioni dei lettori.

Attilio
Credo che con questo libro de Giovanni (*scrivere*) _____ il suo capolavoro.
È nella categoria gialli, tuttavia penso che (*essere*) _____ molto di più di un semplice poliziesco.
Straordinario, da non perdere assolutamente.

Vera
Mi sembra che de Giovanni (*avere*) _____ una grande capacità di descrivere l'animo umano. Ricciardi è un commissario triste e un po' filosofo, che pensa che (*esserci*) _____ sempre e solo due motivi alla base di ogni crimine: o la fame o l'amore. Fantastico. È il primo libro che leggo di questo autore, e non sarà certo l'ultimo.

Fede
Mi piace che de Giovanni (*volere*) _____ ambientare le storie del commissario Ricciardi nella Napoli del 1931, un'idea interessante e originale. Anche il finale del libro è originale.
Se de Giovanni voleva sorprendere il lettore, mi sembra che (*riuscire*) _____ perfettamente nel suo scopo.

2 Melania Mazzucco

E5 ▶ a Ascolta l'intervista di ALMA.tv alla scrittrice Melania Mazzucco e seleziona le informazioni corrette.

Melania Mazzucco:
○ è appassionata di arte.
○ ha moltissimi interessi.
○ scrive solo romanzi.
○ è emigrata in America.
○ è figlia di un pittore.
○ non è invidiosa.

b Ascolta ancora, poi completa il riassunto dell'intervista.

Melania Mazzucco è nata a Roma alla fine degli anni _____.
È una letterata, ma ha studiato _____ e questo ha influenzato molto il suo modo di scrivere. La forma letteraria in cui si esprime meglio è il _____.
Ma i suoi interessi sono vari: ha scritto saggi, _____ e poesie.
Il suo libro che consiglierebbe a un nuovo lettore è _____, perché è quello più personale e "italiano". Racconta la storia di suo _____ paterno, che nel secolo scorso è emigrato negli _____ _____.
Però quello a cui è più legata è *La lunga attesa dell'angelo*, in cui parla del pittore Tintoretto e di sua _____ Marietta, anche lei _____.
La parola che detesta è "_____", che vorrebbe cancellare dal _____.

Se vuoi, guarda l'intervista completa a Melania Mazzucco nella rubrica *10 domande a*.

ESERCIZI 5

SEZIONE B I classici

3 I più venduti di sempre
Sottolinea *l'opzione corretta tra quelle* **evidenziate**.
Attenzione: in due casi sono giuste *due* opzioni.

> **Quali sono i libri italiani più venduti di sempre?**
>
> Nella classifica dei bestseller italiani di tutti i tempi il primo posto va a *Il nome della rosa*. Si stima che il romanzo di Umberto Eco **abbia venduto / aveva venduto / venda** circa 50 milioni di copie e che **è / sia / siano** al diciannovesimo posto nella top 100 dei libri più venduti di ogni Paese.
> Il libro, **che / del quale / in cui** è ambientato nel 1327 in un monastero del nord Italia, è un insieme di **generi / saggi / tipi** diversi: giallo, romanzo storico, racconto epico.
> Al secondo posto troviamo un capolavoro immortale, *Le avventure di Pinocchio*, che in circa 140 anni **abbiamo / avevano / hanno** tradotto in più di 240 lingue e che ha venduto circa 35 milioni di copie. Non **sola / solamente / solo** una favola per bambini, ma un classico della letteratura in assoluto.
> Al terzo posto c'è *Va' dove ti porta il cuore* della scrittrice Susanna Tamaro, con 16 milioni di copie vendute, un romanzo epistolare **che / in cui / nel quale** leggiamo le lettere di Olga, anziana e malata, alla amata nipote, che dopo un'infanzia passata con la nonna è andata a vivere in America.
> In una lunga confessione in forma di lettera, Olga racconta alla ragazza la vita e i segreti **della propria / di propria / propria** famiglia. Per lettori che amano le storie ricche di sentimenti. Infine, al quarto posto, troviamo forse il libro più grande di tutti, la *Divina Commedia* di Dante Alighieri.
>
> **DANTE ALIGHIERI (1265 – 1321)**
>
> Per il padre della lingua italiana **ci si calcolano / si calcola / si calcolano** circa 12 milioni di copie vendute. Ma attenzione: questa classifica considera solo le copie vendute a partire dal ventesimo secolo, mentre l'opera è del Trecento.
> Uno dei più **grandi / migliori / ottimi** capolavori della letteratura di tutti i tempi.

4 Un bestseller
a Leggi l'inizio di questo famoso romanzo. È uno dei libri italiani più venduti di sempre che hai visto al punto 3. Sai qual è?

> Sei partita da due mesi e da due mesi, a parte una cartolina nella quale mi comunicavi di essere ancora viva, non ho tue notizie. Questa mattina, in giardino, mi sono fermata a lungo davanti alla tua rosa. [...]
> Ti ricordi quando l'abbiamo piantata? Avevi dieci anni e da poco avevi letto *Il Piccolo Principe*. Te l'avevo regalato io come premio per la tua promozione. Eri rimasta incantata dalla storia.

b Ordina cronologicamente queste azioni, dalla più lontana nel tempo (1) alla più recente (6).

- [ ] sei partita da due mesi
- [ ] mi comunicavi di essere ancora viva
- [ ] mi sono fermata a lungo davanti alla tua rosa
- [ ] l'abbiamo piantata
- [ ] da poco avevi letto il Piccolo principe
- [ ] te l'avevo regalato io

5 Abitudini di lettura
Completa il testo con le parole della lista.
Attenzione: ci sono *tre* parole in più!

alla fine | all'inizio | ce | infine | lo | ne | poi | propri | proprio | questo | uno

il LIBROMANIACO
blog per maniaci della lettura

IO E LA LETTURA:
COSA FACCIO E COSA NON FACCIO

1. _____, prima di leggere un libro, controllo sempre quante pagine ha. _____, mentre leggo, calcolo sempre quante _____ mancano alla fine.
2. Non leggo mai subito la fine del libro, come fanno molti. Non ha _____ senso per me.
3. Leggo sempre due libri insieme: un classico e un'opera contemporanea. _____ dell'anno calcolo quanti ne ho letti.
4. Penso che _____ debba leggere solo i _____ libri. Per questo non amo prestarli. Se voglio leggere un libro e non _____ l'ho, me lo compro.

5 ESERCIZI

SEZIONE C Leggere e informarsi

6 Edicole
a *Completa l'articolo con le parole della lista.*

almeno un | 50% | ci si | giornali | i lettori | meno metri | riviste | stampa | un terzo | uno su quattro

UN'EDICOLA A ROMA

Lunga vita all'edicola

Le edicole sono un luogo importante nella vita di una città, perché sono un punto di incontro per le persone che abitano nel quartiere, sono luoghi aperti sulla piazza e sulla strada, insomma sono una finestra sulla nostra quotidianità. Oggi, però, sono sempre _____ numerose: 20 anni fa erano 36000, oggi ne sono rimaste meno di _____ (11000). Questo perché non si comprano più spesso _____ di carta: il numero di italiani che leggono i quotidiani negli ultimi vent'anni è diminuito di circa il _____ (dal 67% al 33%). Per evitare la chiusura, molte edicole hanno iniziato a vendere souvenir, giochi, biglietti di autobus ecc. al punto che oggi dei prodotti venduti solo _____ è un giornale (precisamente il 25,7%). In alcune città si cerca di resistere a questa tendenza con iniziative originali e preziose.
A Perugia è nato il progetto Edicola 518, uno spazio di 4 _____ quadrati trasformato in un centro culturale: non un semplice punto vendita di riviste e giornali, ma anche una microlibreria, microgalleria d'arte, *location* per appuntamenti culturali dove si organizza _____ evento al giorno. A Milano hanno inventato l'edicola mobile: un Ape Piaggio che "segue" _____ e vende giornali in giro per la città. A Roma esiste, vicino a Castel Sant'Angelo, il chiosco Eastwest che ha deciso di promuovere la _____ internazionale di qualità e le _____ scientifiche e culturali. Molto frequentato è "l'incontro del sabato mattina", in cui _____ ritrova a bere un caffè e a discutere dei principali avvenimenti di politica internazionale.

b *Coniuga i verbi tra parentesi al congiuntivo imperfetto.*

Non pensavo che:
- nelle edicole i giornali (*essere*) _____ solo il 25,7% dei prodotti venduti.
- qualcuno (*potere*) _____ creare un centro culturale di 4 metri quadrati come a Perugia.
- a Milano (*esistere*) _____ un'edicola mobile.
- da Eastwest a Roma (*loro – fare*) _____ anche degli incontri.

7 Non pensavo che...
Abbina le parti di sinistra e di destra per formare frasi, e coniuga i verbi tra parentesi al congiuntivo passato o imperfetto.

1. Non ho visto il meteo e sono uscito senza ombrello. Non pensavo che
2. Quando ho letto che un uomo era riuscito a mangiare 10 panini in un minuto, ho pensato che
3. Mi sembra che il *Corriere della Sera*
4. Non ho visto la partita della Juventus, ma credo che
5. Ho sentito l'intervista al Ministro degli Esteri in visita a Berlino. Non pensavo che

a. (*nascere*) _____ circa 150 anni fa.
b. (*essere*) _____ uno scherzo.
c. (*parlare*) _____ così bene tedesco.
d. (*piovere*) _____.
e. (*vincere*) _____ facilmente.

8 Attenti alle bufale!
Completa le parole evidenziate con le lettere mancanti.

Come si riconosce una bufala in rete? Ecco alcuni consigli.

- Non fermarti al **ti**_____, ma leggi tutto l'articolo. Spesso il contenuto dell'articolo può essere molto diverso e avere un significato completamente opposto.
- Controlla la fonte della **not**_____: da dove viene? Chi ha scritto l'articolo? In genere negli articoli seri c'è sempre il nome del **gio**_____. Cercalo su internet per capire chi è.
- La notizia è **prese**_____ anche su altri siti importanti? Se non si trova su un sito **affi**_____, allora è probabile che non sia vera.
- Controlla se c'è una **da**_____: si potrebbe trattare di una notizia vecchia.
- Verifica sui siti che raccolgono tutte le **bu**_____ del web. Se la notizia è presente, significa che non è vera.
- E infine: usa il buon senso. La notizia ti sembra **cre**_____? O invece ti sembra assurda? In questo caso aspetta a condividerla sui social, eviterai di fare una **figu**_____.

ESERCIZI 5

ITALIANO IN PRATICA

SEZIONE D Clicca su "annulla ordine".

9 La lingua cambia
Completa l'articolo con le parole delle due liste.

> cioè | ecco | prima | solo | spesso | tuttavia

> chattare | googlare | fotoshoppare
> mettere un "like" | postare | taggare | twittare

I neologismi di internet

Ogni anno il dizionario della lingua italiana si arricchisce di nuove parole o, come dicono i linguisti, di neologismi. _____ questo non è un fenomeno che avviene in modo autoritario o per decisione "dall'alto". Infatti, _____ che un neologismo possa entrare ufficialmente nel dizionario, deve diffondersi nell'uso comune, _____ nella lingua di ogni giorno. _____ dopo che un numero vasto di persone ha iniziato a usare spontaneamente una specifica parola, il dizionario la può accogliere.

Uno dei luoghi in cui nascono con maggior frequenza nuove parole è internet. _____ si tratta di termini che derivano dall'inglese e che usiamo in una forma "italianizzata". _____ alcuni esempi e il loro significato:
- _____: modificare un'immagine con un software. Prende il nome da un celebre programma per il lavoro grafico.
- _____: fare una ricerca in internet. Il nome deriva dal più usato motore di ricerca del web.
- _____: pubblicare un testo, una foto o un video su un social.
- _____: firmare o etichettare con un nome una foto, un video o un post.
- _____: fare una conversazione con una o più persone attraverso un'app.
- _____: pubblicare un breve messaggio su Twitter, il social da cui prende il nome.
- _____: cliccare sul pulsante "mi piace" per apprezzare un post, una foto, un video.

10 Acquisti online
Completa il cruciverba con le parole mancanti nelle definizioni. Le immagini accanto ti aiuteranno a trovare le parole.

ORIZZONTALI →

5. Se vuoi, puoi aggiungere al _____ un altro prodotto.
6. Se non ricordi che cosa hai scelto, puoi tornare alla pagina _____.

VERTICALI ↓

1. Se hai finito di selezionare i prodotti, puoi _____ con l'acquisto.
2. Se hai sbagliato, puoi _____ l'ordine.
3. Prima di fare un nuovo ordine, devi _____ il carrello.
4. Se hai un problema nell'acquisto, puoi _____ con un operatore.

11 Un ritardo molto costoso
*<u>Sottolinea</u> l'espressione corretta tra quelle **evidenziate**. Attenzione: in alcuni casi sono corrette <u>due</u> espressioni.*

▸ **Accidenti / Per favore / Senti**, mi mandi la mail con i biglietti per Parigi?

● **Ma come / Pazienza / Volentieri**, non li hai acquistati tu?!

▸ No, scusa... Credevo che lo facessi tu! Non posso pensare sempre a tutto io!

● **Mi dispiace / Stai calmo / Che peccato**, non avevo capito. Ora lo faccio subito.

▸ Lascia perdere, ci penso io, sono già sul sito. Eccoli... **Oh no! / Ti dispiace. / Oh, purtroppo!** Sono aumentati del 40%.

● **Accidenti! / Cavolo! / Magari!**

VIVERE E PENSARE ALL'ITALIANA
RUMORI A ROMA

TESTI: CHIARA PEGORARO
DISEGNI: VALERIO PACCAGNELLA

1. VAL E PIERO SONO A ROMA.

2. WOW! CHE MERAVIGLIA! È INCREDIBILE USCIRE DALLA METRO E TROVARSI PROPRIO DAVANTI AL COLOSSEO!
— EH GIÀ!

3. QUINDI DI LÀ C'È IL FORO ROMANO?
— SÌ. E IN FONDO AL VIALE SI SALE SUL COLLE DEL CAMPIDOGLIO.
BEEEP VROM BEEP

4. E LÌ C'È UNA BELLA VISTA?
— MERAVIGLIOSA, VEDRAI.
BIIIIIP VRRRR BEEEEE

5. NON VEDO L'ORA! VOGLIO FARE UN PO' DI FOTO.
RESTIAMO FINO AL TRAMONTO, POTRAI FARNE CENTINAIA!
BEEEEEE VRRRRR BEEEEEEE BEEEEE

6. BEEE BIIIIIP VRRRR BEEE VRRROM BIIIIIIP

BEEEEE
VRRRRR
BIIIIP
BEEEEP
BIP
BIP
BEEE
BIIIP
VRRRR
BIP
BEEEP
BEEEEP
POLIZIA
VRRRR
BIP
BIP
BEEE
VRR
BEE
BEEE
BIP
MA CHE SUCCEDE?
MI SEMBRA PROPRIO CHE SIA...
VRRRRR
PIIIIII
BEEP
BIP
BEEEP
VROM
BEEE
BIIIIP
VRRRRRRRRR
BEEEEP
UN MATRIMONIO?! VOI FATE TUTTO QUESTO CASINO PER UN MATRIMONIO?!
BIP
BEEEEEEE
BEEEEP
BIP
VRRRRR

> NORMALMENTE NON È PERMESSO FARE TUTTO QUESTO RUMORE PER STRADA, MA FACCIAMO UN'ECCEZIONE QUANDO FESTEGGIAMO QUALCOSA DI IMPORTANTE, COME UN MATRIMONIO O UNA PARTITA DI CALCIO DELLA SQUADRA LOCALE.

> UNA PARTITA DI CALCIO?!

> SÌ, È STATO COSÌ BELLO QUANDO ABBIAMO VINTO I MONDIALI DI CALCIO L'ULTIMA VOLTA...

> GOOOOOL!

FINE!

ATTIVITÀ

1 Le onomatopeiche BEEP e VROM *indicano il rumore del traffico. Abbina gli elementi della lista alle onomatopeiche: sono uguali nella tua lingua?*

1. uccello | 2. qualcuno bussa alla porta | 3. cane | 4. dolore | 5. starnuto | 6. gatto | 7. campana

☐ Ahi! ☐ Miao! ☐ Din don! ☐ Toc toc... ☐ Bau! ☐ Cip cip! ☐ Eccì!

2 Casino *appartiene al registro colloquiale, della lingua parlata. Selezionane i sinonimi.*
Esiste la parola casino *nella tua lingua? Se sì, ha lo stesso significato?*

○ confusione   ○ conversazione   ○ caos   ○ cerimonia   ○ disordine

3 *Seleziona le opzioni corrette. Mentre sente i rumori, Val pensa che:*

○ sia cominciata una rivoluzione.   ○ sia iniziato un attacco militare.   ○ qualcuno abbia rapinato una banca.
○ ci sia stato un terremoto.   ○ ci sia stato un incidente stradale.

ESERCIZI 6

SEZIONE A — Impatto zero

1 Un'app contro gli sprechi alimentari
Completa la descrizione dell'app con le parole della lista.

oltre | peccato | anche se | malgrado
terzo | scarica | alcune | ambiente
sebbene | quello | come | organici

AncoraBuonissimo
25K valutazioni
★★★★☆
GRATIS

_____ la nostra app e acquista il cibo che negozi e ristoranti della tua città non hanno venduto, ma che è ancora buono! A un prezzo molto vantaggioso (circa un _____ di quello di partenza) potrai mangiare e fare del bene all'_____.
Ogni anno in Europa sprechiamo 47 milioni di tonnellate di cibo: i rifiuti _____ sono, in media, quasi il 40% dei rifiuti urbani nel nostro continente. Con AncoraBuonissimo cerchiamo di contribuire alla soluzione di questo problema. Ogni giorno negozi, supermercati o ristoranti propongono _____ confezioni di prodotti freschi che non hanno venduto, le *surprize box*, che si possono prenotare tramite l'app e pagare con la carta di credito.

Un bel risparmio
★★★★★   BalducciS
L'ho provata in una panetteria. Con 5 euro ho portato a casa _____ un chilo e mezzo di pane, pizzette e biscotti. Insomma, un bel risparmio, _____ non si possano scegliere i prodotti: si porta via _____ che si trova.

Troppa *surprize*?
★★★★☆   MissIsa
La *surprize box* è... una vera sorpresa! Nella mia c'era della carne… _____, perché io sono vegetariana! _____ questo "incidente", il negoziante è stato gentile e ha fatto un'eccezione, me l'ha cambiata.

Qualità del cibo da migliorare
★★☆☆☆   Orlando
_____ garantiscono la freschezza del cibo, a volte i negozi mettono nella *surprize box* prodotti troppo vecchi: ieri mi hanno dato del pane duro _____ pietra.

2 Turismo *slow*

a Sottolinea nel testo le parti che hanno lo stesso significato delle espressioni della lista, come nell'esempio. Le espressioni sono in ordine.

✓ ultimamente | è aumentato | forte | si è diffuso
un simbolo | molto | bellissime | tante
contatto profondo | ideale | convive serenamente

> **Ecoturismo in Puglia**
>
> ── ultimamente
> Negli ultimi anni nel nostro Paese è cresciuto l'interesse per un turismo diverso, lontano dalle masse: è il fenomeno dell'ecoturismo. Anche in Puglia si è sviluppata una particolare sensibilità per un turismo ecologico, rispettoso della natura: un esempio di area in cui l'ecoturismo si è affermato è la Valle dei Trulli.
> I trulli – tipiche costruzioni rurali in pietra – sono un'icona del centro-sud della Puglia. Sono particolarmente diffusi nella Valle d'Itria, anche detta "Valle dei Trulli", dove si trovano piccole città incantevoli come Alberobello (patrimonio UNESCO dal 1996), Cisternino e Locorotondo. In questa zona si trovano numerose aziende agricole che producono olio, vino o formaggi. Scoprire le storie delle persone che lavorano in queste aziende, dormire in un trullo o in un agriturismo significa entrare in intimità con il luogo e conoscerne le tradizioni specifiche.
> Insomma, la Valle d'Itria è una destinazione perfetta per un turismo *slow*, alla scoperta dei sapori, dei colori e delle tradizioni locali in un paesaggio dove la Natura è in armonia con l'uomo.

b Indica se le informazioni sono vere (V), false (F) o non presenti nel testo (NP).

	V	F	NP
1. I trulli esistono solo nella Valle d'Itria.	○	○	○
2. *Ecoturismo* è un sinonimo di *turismo di massa*.	○	○	○
3. L'ecoturismo è particolarmente attento alle tradizioni locali.	○	○	○
4. In alcune regioni italiane l'ecoturismo non si è sviluppato per niente.	○	○	○
5. La Valle d'Itria è una zona di produzione agricola.	○	○	○
6. "Valle dei Trulli" è un altro nome della Valle d'Itria.	○	○	○
7. Dormire in un trullo può essere costoso.	○	○	○

6 ESERCIZI

SEZIONE B Dove viviamo

3 Dove vivresti o non vivresti mai?

E6 ▶ **a** *Ascolta l'intervista alle due persone e completa lo schema.*

Chi?	lei	lui
1. vorrebbe avere due case?	○	○
2. si annoierebbe in campagna?	○	○
3. cerca un luogo con una vita culturale interessante?	○	○
4. non ama i posti turistici?	○	○
5. non vivrebbe mai nella periferia di una grande città?	○	○
6. ha bisogno di avere sempre gente intorno?	○	○

b *Completa le due risposte con gli elementi delle liste, poi ascolta ancora e verifica.*

direi | mi annoierei molto, | benché sia | nonostante
se potessi scegliere | ma basta andare | penso che sia

> **1. Lei:** Allora, _____ un posto, io vivrei volentieri a Genova, perché _____ una via di mezzo perfetta. Genova è una metropoli, è dinamica, ci sono tante cose da fare, mostre, concerti, gente nuova da conoscere… È da sempre un porto importantissimo, un luogo di scambi tra cose e persone. Però _____ una grande città, Genova ha anche una dimensione umana, non è enorme, molte cose si possono fare a piedi e poi, e questa è una cosa che amo molto, vicino c'è sia la montagna che il mare. È vero che le spiagge liguri generalmente sono molto piccole e in estate sono piene di gente, _____ in montagna e si trova un po' di pace.
>
> GENOVA (LIGURIA)
>
> Se dovessi indicare un posto dove invece non vivrei mai in generale, _____ la campagna, perché è un ambiente che non conosco bene e per me è strano non avere tanta gente intorno… Se vivessi in un luogo isolato _____ non saprei cosa fare. _____ capisca benissimo chi vorrebbe vivere nella natura, scappare dal caos, dallo stress e dall'inquinamento, so che questa scelta non fa per me.

ho la sensazione che | mi piacerebbe | anche se
neanche se mi offrissero | non mi sorprende
sebbene | sarebbe

> **2. Lui:** _____ non ami i luoghi molto turistici, devo ammettere che _____ molto avere una casa a Ostuni… _____ non so se ci andrei a vivere in modo permanente… Forse la soluzione migliore per me _____ avere una seconda casa lì e poterci andare quando ne ho voglia. È un luogo incredibile, ogni volta che ci vado in vacanza lo trovo sempre più bello, con tutte quelle case bianche, il mare a pochi chilometri, il suo tipico fascino mediterraneo.
>
> OSTUNI (PUGLIA)
>
> _____ uno possa rinascere in un posto così. Infatti _____ che ci vivano tante famiglie inglesi, o tedesche, o di altri Paesi. Un posto dove invece non andrei a vivere _____ una villa è la periferia di una grande città. Se vivi per esempio a 30-40 km da una metropoli, passi ore in treno o in macchina per andare a lavorare, fai una vita stressantissima e la sera arrivi a casa distrutto.

4 Ipotesi

a *Trasforma questa parte dell'intervista al periodo ipotetico del II tipo.*

> Se vivi per esempio a 30-40 km da una metropoli, passi ore in treno o in macchina per andare a lavorare, fai una vita stressantissima e la sera arrivi a casa distrutto.

→ *Se vivessi per esempio a 30-40 km da una metropoli…*
_____

b *Fa' la stessa trasformazione con i periodi ipotetici sotto.*

1. Se abiti su un'isola lontana da tutto, dimentichi lo stress della metropoli, vai al mare tutti i giorni e la sera sei in pace con te stesso.
→ _____

2. Se abito in una piccola città, ho rapporti più intimi con la comunità locale, vedo gente tutti i giorni e non mi sento mai solo.
→ _____

3. Se vi trasferite in campagna, avete una qualità della vita superiore, state all'aperto tutti i giorni e mangiate solo prodotti freschi e naturali.

➙ _____

SEZIONE C La montagna d'estate

5 Le colline del Prosecco

a *Ordina i paragrafi del testo, come nell'esempio.*

☐ Nonostante si tratti di una notizia positiva per le istituzioni nazionali e locali, alcune associazioni a favore dell'ambiente non sono soddisfatte, perché criticano l'agricoltura intensiva e l'uso di sostanze chimiche in quest'area.

☐ Sembra infatti che il Prosecco di oggi sia molto diverso da quello che bevevano i nostri nonni. Ma non c'è solo il problema del gusto: per continuare a essere Patrimonio UNESCO sarà importante ascoltare le raccomandazioni del *World Heritage*.

☐ Si tratta di una zona agricola di colline e piccole valli, vicino a Treviso (Veneto), dove dal Medioevo si produce il vino italiano oggi più famoso nel mondo, il Prosecco.

1 Le colline del Prosecco sono ormai Patrimonio dell'Umanità UNESCO.

☐ Tra i critici, oltre alle organizzazioni ambientaliste, anche singoli personaggi come lo scrittore veneziano Tiziano Scarpa, secondo il quale diventare Patrimonio UNESCO significa perdere progressivamente la propria identità culturale.

☐ La questione dell'identità è centrale: nonostante l'Italia esporti centinaia di milioni di bottiglie di Prosecco ogni anno in tutto il mondo (il Regno Unito è il Paese che ne compra di più), il vino veneto, secondo alcuni, sta perdendo il suo gusto specifico per avere più successo sul mercato globale.

☐ In sintesi si tratterà di: preferire un'agricoltura più sostenibile, promuovere l'ecoturismo e utilizzare più energie rinnovabili.

b *Seleziona l'opzione corretta.*

1. Il Prosecco:
   ○ oggi piace a meno persone di prima.
   ○ forse aveva un gusto diverso in passato.
   ○ si produce da pochi anni.

2. Le critiche sulla produzione intensiva del Prosecco vengono:
   ○ da associazioni ambientaliste e altre persone.
   ○ dalle vecchie generazioni.
   ○ dalle istituzioni.

3. Dal testo si capisce che nell'area:
   ○ l'ecoturismo non esiste per niente.
   ○ ci sono più colline che valli.
   ○ l'uso di energie rinnovabili non è sufficiente.

6 Il lupo in Italia

Completa il testo con le parole mancanti. In alcuni casi sono possibili più soluzioni.

Tre domande sul lupo
Risponde Marianna Sandri, naturalista e giornalista scientifica

1. *È vero che qualcuno ha "reintrodotto" il lupo in Italia?*
_____, il lupo è sempre stato presente in Italia. Un secolo _____ non esisteva quasi più (_____ causa dell'uomo): all'inizio degli anni Settanta in Italia _____ erano rimasti circa 150. Poi, con la creazione di aree naturali protette, l'aumento del numero delle prede come i cinghiali e i cervi e una maggiore attenzione all'ambiente (_____ ha favorito lo sviluppo dei boschi), la situazione è cambiata: negli anni Novanta infatti il lupo _____ è diffuso dagli Appennini alle Alpi, zona dalla _____ era completamente scomparso alla fine dell'Ottocento. Oggi il progetto europeo *Life Wolf Alps* _____ ha come obiettivo la reintroduzione del lupo, bensì la protezione della popolazione già esistente.

2. *Quanti lupi ci sono oggi in Italia?*
Oggi la popolazione italiana è di circa 2000 individui, _____ cui quasi 300 sulle Alpi, _____ ogni anno la caccia illegale ne uccida tra i 300 e i 900.

3. *Il lupo è pericoloso per l'uomo?*
Sì, il lupo è pericoloso per l'uomo _____ parecchi altri animali, per esempio il cervo, il cinghiale, l'ape, la zanzara. Tuttavia bisogna ricordare che il lupo evita in tutti i modi l'incontro con l'_____, suo nemico da sempre: ha paura di noi perché _____ vede come un grande pericolo. Sente la nostra presenza a 1 km di distanza e si allontana prima che _____ ne accorgiamo. Quindi è difficilissimo incontrarlo da vicino in un bosco e, anche se dovesse succedere, basterà fare rumore: si spaventerà e _____ ne andrà.

6 ESERCIZI

ITALIANO IN PRATICA
SEZIONE D Posso parlare?

7 Il secolo caldo

a Sottolinea l'opzione corretta tra quelle evidenziate.

Un pianeta ad aria condizionata
(edizioni Aboca)
di Antonio Cianciullo

Antonio Cianciullo, giornalista, è specializzato in temi **ambientali / biodegradabili**.

In *Un pianeta ad aria condizionata* l'autore affronta il problema **rinnovabile / climatico**: un capitolo intero è dedicato agli elettrodomestici più controversi, i condizionatori.
Nel 1997 solo il 6% delle famiglie italiane ne **avevano / aveva** uno: oggi più del 30%. E nel mondo ne esistono 2 miliardi (saranno 6 miliardi nel 2050). Il condizionatore fa ormai parte del nostro paesaggio urbano: nelle città, per difenderci **dall'aumento / dal riscaldamento** delle temperature a causa **dell'aumento / del riscaldamento** globale, ci chiudiamo in case, uffici, macchine, ristoranti, palestre e negozi climatizzati. I condizionatori consumano un **dieci / decimo** dell'elettricità mondiale e rendono ancora più caldo **lo spazio / il consumo** pubblico. La popolazione del nostro pianeta si divide **ormai / mai** tra chi vive sempre al fresco **grazie all' / a causa dell'**aria condizionata e chi vive in zone sempre più calde e **pertanto / oppure** è spesso obbligato a migrare o sarà obbligato a farlo. Secondo Cianciullo, **benché / nonostante** questo scenario negativo, **è / non è** troppo tardi per trovare una soluzione alla crisi climatica: abbiamo conoscenze scientifiche e tecnologiche sufficienti per una vera rivoluzione *green*.
Inoltre le circostanze sono favorevoli: l'opinione pubblica chiede più sicurezza ambientale e l'economia **è destinata a / non ce la fa a** creare un'enorme quantità di posti di lavoro nel settore dell'ecologia.

b In alto a destra, indica se, in base alle informazioni del testo sopra, queste notizie si riferiscono a uno scenario passato (P), attuale (A) o futuro (F). Attenzione: una notizia si riferisce a due scenari.

	P	A	F
1. "La popolazione vuole più attenzione per l'ambiente"	○	○	○
2. "Fai studi ambientali? Il lavoro è garantito!"	○	○	○
3. "Il trionfo definitivo dell'economia *green*"	○	○	○
4. "Condizionatore: una rarità per gli italiani"	○	○	○
5. "Il riscaldamento climatico causa migrazioni di massa"	○	○	○

8 Valutazioni online di elettrodomestici

a Coniuga i verbi tra parentesi al congiuntivo imperfetto o presente o al condizionale presente.

1. Va benissimo per spazi piccoli e per una famiglia di tre persone, ma raffredda poco e non riesce a fare il ghiaccio. L'assistenza clienti è ridicola, gli operatori ti rispondono come se li (*tu – disturbare*) _____ nel loro giorno di riposo!

2. Mi piace che si (*potere*) _____ scegliere la temperatura in base al tipo di tessuto. È una funzione che gli altri modelli non hanno. Ne sono entusiasta, se (*io – essere*) _____ in voi, (*scegliere*) _____ questo!

3. Molto facile da pulire. Pesa poco. Ideale per chi ha animali in casa e quindi (*potere*) _____ averne bisogno ogni giorno, ma non va bene per spazi grandi perché non è molto potente.

4. Emette aria sia fredda sia calda. Purtroppo però dopo solo un anno ha smesso di funzionare bene (si sentiva odore di "tostato", come se i capelli (*stare*) _____ cuocendo!). Per fortuna l'assistenza me l'ha sostituito con uno nuovo.

5. Sebbene (*avere*) _____ la modalità sia calda sia fredda, non produce calore... Non ho voglia di chiamare l'assistenza, spero che in estate non mi (*dare*) _____ problemi e riesca a raffreddare l'ambiente...

6. Ho aperto il pacco, l'ho messo su un tavolo e l'ho acceso per scaldare il pranzo (pochi minuti fa): ora è impossibile spegnerlo!!! Non c'è modo di fermarlo, è come se il tasto *start* non (*esistere*) _____ più. Ma li testate i prodotti, prima di venderli?!

b Secondo te quale elettrodomestico hanno valutato gli utenti sopra? Abbina immagini e valutazioni.

a ___ b ___ c ___
d ___ e ___ f ___

ESERCIZI 7

SEZIONE A I numeri di Roma

1 Leggende
a Completa il testo con le parole della lista.

che | dopo | fortunatamente | infatti
insomma | ogni | realtà | secondo

LA FONDAZIONE DI ROMA

_____ la leggenda, Roma è stata fondata da Romolo nel 754 a.C. La leggenda racconta anche _____ Romolo, con il suo fratello gemello Remo, era stato generato da Rea Silvia e dal dio Marte e subito _____ la nascita era stato abbandonato vicino al fiume Tevere. _____ i due gemelli erano stati salvati e allattati da una lupa che era stata attirata dal loro pianto. In seguito erano stati trovati e educati da un pastore e dalla moglie.
Alcuni studiosi hanno ipotizzato che la lupa fosse in _____ una donna: il termine *lupa* era infatti utilizzato dai Romani per indicare le prostitute. In _____ caso, la storia di Romolo e Remo finisce tragicamente: dopo molti avvenimenti, _____, i due fratelli arrivano nella zona dove oggi sorge la "città eterna" e cominciano a discutere sull'esatto punto in cui fondare la città. Alla fine Remo è ucciso da Romolo, che diventa il primo re di Roma. _____, sembra che Roma sia nata da un fratricidio.

b In *due* casi, sostituisci *essere* con *venire* nelle forme passive del testo.

passivo con *essere*	passivo con *venire*
1. .... ➡	1. ....
2. .... ➡	2. ....

c Trasforma questa parte del testo alla forma attiva.

Fortunatamente i due gemelli erano stati salvati e allattati da una lupa che era stata attirata dal loro pianto.
➡ Fortunatamente il pianto dei due gemelli aveva attirato una lupa che li _____
_____
_____.

2 Simboli
Ordina le parole **evidenziate** e ricostruisci le frasi del testo.

La scritta SPQR

La scritta SPQR è uno dei simboli di Roma e basta girare un po' per la città per trovarla dappertutto: su fontane, palazzi, monumenti, autobus. Nel corso dei secoli questa scritta è diventata un segno di appartenenza così diffuso che oggi da
anche | molti | nei | romani | tatuaggi | usata | viene
_____.

Ma che cosa significa esattamente? Si tratta di un acronimo, cioè di una
altre | dalle | di | iniziali | lettere formata | parola | parole
_____
_____,
in questo caso *Senatus PopulusQue Romanus*, che significa *il Senato e il Popolo Romano*.
**anni | acronimo | creato | è
di | duemila | fa | più | stato**
L'_____
_____.

Nell'antica Roma indicava i due elementi più importanti della società: il Senato, cioè il governo dei ricchi e dei nobili, e il Popolo. Di questa scritta esistono anche versioni ironiche, delle
delle | è | famose | quali | più | una
_____:
Sono **P**azzi **Q**uesti **R**omani!

3 Un'opera lunga 120 anni
Completa le parole **evidenziate** con le lettere mancanti.

San Pietro
Per costruire la **ba**_____ di San Pietro ci sono voluti centoventi anni. Naturalmente quest'opera meravigliosa è il risultato del lavoro di molti **archi**_____.

Per fare solo due esempi: la **cu**_____, alta centotrenta metri, è stata progettata da Michelangelo Buonarroti; il **col**_____ sulla piazza, che è formato da 284 **col**_____, è invece stato ideato da Gian Lorenzo Bernini.

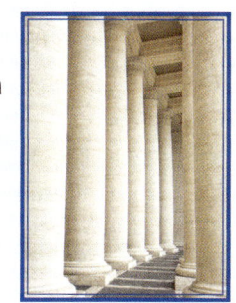

ALMA Edizioni | DIECI   217

7 ESERCIZI

SEZIONE B — La parola ai cittadini

4 Ti piace la tua città?

a *Ascolta le interviste e completa lo schema sulle città. Alcune frasi si riferiscono a più città.*

per l'intervistato/a:	Milano	Ancona	Firenze
1. è cambiata molto	○	○	○
2. è calma	○	○	○
3. ha troppi turisti	○	○	○
4. ha dei dintorni interessanti	○	○	○
5. è cara	○	○	○
6. ha un'amministrazione che ha migliorato i trasporti	○	○	○
7. ha meno traffico di prima	○	○	○
8. ha il problema del parcheggio	○	○	○
9. ha un buon clima	○	○	○
10. è ricca d'arte	○	○	○

b *Prova a completare con le parole mancanti. Poi ascolta di nuovo e verifica le tue ipotesi.*

Milano

... ma ultimi anni c'è stato un vero e proprio boom e credo che si _____ dire che l'amministrazione ha lavorato molto bene: i trasporti funzionano, il traffico è diminuito, e quindi anche l'_____ è un po' sceso, _____ l'aria in alcuni quartieri sia ancora un po' irrespirabile. Ma penso che _____ normale, non è _____ facile eliminare del tutto lo smog nelle grandi città, sarebbe _____.

c *Prova a completare con le parole mancanti. Poi ascolta di nuovo e verifica le tue ipotesi.*

Ancona

Dunque... Questa è la città _____ cui sono nato, e anche _____ poi ho vissuto in città molto più grandi, ho sempre desiderato tornare. Così un anno _____ ho cambiato lavoro e ora abito di _____ qui. Naturalmente non è più la stessa Ancona di _____ ero bambino, la città è stata trasformata _____ tempo e _____ amministrazioni che _____ hanno governata negli anni.

5 La piazza

Sostituisci nel testo le parole che hanno lo stesso significato di quelle della lista (sono in ordine). Le parole della lista sono alla forma base: fa' tutte le modifiche necessarie, come nell'esempio.

edificio religioso | municipio | abitante
personaggio importante | ✓ capitale
qualsiasi | avere

PIAZZA DUCALE, VIGEVANO (LOMBARDIA)

Erede dell'antico foro romano, la piazza è un importante luogo di incontro nelle città italiane. Qui si trovano spesso monumenti, negozi, luoghi di culto e uffici pubblici come il Comune. Soprattutto nei piccoli centri, è frequente sentire i cittadini dire "Ci vediamo in piazza.": qui ci si incontra per prendere un aperitivo e commentare i fatti del giorno.
Di solito i nomi di queste piazze ricordano i protagonisti della storia nazionale come Garibaldi, Cavour, Michelangelo, Mazzini, o hanno i nomi di altre città italiane, a cominciare *della capitale* naturalmente da quello <u>di Roma</u>. Durante il Rinascimento moltissime piazze sono state decorate da grandi artisti con statue, fontane e palazzi eleganti grazie agli investimenti di ricche famiglie locali e così oggi qualunque città italiana, grande o piccola, possiede almeno una piazza di grande bellezza.

6 Le due città

Sostituisci le parole evidenziate con il loro contrario (><).

Sono **fortunato** a vivere nella mia città perché ha amministratori **capaci** e **esperti**. Da quando sono stati eletti, c'è più **organizzazione** e **legalità**. Qui la qualità della vita è **superiore** a quella di molte altre città e tutti i cittadini sono **soddisfatti** di abitare in un posto così **vivibile**.

ESERCIZI 7

SEZIONE C | I Romani: antichi ma moderni

7 Come viveva un antico romano

a *Leggi e prova a completare il testo con le parole mancanti: per ora scrivi le tue ipotesi su un foglio a parte, non nel testo. Sono possibili più soluzioni.*

UN'ANTICA CASA ROMANA A POMPEI

1. _____ pensi agli antichi romani immagina imperatori, armi e guerre. Ma come vivevano i cittadini comuni? Dove abitavano? Che cosa mangiavano? Quali erano i 2. _____ divertimenti? Cominciamo dalle abitazioni, 3. _____ cui abbiamo una straordinaria testimonianza nel sito archeologico di Pompei, la città che è stata distrutta 4. _____ eruzione del vulcano Vesuvio nel 79 d.C. e in 5. _____ il tempo sembra essersi fermato. A 6. _____ che non fossero di classe nobile, i cittadini comuni vivevano nelle *insulae*, simili ai palazzi moderni. La *domus* era 7. _____ la casa delle persone più ricche: 8. _____ solito aveva solo un piano, varie stanze e un giardino. Vicino alle case 9. _____ trovavano le *tabernae*, 10. _____ i negozi, dove 11. _____ andava per comprare cibo o altro. In alcuni casi la *taberna* era una specie di ristorante o trattoria, formata da una sola stanza. I Romani mangiavano tre volte 12. _____ giorno: la mattina facevano colazione 13. _____ con pane e olio, uova o frutta. Il pranzo non era abbondante, mentre la cena cambiava a seconda della classe sociale: per i poveri consisteva in legumi e verdure, per i ricchi invece prevedeva pesce, carne e dolci, che di solito venivano serviti 14. _____ schiavi. I Romani passavano molto tempo nelle terme, veri e propri centri di vita sociale: qui 15. _____ incontravano, discutevano di politica, di affari. Non tutti però le frequentavano, 16. _____ che erano riservate ai più ricchi. Il resto dei cittadini nel tempo libero andava negli anfiteatri, 17. _____ delle grandi arene di 18. _____ il Colosseo è l'esempio 19. _____ famoso, a vedere gli spettacoli di gladiatori o le corse dei carri. Questi luoghi erano 20. _____ i nostri moderni stadi. In definitiva, 21. _____ possa sembrare molto distante, la vita quotidiana a Roma non era 22. _____ diversa dalla nostra.

b *Adesso completa il testo con le parole della lista. Ci sono molte differenze con le scelte che hai fatto al punto a?*

al | cioè | cioè | così | come | cui | cui | da
dall' | dato | di | di | chiunque | generalmente
invece | loro | malgrado | meno | più | si | si | si

8 Il latino lingua viva

*Completa il **passivo** dei verbi con il presente, il passato prossimo o il congiuntivo di* essere *o* venire *(a volte vanno bene tutti e due i verbi) e sottolinea l'espressione corretta tra quella **evidenziate**.*

Sebbene il latino _____ **considerato** una lingua morta, non tutti sanno che la sua salute è ottima e che i suoi fan sono in continuo aumento. Ma chi lo parla oggi?
La Chiesa cattolica ha indubbiamente un ruolo da protagonista, **che / dato che** il latino è la lingua ufficiale del mondo ecclesiastico, e _____ **utilizzato** non solo nei documenti scritti, ma anche nella vita di tutti i giorni: in Vaticano **mica / infatti** i bancomat hanno istruzioni anche in latino.
La lingua dei Romani è viva **a meno che non / anche** al Colosseo, il monumento più visitato d'Italia, che ha una audioguida in latino per i turisti interessati a immergersi nelle atmosfere dell'antica Roma.
E **basta / devi** andare su YouTube per trovare un'incredibile quantità di video **che / in cui** si parla, si insegna, si comunica in latino.
Per chiunque voglia imparare a parlare latino come un vero antico romano, a pochi chilometri dalla capitale _____ **aperta** qualche anno fa l'*Accademia Vivarium novum*, dove studenti di tutto il mondo studiano la lingua di Giulio Cesare.
Non si tratta solo di capire un testo classico, **bensì / così** di un uso "rivoluzionario" del latino: qui con il latino si fa musica, si fa teatro, si sviluppano progetti multimediali (a proposito, **lo / ne** sapevate che *multimediale* deriva da *multitudo* e *medium*, due parole latine?).
Grazie a questo innovativo metodo, in due mesi, a condizione che _____ **seguite** le indicazioni dei tutor (altra parola di origine latina!), arriverete a leggere e a tradurre Cicerone.

'ALMA.tv

Guarda il video *Il latino nell'italiano* nella rubrica Grammatica caffè.

7 ESERCIZI

ITALIANO IN PRATICA
SEZIONE D   Cornetto o brioche?

9 Coppie difficili
Completa il testo.

SENTIRE O ASCOLTARE?

Che differenza c'è tra *sentire* e *ascoltare*? E tra *vedere* e *guardare*? Se non lo sapete, non vi preoccupate: a meno che non siate dei linguisti, non vi sarà facile rispondere. Infatti non solo gli stranieri che studiano la nostra lingua, ma anche molti italiani avrebbero difficoltà a spiegare bene la differenza di significato e d'uso tra questi verbi.
Per semplificare, possiamo dire che *sentire* e _____ sono azioni automatiche, non volontarie, che facciamo con le orecchie e con gli occhi. Invece _____ e _____ sono azioni coscienti, che richiedono volontà e attenzione.
Quindi: io _____ *un rumore, un suono* ecc.
Ma: io _____ *una lezione, una canzone* ecc.
E: io _____ *un colore, meglio con gli occhiali* ecc.
Ma: io _____ *un panorama, una foto* ecc.
Un'altra coppia di verbi "difficili" da distinguere è sicuramente *sapere* e *conoscere*. In questo caso la spiegazione è un po' più complicata. Innanzitutto: _____ indica qualcosa che riguarda la conoscenza pratica, cioè una capacità, un'abilità: io _____ *guidare la macchina*, io non _____ *suonare il pianoforte* ecc. _____ invece si usa per indicare la conoscenza di una persona: io _____ *Sandra*, io _____ *Paolo* ecc., cioè sono in contatto con loro, non sono persone nuove per me.
_____ indica anche un'esperienza diretta e attiva di qualcosa: io _____ *la matematica* (cioè l'ho studiata bene), io _____ *Parigi* (cioè ci sono stato). _____ si usa invece per dire che ho un'informazione: io _____ *che il tuo insegnante si chiama Antonio*, io _____ *che oggi è lunedì*.

10 Come parlano gli italiani

a *Leggi il testo: conosci alcuni di questi usi regionali dell'italiano?*

L'ITALIANO REGIONALE
Oltre all'italiano standard, cioè all'italiano che studiamo nelle grammatiche e che da nord a sud è condiviso da tutti, esiste anche un italiano regionale, cioè la varietà di italiano che caratterizza ogni regione o zona d'Italia. Si tratta di un italiano meno "ufficiale", che si usa soprattutto nella comunicazione orale. Ecco alcune differenze nella lingua parlata tra il nord e il sud Italia.

NORD
- **articolo davanti ai nomi di persone**
In alcune città (per esempio Milano, Torino, Bologna) davanti a un nome di persona di solito si mette l'articolo:
*Ho parlato con **la** Teresa.*
*Voglio invitare a cena **il** Paolo.*

- ***si*** **impersonale invece di** ***noi***
In Toscana è molto usato il *si* impersonale con la terza persona singolare del verbo al posto della prima persona plurale (*noi*).
*Che dite, **si va** a mangiare?* (= Andiamo a mangiare?)

SUD
- ***Voi*** **invece di** ***Lei***
È diffuso l'uso del *Voi* al posto del *Lei*:
*Buongiorno signor Mario, come **state**?*

- ***stare*** **invece di** ***essere***
Per esprimere la posizione di qualcuno o qualcosa, si preferisce usare *stare* al posto di *essere*.
*La bottiglia **sta** sul tavolo.*

- ***tenere*** **invece di** ***avere***
In alcune città (per esempio Napoli) per dire che si ha qualcosa, si usa *tenere* al posto di *avere*.
*Alfredo **tiene** vent'anni.*

b *Riscrivi le frasi in italiano standard.*

1. Scusate, Dottoressa, potete ripetere?
   → _____

2. Stasera viene anche la Francesca con l'Architetto Betti.
   → _____

3. Siccome non tenevo soldi, ha pagato Luca.
   → _____

4. Se ci dite dove siete, vi si raggiunge subito.
   → _____

5. In frigo non ci sta niente, che mangiamo?
   → _____

VIVERE E PENSARE ALL'ITALIANA
OSPITALITÀ DEL SUD

TESTI: CHIARA PEGORARO
DISEGNI: VALERIO PACCAGNELLA

VAL E PIERO SONO IN VIAGGIO.
— GUARDA CHE BEL MARE!
— TI PIACERÀ UN SACCO, LA CALABRIA HA DELLE SPIAGGE MERAVIGLIOSE.

— E AI TUOI ZII NON DISPIACE SE DORMIAMO DA LORO?
— MA FIGURATI! GLI FA PIACERE, VIENI...

— PIERO!
— CIAO ZIA!
— PIACERE!
— PIACERE MIO!

— VOI ANDATE IN CAMERA A RIPOSARVI, FINIAMO DI PREPARARE E ALLE 9:00 FACCIAMO UNA BELLA CENA TUTTI INSIEME!
— GRAZIE ZIA!

A CENA...
— ANCORA LASAGNE?
— NO, GRAZIE. SONO PIENO.

— MANGIA, CARO! TI VEDO SCIUPATO.
PLOP

PIÙ TARDI...

— PFF... I TUOI ZII SONO OTTIMI CUOCHI. MA MANGIANO SEMPRE COSÌ TANTO?
— SOLO QUANDO CI SONO OSPITI.

— BE', COMUNQUE SONO GENTILISSIMI I TUOI ZII. BUONANOTTE!
— 'NOTTE.

IL MATTINO DOPO...

— BUONGIORNO RAGAZZI! AVETE DORMITO BENE? PREPARIAMO SUBITO LA COLAZIONE!
PFIEFFFF
PFFFFFFF

— MA CHE SUCCEDE? PERCHÉ I TUOI ZII DORMONO IN SOGGIORNO?
— EHM, CI HANNO DATO LA LORO CAMERA, NON CE NE SONO ALTRE.

— COOOOSA?!
— AH, NON ERA CHIARO?

— MA IO NON CONOSCO QUESTA CASA! LA STANZA DOVE ABBIAMO DORMITO NON È LA CAMERA DEGLI OSPITI? I TUOI ZII DORMONO IN SOGGIORNO, PER TERRA?!
— EHM, SÌ!

> NELL'ITALIA DEL SUD L'OSPITALITÀ È SACRA. MOLTI PADRONI DI CASA SI SACRIFICANO PER IL CONFORT DEGLI OSPITI.

> MA QUESTO È TROPPO, NON POTRÒ MAI RICAMBIARE! NON MI SEMBRA IL CASO DI RESTARE, ANDIAMO IN ALBERGO!

> COSÌ LI OFFENDEREMMO A MORTE! PIUTTOSTO, PRIMA DI ANDARE VIA INVITALI A CASA TUA. QUI SI RICAMBIA COSÌ.

> TEMPO DOPO...

> * TRADUZIONE: TESORO! CI SONO DUE SIGNORI ITALIANI CHE TI CERCANO...

> FINE!

ATTIVITÀ

1 Nell'episodio ci sono varie espressioni colloquiali. Selezionane il significato. Attenzione: in un caso sono corrette tutte e due le opzioni.

1. un sacco — ○ parecchio — ○ abbastanza
2. Ma figurati! — ○ Non saprei! — ○ Per niente!
3. Sono pieno. — ○ Sono a dieta. — ○ Ho mangiato abbastanza.
4. Ti vedo sciupato. — ○ Mi sembri troppo magro. — ○ Lo so che ti piace tanto.
5. Non mi sembra il caso. — ○ Per me è sbagliato. — ○ Penso che non sia opportuno.
6. a morte — ○ per niente — ○ tantissimo

2 Completa i periodi ipotetici con il congiuntivo imperfetto e il condizionale presente.

1. Se gli zii di Piero non (avere) _____ ospiti, non (mangiare) _____ così tanto a cena.
2. Gli zii di Piero non (dormire) _____ in soggiorno se in casa (esserci) _____ una camera in più.
3. Se Val e Piero (trasferirsi) _____ in albergo, gli zii di Piero (offendersi) _____ a morte.

8 ESERCIZI

SEZIONE A — Un'icona dello stile italiano

1 Pitti Uomo

E10 a *Ascolta e seleziona le parole che senti nel servizio televisivo.*

○ moda ○ vestiti ○ abbigliamento ○ maschile
○ eleganza ○ abiti ○ scarpe ○ calzature ○ accessori
○ stilisti ○ collezioni ○ occhiali ○ marchi ○ stile
○ femminile ○ look ○ negozi ○ costume ○ gusto

PONTE VECCHIO A FIRENZE

b *Ascolta ancora e seleziona le informazioni corrette. Le informazioni non sono in ordine.*

1. Pitti Uomo:
   ○ è aperto solo a chi lavora nella moda.
   ○ si può visitare comprando un biglietto.

2. L'ecologia è una tendenza:
   ○ diffusa soprattutto nella moda femminile.
   ○ diffusa nella moda contemporanea.

3. Pitti Uomo si tiene:
   ○ prima della Settimana della Moda di Milano.
   ○ quattro volte all'anno.

4. Le capitali della moda italiana sono:
   ○ Milano e Firenze.
   ○ Milano, Roma e Firenze.

5. I musei fiorentini dedicati alla moda sono aperti:
   ○ tutto l'anno.
   ○ solo durante Pitti Uomo.

6. I visitatori di Pitti Uomo vengono:
   ○ da tutto il mondo.
   ○ solo dall'Europa.

7. Gli stilisti che partecipano a Pitti Uomo
   ○ sono famosissimi e di vari Paesi.
   ○ sono di vari Paesi.

2 La Milano Fashion Week
Completa il testo con le parole della lista.

viene presentata | mostrano | hanno organizzando | invitati | presentando pubblicando | facendo | permettono | fossero

_____ parte delle "Big Four" insieme a New York, Londra e Parigi, la Settimana della Moda di Milano è una delle più importanti al mondo. Si tiene due volte all'anno: a gennaio / febbraio _____ la collezione invernale e a settembre / ottobre quella estiva. _____ le loro collezioni con quasi un anno di anticipo, le case di moda _____ ai negozi di selezionare e acquistare abbigliamento con la giusta attenzione. Gli stilisti mostrano le collezioni _____ le sfilate come se _____ dei veri spettacoli in cui la musica e la scenografia _____ un ruolo importantissimo.
Chi sono i fortunati _____ a queste sfilate? Soprattutto *buyer* ma ovviamente anche tanti *influencer* che, _____ foto e video online, _____ le sfilate anche al grande pubblico.

3 Tempo di cottura: una canzone
Sottolinea l'opzione corretta tra quelle evidenziate.

Odiate aspettare che la pasta **sia / è** pronta? Forse dipende da **come / che** calcolate il tempo di cottura: lo **fate mettendo / mettete facendo** un timer? O semplicemente **avrete guardato / guardando** l'orologio?
L'azienda Barilla ha inventato un metodo più divertente che può aiutarvi, **creando / creerebbe** delle playlist di canzoni che **durano / durando** esattamente il numero di minuti necessari per la cottura dei tipi di pasta più famosi: penne, spaghetti, fusilli... Così potrete cucinare a ritmo di musica e l'attesa diventerà finalmente un momento **piacevole / spiacevole**! 
Le playlist sono composte da canzoni **appartenendo / che appartengono** ai 4 generi più amati dagli italiani: pop, hip hop, indie e grandi classici del passato. **Inoltre / Bensì** degli artisti italiani di fama internazionale hanno realizzato delle immagini per accompagnare le playlist. Davvero **un'ottima / una migliore** idea di Barilla, che in questo modo ha fidelizzato ancora di più i suoi clienti.

ESERCIZI 8

SEZIONE B Classici del design italiano

4 Intervista a un giovane liutaio
*Completa le parole con le lettere mancanti e trasforma i **verbi** tra parentesi in aggettivi in -bile. Attenzione: devi inserire anche il prefisso per formare il **contrario** dell'aggettivo.*

Elia Bergamo, costruttore di violini

Come mai hai deciso di diventare liutaio? Come ti sei formato?
Dopo il l[ ][ ]e o scientifico mi sono iscritto all'università, ma ho capito fin da s u[ ][ ][ ]o che non era la strada giusta per me: avevo voglia di lavorare con le mani. S i[ ][ ][ ]m e sono sempre stato appassionato di musica e da bambino suonavo il pianoforte, ho pensato di occuparmi di strumenti m u[ ][ ]c[ ][ ]i, i s c r[ ]v[ ]n[ ][ ]m i alla Civica Scuola di Liuteria di Milano. Lì ho studiato quattro anni e s[ ]c c[ ][ ]s i[ ]a m[ ][ ][ ]e ho passato a[ ][ ]u[ ]i mesi nella bottega di un mastro liutaio, m[ ]t t e[ ][ ][ ]o in pratica tutto quello che a[ ][ ]v[ ] studiato prima. È stata un'esperienza davvero (*dimenticare*) _____.

Poi hai creato un laboratorio tuo: una scelta coraggiosa!
A un certo p[ ]n[ ][ ] ho capito che volevo nuove sfide. In un p[ ][ ][ ][ ] m[ ][ ]e n[ ][ ] l'idea di diventare un imprenditore sembrava un sogno (*raggiungere*) _____, invece eccomi qua!
È una soddisfazione (*immaginare*) _____!
Ma il laboratorio non è solo mio: io e altri artigiani lo condividiamo c[ ][ ]c a[ ][ ]o di ridurre le spese... Per me l'amicizia e la collaborazione dei colleghi è (*sostituire*) _____, litighiamo solo sulla radio da ascoltare!

Che cosa consiglieresti ai giovani che vorrebbero seguire il tuo esempio?
Di avere pazienza d[ ]t[ ] che[ ][ ] vuole molto tempo per diventare bravi. Si può sempre migliorare uno strumento, quindi bisogna vivere il lavoro come se f o[ ]s[ ] un allenamento. Il bello di questo lavoro è proprio l'aspetto (*prevedere*) _____: è un'esperienza sempre diversa, un percorso verso la perfezione che dura tutta la vita.

Guarda il video Milano / Prima parte *nella rubrica* In viaggio con Sara.

5 Un'icona dello stile italiano
Per ogni coppia di parole uguali, seleziona quella che si trova nella posizione corretta.

Si dice [che] la moka sia il prodotto di design italiano più famoso [che] di tutti tempi. [Certo] è che questa macchina per il caffè, [certo] oltre a essere presente in moltissime case (non solo in Italia), [la] possiamo ammirare [la] anche al MoMA di New York, [come] se fosse [come] una vera e propria opera d'arte. È stata ideata nel 1933 da Alfonso Bialetti: secondo la tradizione, [osservando] l'ispirazione per crearla gli è venuta... [osservando] una lavatrice! Prima dell'invenzione della moka, in Italia [usando] il caffè si faceva [usando] un pentolino. Sapete perché la moka si chiama [così]? Il suo nome [così] deriva dalla città di Mokha nello Yemen, una delle più importanti zone di produzione del caffè al mondo.

6 Come...?
Trasforma i verbi tra parentesi al gerundio. Dove segnalato, aggiungi il pronome.

Tre domande a Clive

1. Come hai imparato la lingua italiana?
   Clive:
   - (*Parlare* + pronome) _____ con i miei amici di Firenze.
   - (*Frequentare*) _____ un corso.
   - (*Studiare* + pronome) _____ da solo.

2. Come hai imparato le ricette della cucina italiana?
   Clive:
   - (*Chiedere* + pronome) _____ sempre ai miei amici di Firenze!
   - (*Fare*) _____ molti esperimenti sbagliati!
   - (*Seguire*) _____ tutorial su internet.

3. Come hai imparato a vestirti così bene?
   Clive:
   - (*Ispirarsi*) _____ a mio zio, un vero dandy!
   - (*Guardare*) _____ le vetrine a Milano!
   - (*Comprare*) _____ abbigliamento e calzature nei migliori negozi della mia città.

8 ESERCIZI

SEZIONE C Una lingua armoniosa

7 L'italiano, una lingua di moda
Completa il testo inserendo al posto giusto il numero corrispondente a ogni gruppo di parole.

1. suono risveglia immediatamente immagini da sogno per i giapponesi
2. musicalità è apprezzata in tutto il mondo
3. associandole a una parola giapponese con suono simile
4. la cui insegna dice: C**ZO!
5. vengono usate generalmente per promuovere prodotti di
6. magari senza accento o con qualche doppia che non ci

> La lingua italiana, la cui ___, recentemente è diventata una vera moda, soprattutto in Giappone. Qui infatti, nelle insegne dei negozi, nelle pubblicità, nelle riviste, in TV, troviamo parole italiane che ___ lusso. Queste parole, il cui ___, sono spesso usate in modo illogico. Di solito sono scritte in modo più o meno esatto (___ vorrebbe), ma senza alcun collegamento con l'oggetto al quale si riferiscono. Infatti, si scelgono parole un po' a caso, spesso ___. Così, l'effetto a volte è davvero comico per un italiano, come nel caso della parola *pipì* associata a una linea di gioielli, o *Dio* al marchio di uno scooter, per non parlare del negozio di abbigliamento ___

8 Una lingua da museo
Sottolinea l'opzione corretta tra quelle evidenziate.

> **Il Museo della Lingua italiana**
> A Firenze, patria del sommo poeta Dante Alighieri, nascerà il museo della lingua italiana.
> **Presentandolo / Presentando** al suo interno sia una parte interattiva e multimediale **che / oppure** una raccolta di oggetti (documenti, libri antichi, vocabolari ecc.), racconterà la storia della lingua italiana e **le / ne** descriverà le caratteristiche, tra **cui / i cui** i moltissimi dialetti.
> Avranno un ruolo importante i neologismi dell'italiano contemporaneo, che **registra / vengono registrati** continuamente dall'Accademia della Crusca. La Crusca è il principale centro di ricerca sulla lingua italiana, **di cui / i cui** esperti parteciperanno all'organizzazione del museo.

'ALMA.tv
Guarda il video
Boh! - Mah... nella rubrica
Vai a quel paese.

9 Espressioni melodiche
Completa il testo con le parole della lista.

gattara | avrà sentito | riflettendo | zanzara | tanto
orecchio | allora (x3) | portandogli | sarà finito | che
boh (x2) | il cui (x2) | gattare | da | risultando
orecchiabile | pantofola | memorizzabile | insuperabile

Italiano per tutti i gusti
Il blog di Ksenia Filippova, insegnante di italiano

Per me l'italiano è una lingua melodica: per questo ho deciso prima di impararla, poi di insegnarla nel mio Paese! Oggi vi presento sette espressioni o parole _____ suono è per me di una bellezza unica.

1. _____!

Questa esclamazione significa: *Non ne ho idea! / _____ ne so?*. Si usa nella lingua parlata, in contesti informali. Esempio:
● Dove _____ Alessio?
▶ _____, sarebbe dovuto essere qui mezz'ora fa!

2. pantofolaio

La _____ è un tipo di scarpa da casa. Il pantofolaio è una persona pigra che non ha mai voglia di uscire.

3. _____

La parola si riferisce generalmente a una signora anziana che si occupa dei gatti del quartiere, _____ acqua e cibo. In Italia non esiste città senza _____!

4. _____...

Chiunque sia stato in Italia _____ almeno una persona cominciare le proprie frasi così. _____ si usa spessissimo all'inizio di un discorso: serve a prendere tempo _____ su quello che si vuole dire. Esempio:
● Vado a fare la spesa, che cosa serve?
▶ _____... Prendi dei pomodori, del riso...

5. chiacchierone

Questa bellissima parola indica una persona che parla tanto, _____ spesso noiosa e superficiale. Esiste anche il verbo *chiacchierare* e il sostantivo *chiacchierata*.

6. _____

Questo insetto è _____ fastidioso quanto magnifica è la parola che lo descrive. Un'onomatopea _____: ne conoscete una migliore? Zzzzzzzz...

7. _____

L'aggettivo deriva ovviamente da _____ e si riferisce a canzoni o musiche _____ motivo è facilmente _____, semplice _____ ricordare o imparare.

E voi conoscete altre parole bellissime in italiano?

226 ALMA Edizioni | DIECI

ESERCIZI 8

ITALIANO IN PRATICA

SEZIONE D Facciamo l'aperitivo.

10 Il re dei cocktail
Leggi il testo e poi indica se le affermazioni sono vere (V) o false (F).

> ## Il Negroni
> Il Negroni è uno dei cocktail italiani più famosi al mondo: ha un gusto inconfondibile e si serve in un bicchiere basso, pieno di ghiaccio. Immancabile poi una profumata fetta d'arancia. Come è nato? Si dice che all'inizio degli anni Venti il conte Camillo Negroni, un uomo di cultura e giramondo, abbia chiesto al suo barman di fiducia di fargli un Americano (un cocktail a base di vermouth rosso, bitter e acqua frizzante) mettendo però il gin al posto dell'acqua frizzante. Quella bevanda, la cui ricetta da allora non è cambiata, è diventata poi famosa e ha preso il nome del suo inventore. Oggi il Negroni è considerato un simbolo dell'aperitivo italiano e, grazie al suo sapore semplice e deciso, è tra i cocktail più amati. Ordinandolo al posto dello Spritz, farete sicuramente una bella figura: secondo alcuni è molto più raffinato ed elegante. Ma attenzione: è anche molto più alcolico! Non dimenticate di accompagnarlo con degli stuzzichini.

		V	F
1.	Il Negroni ha un gusto che si riconosce molto facilmente.	○	○
2.	Il Negroni è una bevanda che si beve con poco ghiaccio.	○	○
3.	Il Negroni prende il nome dal barman che l'ha inventato.	○	○
4.	Il Negroni è un Americano a cui è stato cambiato un ingrediente.	○	○
5.	Uno degli ingredienti del Negroni è l'acqua frizzante.	○	○
6.	La ricetta del Negroni è stata modificata nel tempo.	○	○
7.	Il Negroni si beve soprattutto per l'aperitivo.	○	○
8.	Se uno ordina un Negroni, fa una figuraccia.	○	○
9.	Il Negroni è meno alcolico dello Spritz.	○	○
10.	È consigliabile mangiare qualcosa mentre si beve un Negroni.	○	○

11 Frasi al bar
Indica chi dice di solito queste frasi: il cliente (CL) o il cameriere (CA)?

		CL	CA
1.	Fate il servizio al tavolo?	○	○
2.	Che tipo di cocktail fate?	○	○
3.	Avete delle patatine?	○	○
4.	Il buffet è incluso nel prezzo dell'aperitivo?	○	○
5.	Dovrebbe prima fare lo scontrino.	○	○
6.	Le porto degli stuzzichini?	○	○
7.	Pago alla cassa?	○	○
8.	Naturale o frizzante?	○	○
9.	Di birra abbiamo solo quella chiara, Le va bene?	○	○

12 Contro l'apericena
Ordina le parole evidenziate e ricostruisci le frasi del testo.

> **Tre ragioni per odiare l'apericena**
> L'apericena è una tradizione detestabile,
> **agli | cui | risale | anni | la | origine**
> _____ '90.
> Si è diffusa prima in nord Italia e poi in tutta la penisola. In che cosa consiste? Quando si fa l'apericena, si beve una bevanda alcolica o analcolica non
> **come | con | nel | stuzzichini, classico | accompagnandola | pochi**
> _____
> aperitivo, ma con un ricco buffet, saltando la cena. Sembra una buona idea? E invece non lo è. Vi spiego in tre punti perché è da evitare.
> **1. È scomoda e imbarazzante!**
> Da lontano il buffet può sembrare ricco, ma poi avvicinandoti vedi che le porzioni sono minuscole e sei costretto a fare avanti e indietro dal tuo tavolo a quello del buffet
> **fossi | di | centinaia | se insaziabile | volte, | come**
> _____.
> **2. Il cibo è pessimo!**
> Certamente
> **solo | si | mangiando | fa stuzzichini | pasto | non | un**
> _____
> bilanciato, ma questo per una volta potrebbe anche andare bene... Il vero problema è che il cibo dei buffet è spesso vecchio e quasi immangiabile.
> **3. Costa troppo!**
> Un'apericena può avere un costo superiore ai 20 euro:
> **con | il | pizza | di | prezzo confrontandolo | ci | una**
> _____
> si accorge subito che non ne vale la pena!

ALMA Edizioni | DIECI 227

9 ESERCIZI

SEZIONE A Scritto e orale

1 Un professore terribile
<u>Sottolinea</u> l'espressione corretta tra quelle **evidenziate** nel dialogo tra due studentesse universitarie. Poi ordina le frasi da 1 a 11, come negli esempi.

☐ No. Con Binetti.

[3] Perché fai quella faccia? 26 su 30 non è **ancora / mica** male.

[11] Ma dai… Allora **ti / te** è andata bene!

☐ Sì, confermo. Mi ha fatto delle domande impossibili… Ma non solo a me. Oggi ha bocciato cinque studenti **per / su** dieci.

☐ Allora, com'è andato l'orale?

☐ Sì, certo. Ma oggi non c'era… **Aveva / Avrà** avuto da fare.

☐ Mah, speravo in un voto migliore. All'ultimo esame **ero / ho** preso 30, invece oggi non sono stata molto brillante e così mi hanno dato un voto più basso.

☐ Ah, il sostituto. Come mai? Il professor Magri non si occupa **già / più** degli esami?

☐ L'esame l'hai fatto con il professor Magri?

☐ Insomma, così così. Ho preso 26.

☐ Dicono che questo Binetti **sarà stato / sia** terribile.

2 Futuro semplice o anteriore?
Coniuga i verbi tra parentesi al futuro semplice o anteriore. Poi unisci le parti di sinistra e destra e ricostruisci le frasi.

1. Dopo che (io – finire) _____ l'università,
2. Ti (io – mandare) _____ un messaggio
3. Rocco non si è presentato all'esame:
4. All'esame scritto c'erano molti candidati:
5. Quando i miei figli (laurearsi) _____,
6. Non mi chiedere dov'è Anna,

a. (loro – essere) _____ almeno 200.
b. appena (io – finire) _____ l'esame.
c. (stare) _____ studiando, come sempre.
d. (io – fare) _____ un master.
e. (lui – studiare) _____ poco.
f. per loro non (essere) _____ facilissimo trovare un lavoro.

3 Esami facili

a Completa con il verbo avere alla forma corretta: presente indicativo (tre verbi), futuro (un verbo), congiuntivo (un verbo).

> **esamifacili.it**
> **un servizio per tutti gli studenti universitari**
>
> Chiunque _____ frequentato l'università _____ fatto, almeno una volta nella vita, un esame difficile, quello considerato da tutti come l'esame "impossibile". E allora: cosa fare per affrontarlo? Innanzitutto, è importante sapere che l'esame veramente impossibile non esiste. Infatti, quando si _____ un buon metodo di studio e si dedica un tempo adeguato alla preparazione, si può superare qualunque esame.
> Spesso, una prova diventa difficile solo perché non _____ abbastanza fiducia in noi stessi o perché ci lasciamo influenzare dalle opinioni degli altri: il professore è terribile, il tempo per completare la prova scritta non è sufficiente, all'orale fanno domande troppo complicate ecc.
>
> Non sei ancora convinto? Allora chiedi aiuto! Noi _____ il servizio giusto per te! Iscriviti a **esamifacili.it** e trova l'insegnante più preparato per il tuo esame.

b Sostituisci le parti **evidenziate** con il gerundio dei verbi.

> Infatti, **quando si ha** _____ un buon metodo di studio e **si dedica** _____ un tempo adeguato alla preparazione, si può superare qualunque esame.

ESERCIZI 9

SEZIONE B — Il curriculum vitae

4 I consigli di un'esperta di selezione del personale **E11**
Prova a completare con le parole mancanti l'intervista alla Dottoressa Palumbo che hai ascoltato nella Lezione 9B.
Poi ascolta e verifica.

- Il curriculum vitae... Com'è quello ideale?
▶ Cominciamo col dire che non esiste un _____ ideale.
- In che senso?
▶ _____ _____ _____ il curriculum perfetto è quello che offre la migliore presentazione del _____ in relazione all'offerta di lavoro a cui risponde.
Naturalmente è bene rispettare delle regole generali. Innanzitutto, un curriculum efficace deve essere semplice da leggere.
- Può fare _____ esempio?
▶ Le _____ importanti devono essere ben visibili. Inutile _____ il curriculum con liste lunghissime di corsi, lavoretti, esperienze poco significative, se non riguardano il lavoro a cui si è interessati.
E poi, per evitare una _____, è bene ricontrollare sempre il testo, per essere sicuri che non ci _____ errori di ortografia o di grammatica.
- Si mettono prima le esperienze professionali o prima il _____ di studi?
▶ Se il candidato ha già una buona esperienza _____, è meglio cominciare dal percorso professionale.
È _____ iniziare dall'esperienza più recente, scrivendo il nome dell'_____ e la data di inizio e fine della collaborazione.
Per ogni lavoro è importante specificare il ruolo e le _____ che uno ha raggiunto, ma senza esagerare.
Insomma, è importante essere onesti, anche perché si capisce subito quando un candidato non lo è.
_____ alla formazione, non c'è bisogno di elencare tutto il percorso di _____.
Basta la _____ e eventualmente il master di specializzazione. Se non si è laureati, si specificherà il tipo di _____ di scuola superiore.

5 Una lettera di presentazione
Nella lettera in alto a destra, <u>sottolinea</u> l'opzione corretta tra quelle **evidenziate**.

Alla cortese attenzione
dei Responsabili delle Risorse umane

Gentili Signori,
mi chiamo Elisa Maggi e due mesi fa ho conseguito la laurea **trentennale / triennale / trimestrale** in Design della Moda presso il Politecnico di Milano con il massimo dei **punteggi / numeri / voti**. Durante il **cammino / percorso / permesso** di studi ho svolto uno stage di 6 mesi **della / in / presso** la *GSC Team* di Firenze che mi ha arricchita molto.
Sono molto **concentrata / affidabile / motivata** a lavorare in questo settore e mi **piace / piacerà / piacerebbe** mettere le mie competenze al servizio di **un'azienda / una collaborazione / una sezione** leader del mercato come la Vostra.
Sono disponibile già da adesso per un **colloquio / lavoro / percorso** presso la Vostra sede. Vi **avvio / invio / rinvio** il mio CV e resto in attesa di una Vostra gentile risposta.
Vi ringrazio **con / di / per** l'attenzione.
Ci sentiamo presto, / Un caro saluto / Cordiali saluti,
Elisa Maggi

---

6 Facciamo un master!
a Completa con a, di, del o per.

> **I MASTER DELL'ACCADEMIA**
> Sono ancora aperte le iscrizioni
> ai Master universitari di I livello
> dell'Accademia capitolina di studi umanistici.
>
> I Master hanno una durata di due anni, per un totale di 600 ore ___ lezione. ___ ottenere il Diploma di Master universitario è necessario frequentare almeno l'80% della durata totale ___ corso, superare gli esami e scrivere una tesi finale a conclusione ___ percorso di studi. Il Master è riservato ___ giovani laureati, anche ___ nazionalità non italiana, con età inferiore ai 30 anni e che hanno ottenuto un voto ___ laurea di almeno 90/110, ma ___ partecipare i candidati dovranno prima superare una prova scritta e un colloquio individuale.

b Indica se le frasi sono vere (V), false (F) o non presenti nel testo (NP).

	V	F	NP
1. Il 1° anno del Master ha 300 ore di lezione.	○	○	○
2. Sono consentite assenze fino al 20% del totale.	○	○	○
3. Si possono iscrivere al Master anche studenti stranieri.	○	○	○
4. Chi ha più di 30 anni non può iscriversi al Master.	○	○	○
5. Se hai meno di 30 anni e alla laurea hai preso un voto superiore a 90 / 110, ti puoi iscrivere subito al Master.	○	○	○

9 ESERCIZI

SEZIONE C Autonomo o dipendente?

7 Giovani e lavoro
Coniuga i **verbi** tra parentesi e <u>sottolinea</u> l'espressione corretta tra quella **evidenziate**. Per alcuni verbi sono possibili più soluzioni.

> **INTERVISTA AL PROFESSOR GUICCIARDI**
> docente di Economia e politiche del lavoro
>
> *Professor Guicciardi, molti giovani laureati in Italia si chiedono se (loro – dovere)* _____ *andare all'estero per trovare un lavoro. Com'è la situazione per un neolaureato oggi in Italia?*
>
> Certamente non è una situazione facile, nel nostro Paese la disoccupazione giovanile è più alta **che / cui** nel resto d'Europa e per un giovane oggi è difficile trovare un lavoro stabile e con uno stipendio **accettabile / accettato**. Il mercato del lavoro è cambiato radicalmente rispetto a qualche anno fa: sono diminuiti i posti di lavoro **autonomo / dipendente** e sono aumentati enormemente i lavori "atipici", che a volte non garantiscono uguali **diritti / persone**. Si tratta di lavori con contratti brevi o brevissimi. In molti casi sono lavori poco qualificati che spesso *(svolgere)* _____ da persone con un livello di formazione molto più alta, giovani **candidati / laureati** con il massimo dei voti che si adattano perché non hanno trovato un posto migliore. Sono finiti i tempi **che / in cui** dopo la laurea si entrava a lavorare in un'azienda e ci si rimaneva per tutta la vita, con graduali aumenti di **anni / stipendio** e possibilità di fare carriera. Un giovane che oggi inizia a lavorare sa già che nel corso della sua vita *(dovere)* _____ cambiare lavoro più volte, andrà in **ferie / pensione** più tardi dei suoi genitori e, probabilmente, guadagnerà di meno. Ma per fortuna non è tutto così negativo.
>
> *In che senso? Può fare qualche esempio?*
>
> Sì, certo. Malgrado la situazione non *(essere)* _____ facile, io credo che in questi ultimi tempi *(esserci)* _____ dei miglioramenti, anche grazie a una diversa attenzione verso i giovani da parte della politica. Per un'azienda che oggi assume un giovane, ci sono molti vantaggi: paga **meno / più** tasse e in alcuni casi riceve anche dei rimborsi. **Inoltre / Purtroppo** è diventato più facile avere dei finanziamenti per aprire una *start up* e iniziare un'attività. Per questo a un giovane che mi domanda se *(fare)* _____ bene a restare in Italia, io rispondo che deve avere fiducia perché molte cose stanno cambiando.

8 Social network e lavoro
Ordina le parole **evidenziate** e ricostruisci le frasi del testo.

> Il rapporto tra social network e lavoro è diventato sempre più importante. Moltissime aziende ormai controllano online i profili di candidati e dipendenti per capire se chi devono assumere ha le caratteristiche giuste e
> **assunto | chi | è | rispetta | se | stato**
> _____
>
> la filosofia aziendale anche nella vita privata. In particolare, per quanto riguarda la selezione del personale, avere una buona reputazione "social" può
> **buon | che | curriculum | importante essere | inviare | un | più**
> _____
> _____
>
> o una buona lettera di presentazione. La conferma viene da una recente ricerca
> **appena | cui | i | risultati | pubblicati | sono | stati**
> _____
> _____:
>
> secondo questo studio circa il 65% delle aziende usa i social network per verificare se i candidati abbiano un'immagine abbastanza professionale, per conoscere meglio le loro competenze
> **o | onesti | per | sono | scoprire | se | stati**
> _____
>
> presentandosi. Spesso quello che pubblichiamo sul web può essere inappropriato o dare un'immagine di noi stessi poco adeguata, ed è difficilmente cancellabile. Per questo
> **a | attenzione | cosa | è | fare | molta necessario | si | posta**
> _____
> _____:
>
> foto, commenti, video, tutto contribuisce a costruire la nostra immagine e la nostra reputazione. E dunque, d'ora in poi
> **azione | di | fare | prima | qualunque | social | sui**
> _____
> _____,
>
> è bene pensarci non una, ma dieci volte!

ALMA.tv
Guarda il video
Che lavoro fai? nella
rubrica **Italiano in pratica**.

ESERCIZI 9

ITALIANO IN PRATICA

SEZIONE D Prego, si accomodi.

9 Come mai vuole cambiare?
Completa il dialogo sottolineando in ogni coppia di espressioni quella corretta, come nell'esempio. Le coppie non sono in ordine.

buon / buono	centinaio / paio	dozzina / migliaia
entri / ✓accomodi	era stato / sia	è stata / stava
giornataccia / giornatuccia	giusto / sbagliato	legga / leggendo
me / meglio	proprio / non proprio	riunione / stanzetta
saranno finiti / siano finiti	stage / stipendio	stando / stato

● Prego, si __accomodi__ qui, purtroppo oggi è una _____. La sala riunioni è chiusa per lavori e dobbiamo fare il colloquio in questa _____.
▶ Non c'è problema.
● Allora, _____ il Suo curriculum si capisce che Lei ha fatto un ottimo percorso di studi. Si è laureato in Economia con il massimo dei voti e poi ha conseguito un Master in Amministrazione e finanza. _____?
▶ Sì. E alla fine del Master ho fatto uno stage in un'azienda di consulenze finanziarie.
● Poi però è andato a lavorare in banca.
▶ Esatto. Dopo lo stage ho lavorato un _____ d'anni presso una piccola agenzia di un paese vicino a Bologna, eravamo solo una _____ di dipendenti e avevo un rapporto diretto con i clienti, _____ soprattutto allo sportello.
● E in seguito è passato in un'agenzia più grande.
▶ Sì. Quella dove lavoro attualmente, a Bologna.
● Si trova bene?
▶ Sì, il lavoro è interessante, e ho anche un _____ rapporto con i colleghi.
● E allora, come mai vuole cambiare? Lo _____ non è buono?
▶ _____. Si tratta di ragioni, diciamo così, familiari.
● Può spiegare _____?
▶ Certo. Mia moglie, che lavora per un'azienda di cosmetici, un paio di mesi fa _____ trasferita qui a Milano per occuparsi dell'apertura di una nuova sede. Finora ha potuto lavorare quattro giorni da casa e solo uno in ufficio. Ma quando i lavori per l'apertura della nuova sede _____, dovrà andare in ufficio tutti i giorni e non sarà più possibile per lei rimanere a Bologna. Abbiamo due figli piccoli... Per questo pensiamo che _____ meglio trasferirci tutti qui a Milano.

10 Le domande del colloquio
Trasforma le interrogative da dirette a indirette o viceversa, come negli esempi. Nelle indirette usa il congiuntivo.

Il Dottor Mirante intervista un candidato durante un colloquio di lavoro.

il Dottor Mirante vuole chiedere al candidato	domanda del Dottor Mirante
1. se sia abituato a lavorare in gruppo	1. *È abituato a lavorare in gruppo?*
2. *perché voglia cambiare lavoro*	2. Perché vuole cambiare lavoro?
3. _____	3. Quali idee nuove può dare alla nostra azienda?
4. perché abbia lasciato il suo ultimo lavoro	4. _____?
5. che tipo di stipendio si aspetti dal nuovo lavoro	5. _____?
6. _____	6. Quali sono state le difficoltà più grandi nel Suo lavoro?

11 Le frasi per chiudere un colloquio
Completa le parole in ogni frase. Poi indica chi potrebbe dire queste frasi alla fine di un colloquio di lavoro: l'intervistatore (I), il candidato (C) o tutti e due (IC)?

	I	C	IC
1. È stato un vero pi_____ conoscerLa.	○	○	○
2. La ri_____ per l'opportunità che mi ha dato di parlare del mio percorso.	○	○	○
3. Le daremo una risposta il pr_____ possibile.	○	○	○
4. Grazie per l'attenzione. Sp_____ di risentirLa presto.	○	○	○
5. È possibile che tra un pa_____ di giorni La rincontatteremo per un secondo incontro.	○	○	○

VIVERE E PENSARE ALL'ITALIANA
UNA LINGUA "MISTERIOSA"

TESTI: CHIARA PEGORARO
DISEGNI: VALERIO PACCAGNELLA

VAL E PIERO SONO A VENEZIA.

— LEI È MIA SORELLA CHIARA!
— FINALMENTE TI CONOSCO! QUINDI TU VIVI QUI A VENEZIA?

— SÌ, STUDIO ARCHITETTURA E RESTAURO.
— INTERESSANTE!

SGURGLE

— HO FAME! ANDIAMO A MANGIARE?
— VOLENTIERI! LÌ C'È UN BAR CHE FA I "CICHETI", I TRADIZIONALI ANTIPASTI VENEZIANI.

SLURP!

— CHE FOLLA!
— ECCO UN TAVOLO LIBERO!

— NOI ANDIAMO A PRENDERE DA MANGIARE, TU ASPETTA QUI.
— OK.

EHI, TONI!
EH?
SCIAFF
SOCK
POW
ECCO QUA!
INSALATA DI POLPO, SARDE IN SAOR E BACCALÀ ALLA VICENTINA!
EHM, SÌ, PERFETTO... POSSIAMO PORTARE VIA TUTTO E MANGIARE FUORI, QUI È UN PO' PERICOLOSO.
AHAHAHAHAHA!
?

ATTIVITÀ

1 L'insalata di polpo, le sarde in saor e il baccalà alla vicentina: tre tipiche ricette venete. Completa il breve testo.

bicchiere | piedi | fetta | stuzzichini | antipasto | pesce

> I cicchetti, o *cicheti* in dialetto, sono tipici dell'_____ veneziano. Si tratta di _____ caldi o freddi a base di _____ o salumi, su del pane o su una _____ di polenta. Si mangiano anche in _____ bevendo un _____ di vino, che a Venezia si chiama *ombra*.

2 Seleziona le opzioni corrette. Val pensa che Toni e l'amico:

○ potrebbero picchiarsi.   ○ stiano scherzando.   ○ non vogliano pagare il conto.   ○ stiano litigando.

3 Toni e il suo amico parlano in dialetto veneziano. Leggi il testo e rispondi: le caratteristiche e le abitudini linguistiche del tuo Paese sono simili?

> I dialetti italiani sono classificati in 13 gruppi in cui si trovano molte varianti locali. Vengono generalmente usati con amici e familiari e in contesti non formali, sia dagli anziani sia dai giovani. Le statistiche variano, ma possiamo dire che più o meno la metà degli italiani parla solo la lingua "standard", circa il 40% sia lo standard sia un dialetto locale, circa il 15% solo il dialetto.

ESERCIZI 10

SEZIONE A — Arte contemporanea

1 Graffiti: pro o contro?

a *Completa i due testi con i numeri corrispondenti ai verbi delle liste.*

1. danno 2. lamentarsi 3. sono 4. facevano 5. sono
6. avrebbero dovuto 7. siano 8. creino 9. volevano
10. sporcano 11. erano 12. esistevano 13. significano

Beniamino

Benché ___ quasi sempre illegali, da molto tempo graffiti, *tag*, *murales* ___ una forma di espressione artistica tipica di ogni grande città... Tra l'altro già li ___ gli antichi romani, per esempio a Pompei! Negli anni Settanta i treni della metropolitana di New York ___ coperti di vernice: i giovani artisti di strada ___ dire alla città che ___ anche loro, i ragazzi dei quartieri poveri di periferia. Per alcune persone i graffiti (in particolare le firme, i *tag*) non ___ niente e ___ i muri delle città, io invece penso che ___ un'identità molto forte. I problemi delle nostre città ___ altri: le macchine e le pubblicità (molto più brutte dei graffiti), soprattutto le forti disuguaglianze. I nostri amministratori ___ occuparsi di questi problemi già molto tempo fa, invece di ___ di un paio di scritte sui muri, che fra l'altro ___ un po' di allegria alle nostre periferie tristi e brutte.

1. è 2. dovrebbero 3. decidesse 4. ha chiesto
5. ci vorrebbero 6. sarebbe piaciuto 7. pensavo
8. sporca 9. dovrebbe 10. sanno 11. vado
12. dovrebbero 13. vieterei 14. ho 15. dovrebbe
16. ha fatto 17. fosse 18. avrei preferito 19. dovrebbero

Rosalba

Secondo me non si ___ fare graffiti su case private. Un "artista" ne ___ uno sul muro del mio palazzo: ___ un altro tipo di decorazione, onestamente. Qualcuno mi ___ che ne ___? Neanche per sogno! ___ esserci delle aree specifiche riservate ai graffiti. Se uno ___ i muri di una casa qualsiasi, per me non ___ un artista, bensì un barbaro senza rispetto per nessuno. E gli artisti ___ essere persone competenti, non ragazzi giovanissimi che non ___ neanche disegnare. Anche a me ___ fare l'artista da giovane, ma non ___ talento, quindi non ___ a sporcare le case degli altri! Poi le immagini ___ rispettare tutti i cittadini, quindi se ___ per me, ___ qualsiasi simbolo religioso o politico. Infine, se un giorno si ___ di cancellare un disegno o una scritta, ___ molti soldi per pulire interi edifici: chi ___ pagare? Noi cittadini? E perché mai?

b *Chi lo dice?*

I graffiti:	Beniamino	Rosalba
1. migliorano l'aspetto delle periferie.	○	○
2. a volte vengono fatti da persone senza talento.	○	○
3. non dovrebbero avere un significato ideologico.	○	○
4. esistono da secoli.	○	○
5. non sono il problema principale delle città.	○	○
6. sono una mancanza di rispetto verso gli abitanti.	○	○
7. rendono visibile chi si sente escluso.	○	○

2 Desideri irrealizzati

Leggi i testi e trasformali come nell'esempio.

ESEMPIO:
Daria e Emilio **andrebbero** volentieri alla mostra di...
→ *Daria e Emilio sarebbero andati volentieri...*

1. Vorrei visitare il museo di arte contemporanea al Castello di Rivoli a Torino, con la mia famiglia, perché ci piacerebbe vedere opere di grandi artisti del 20° secolo.

→ _____
_____
_____
_____.

2. Emiliano andrebbe volentieri al Museo d'Arte Contemporanea di Gibellina. Lì vedrebbe opere di artisti importanti e attivi nella ricostruzione della cittadina dopo il terremoto.

→ _____
_____
_____
_____.

3. Io e la mia ragazza seguiremmo volentieri il progetto *Uffizi da mangiare*. Sarebbe interessante vedere video di ricette gastronomiche di chef famosi ispirati a capolavori del museo fiorentino.

→ _____
_____
_____
_____.

ALMA Edizioni | DIECI 235

10 ESERCIZI

SEZIONE B Capolavori senza tempo

3 L'italiano dell'arte

a *Completa le definizioni con gli elementi della lista.*

epoca cristiana | di forma circolare | comunicante
Eros, il dio dell'amore | anche questa | sembra che
anche | diventando poi | XVI secolo | evidenziare
sia in pittura sia in scultura | tornato di moda | dando

Arte: le parole italiane "internazionali"

chiaroscuro • Tecnica di pittura in cui l'artista usa luci e ombre per _____ la tridimensionalità. _____ sia stato inventato da Leonardo da Vinci. Un altro grande pittore che l'ha usato è Caravaggio, grazie al quale la tecnica si è diffusa in Europa.

contrapposto • Questa tecnica è stata inventata nella Grecia antica e viene usata _____.
Un ottimo esempio è il *David* di Michelangelo: ha una gamba rilassata e tutto il peso del corpo poggia sull'altra, _____ un senso di dinamismo.

loggia • Edificio _____ con l'esterno con una serie di archi. Sinonimo di *portico*. Un esempio: la loggia del Capitaniato a Vicenza di Andrea Palladio del _____ (nella foto).

putto • Raffigurazione di un bambino nudo con le ali. I putti si trovano in molte opere del Rinascimento. Nell'antichità venivano usati per rappresentare _____ (in questo caso si chiamano anche *amorini*), _____ raffigurazioni di angeli in _____. Sono spesso presenti nelle opere dello scultore Donatello.

sfumato • Tecnica (_____ attribuita a Leonardo) con la quale si produce una transizione delicata e graduale tra colori. L'esempio più famoso di tutti: la *Gioconda*.

tondo • Pittura o scultura _____ (deriva dalla parola *rotondo*). _____ il tondo è stato inventato dai Greci ed è _____ nel Rinascimento. Un esempio illuminante: il *Tondo Doni* di Michelangelo.

---

b *Rileggi il testo e completa lo schema.*

1. sono nati in Grecia	
2. hanno cambiato significato nell'era cristiana	
3. grazie a lui una delle tecniche descritte è uscita dall'Italia	
4. ha probabilmente inventato due delle tecniche descritte	

4 Il parco di Bomarzo

a *Completa i commenti di chi ha visitato il parco con i participi presenti, come nell'esempio.*

precedere | vincere | ✓ divertire
raffigurare | deprimere | sorprendere

1. I bambini hanno fatto una visita guidata, per loro è stata un'esperienza veramente __*divertente*__!

2. Un luogo _____, davvero diverso da quello che mi aspettavo!

3. I bagni del parco erano rotti: mai vista una cosa così _____, che tristezza.

4. Durante le mie due _____ visite non mi ero entusiasmato, stavolta invece mi è piaciuto moltissimo, chissà perché.

5. Il biglietto è valido in tutti i parchi di Viterbo nello stesso giorno: una formula _____, bravi!

6. Tra tutte le sculture, la preferita dei miei figli è quella _____ un drago: l'hanno adorata!

b *Completa il testo con due participi del punto precedente. Fa' attenzione alle desinenze.*

Il Parco di Bomarzo è situato vicino a Viterbo, nel Lazio. Qui, immerse nella foresta, si trovano sculture grottesche del XVI secolo _____ animali mitologici, divinità e mostri che formano un labirinto misterioso. La figura più famosa e _____ è un grande faccione di pietra con la bocca aperta.

ESERCIZI 10

SEZIONE C Furti d'arte

5 Cronologia di furti d'arte

a *Osserva l'infografica e rispondi alle domande sotto. Attenzione: in alcuni casi devi indicare più opere.*

Oltre a quello della Gioconda nel 1911, ecco altri famosi furti d'arte.

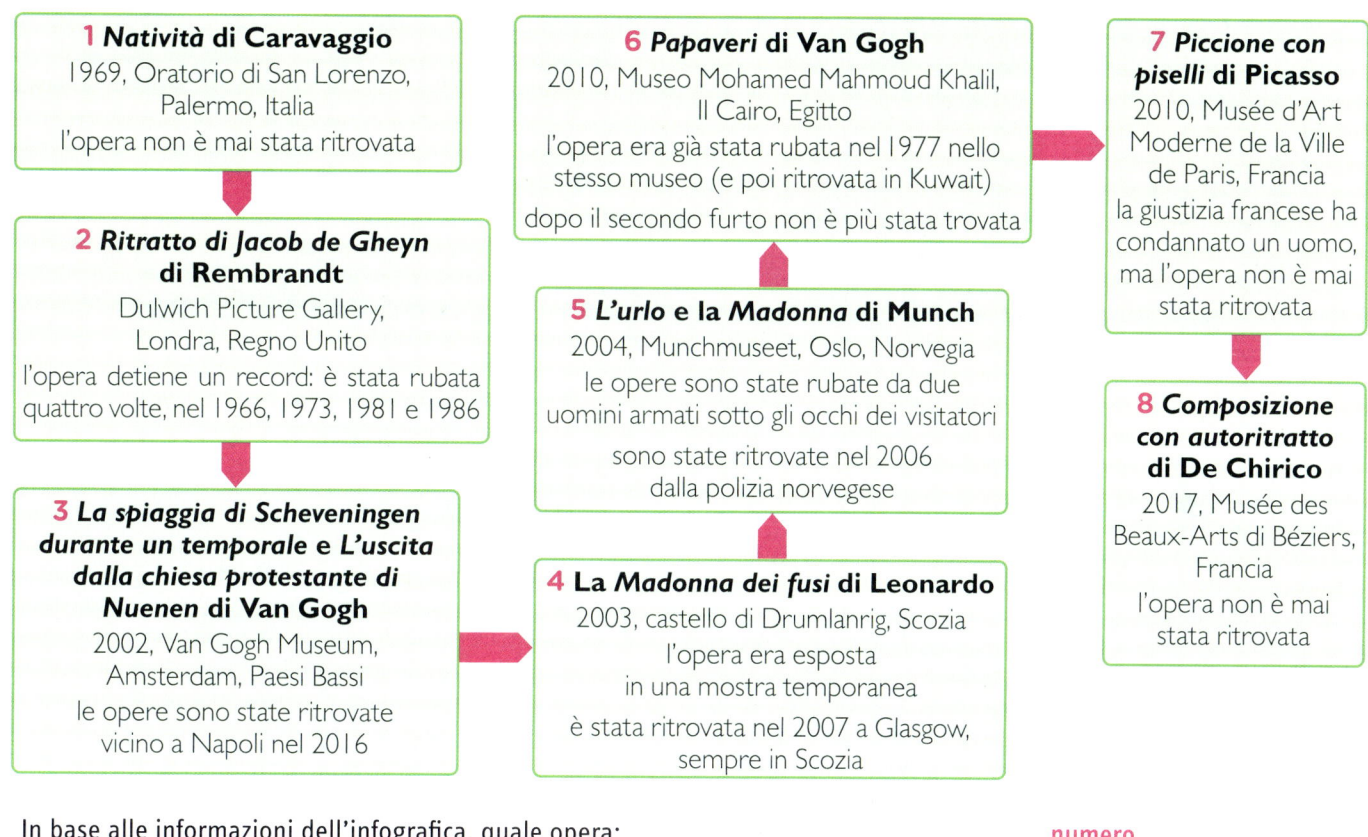

1 *Natività* di Caravaggio
1969, Oratorio di San Lorenzo, Palermo, Italia
l'opera non è mai stata ritrovata

2 *Ritratto di Jacob de Gheyn* di Rembrandt
Dulwich Picture Gallery, Londra, Regno Unito
l'opera detiene un record: è stata rubata quattro volte, nel 1966, 1973, 1981 e 1986

3 *La spiaggia di Scheveningen durante un temporale* e *L'uscita dalla chiesa protestante di Nuenen* di Van Gogh
2002, Van Gogh Museum, Amsterdam, Paesi Bassi
le opere sono state ritrovate vicino a Napoli nel 2016

6 *Papaveri* di Van Gogh
2010, Museo Mohamed Mahmoud Khalil, Il Cairo, Egitto
l'opera era già stata rubata nel 1977 nello stesso museo (e poi ritrovata in Kuwait)
dopo il secondo furto non è più stata trovata

5 *L'urlo* e la *Madonna* di Munch
2004, Munchmuseet, Oslo, Norvegia
le opere sono state rubate da due uomini armati sotto gli occhi dei visitatori
sono state ritrovate nel 2006 dalla polizia norvegese

4 *La Madonna dei fusi* di Leonardo
2003, castello di Drumlanrig, Scozia
l'opera era esposta in una mostra temporanea
è stata ritrovata nel 2007 a Glasgow, sempre in Scozia

7 *Piccione con piselli* di Picasso
2010, Musée d'Art Moderne de la Ville de Paris, Francia
la giustizia francese ha condannato un uomo, ma l'opera non è mai stata ritrovata

8 *Composizione con autoritratto* di De Chirico
2017, Musée des Beaux-Arts di Béziers, Francia
l'opera non è mai stata ritrovata

In base alle informazioni dell'infografica, quale opera: **numero**

1. è stata ritrovata in un altro Paese? ....
2. non è stata rubata di nascosto? ....
3. non è stata ritrovata nonostante il ladro sia stato preso? ....
4. non era esposta in una collezione permanente? ....
5. è stata rubata varie volte? ....

b *Sottolinea l'opzione corretta tra quelle evidenziate, poi abbina ogni frase a chi la dice.*

1. "Lo condanniamo perché crediamo **di essere lui il ladro** / **che il ladro sia lui**."   a. i ladri dell'*Urlo* di Munch
2. "Pensiamo **di rubare** / **che rubiamo** l'opera davanti a tutti senza nessun problema!"   b. il direttore della galleria Dulwich
3. "Spero che il dipinto **di non venire rubato** / **non venga rubato** una quinta volta!"   c. la giustizia francese

6 L'elemento misterioso
Completa le parole evidenziate nel testo e prova a indovinare quella che manca negli spazi verdi.

La _____ non è un dettaglio, bensì un elemento fondamentale che **evid**_____ il quadro: questa è l'opinione di Enrico Ceci, **antiq**_____ di fama internazionale, specializzato nella produzione di _____ in legno dal 1976. Ceci le crea intorno a opere che vanno dal Quattrocento al Settecento. Per lui il *Tondo Doni* di Michelangelo è un esempio importante: all'inizio del **Cin**_____ la sua _____ – realizzata dal fiorentino Francesco del Tasso – costava molto di più del **di**_____ stesso. Ceci ha prodotto le _____ di **capo**_____ di Leonardo, Tiziano, Raffaello e molti altri. I suoi **commi**_____ sono soprattutto musei internazionali, come il Getty Museum di Los Angeles.

ALMA Edizioni | DIECI 237

10 ESERCIZI

ITALIANO IN PRATICA

SEZIONE D Regole al museo

7 Arte, Napoli e Maradona

E12 *a Ascolta il dialogo. Secondo te che cosa stanno guardando le due persone?*

RAPPRESENTAZIONI DI MARADONA A NAPOLI

b Ascolta ancora e completa la trascrizione.

● Vieni, vieni a vedere!
 ...
▶ Arrivo. Che cosa devo vedere?
● Come che cosa? Volevi vedere arte? Eccola!
▶ Hanno sporcato un muro con la vernice per _____ Maradona, e la chiami "arte"?
● Certo! È arte popolare, accessibile, non come quelle opere di _____ che piacciono solo a te e che non capisce nessuno!
▶ Sì, come no. Una cosa così _____ _____ farla anch'io!
● Eh, _____ _____, però non l'hai fatto! Ma che discorso è? Guarda che colori, che dinamismo!
▶ Ma sono i colori della squadra di calcio del Napoli, non li ha _____ scelti l'artista... Se _____ vogliamo chiamarlo "artista"... Maradona sarà anche stato il più grande calciatore del _____, ma adesso tutte le sue rappresentazioni, i suoi _____, le sue foto, le sue _____, diventano "arte"?
● Senti, lo so che _____ _____ andare al Museo Archeologico a vedere gli _____, i _____ di Pompei, eccetera... Tutte quelle cose antiche che ami tanto.
▶ Guarda che dopo ci andiamo comunque, al Museo Archeologico... _____ _____ _____ aperto nel pomeriggio.
● Forse _____ _____ meglio separarsi: tu al Museo Archeologico, io qui nei Quartieri Spagnoli a vedere l'arte autentica, quella fatta sul duro _____, in mezzo alle case della gente comune.

▶ Allora, io _____ _____ _____ abbastanza tollerante, anche verso le cose che non mi piacciono... Ma _____ il diritto di esprimere un'opinione, no? O mi deve piacere _____ cosa? Siccome alcuni pensano che Maradona _____ una divinità, ogni sua rappresentazione, di _____, di legno, di carta, o che ne so, diventa arte? Tra l'altro _____ _____ _____ non gli somigli per niente, a Maradona. È anche fatto male, questo _____.
● Ma non fa niente, l'importante è che _____ _____ _____ il sentimento di una comunità! Maradona ha avuto un ruolo importantissimo per i napoletani, _____ due campionati e molto altro. Con lui il Napoli è diventato una squadra di prima categoria. Qui l'arte esce dalle _____ private ed entra nell'immaginario collettivo, che tutti possono capire.
▶ Quanto entusiasmo! Sei molto _____.
● Davvero?
▶ No.

8 Citazioni di artisti
Coniuga i verbi tra parentesi al tempo giusto.

1. Si (dipingere) _____ con il cervello e non con le mani. **MICHELANGELO BUONARROTI**
2. A dodici anni (io – dipingere) _____ come Raffaello, però (metterci) _____ tutta la vita per imparare a farlo come un bambino. **PABLO PICASSO**
3. Pensavano che (io – essere) _____ una surrealista, ma io dipingo la mia realtà, non i miei sogni. **FRIDA KAHLO**
4. Credo che (essere) _____ un artista chiunque (sapere) _____ fare bene una cosa: cucinare, per esempio. **ANDY WARHOL**

238 ALMA Edizioni | DIECI

ZOOM GRAMMATICALE

PRONOMI

relativi

	maschile	femminile
singolare	il quale / che	la quale / che
plurale	i quali / che	le quali / che

che	Una città **che** amo molto è Genova. Daniele è una persona **che** sa parlare con tutti.
cui	Lui è l'amico con **cui** vado sempre in vacanza.
il cui	Pietro, **la cui** compagna è la mia migliore amica, è di Bari.

combinati

	lo	la	li	le	ne
mi	me lo	me la	me li	me le	me ne
ti	te lo	te la	te li	te le	te ne
gli / le / Le	glielo	gliela	glieli	gliele	gliene
ci	ce lo	ce la	ce li	ce le	ce ne
vi	ve lo	ve la	ve li	ve le	ve ne
gli	glielo	gliela	glieli	gliele	gliene

LOCUZIONI E CONNETTIVI

dato che	**Dato che** nevicava, siamo rimasti a casa.
poiché	**Poiché** stava male, ieri Paolo non ha lavorato.
visto che	**Visto che** esci, puoi fare la spesa?
anche se	Vado in spiaggia, **anche se** fa freddo.
benché	**Benché** non sia molto bravo, adoro ballare.
malgrado	Sono arrivata in ufficio **malgrado** lo sciopero. Siamo partiti **malgrado** il tempo fosse brutto.
nonostante	**Nonostante** il caldo, è stata una bella giornata. **Nonostante** l'esame fosse difficile, l'ho passato.
sebbene	Compreremo questa moto, **sebbene** sia cara.
a meno che (non)	Partiamo domani, **a meno che non** piova.
a condizione che	Vado alla festa, **a condizione** che venga anche tu.
bensì	Non ha dormito in hotel, **bensì** a casa di amici.
oppure	Si può prenotare online **oppure** per telefono.
tuttavia	È un bravo scrittore, **tuttavia** ha poco successo.
prima che	Mi sono addormentato **prima che** tu tornassi.
prima di	**Prima di** dormire, leggo sempre un po'.

DISCORSO INDIRETTO

verbi	Anna: "**Ho** un problema." > Anna dice che **ha** un problema.
pronomi	Gianni: "**Mi** serve un consiglio." > Gianni dice che **gli** serve un consiglio.
possessivi	Sara: "**Mio** figlio va all'università." > Sara dice che **suo** figlio va all'università.
venire + qui	Livio: "Dovete **venire** subito **qui**." > Livio dice che dobbiamo **andare** subito **lì**.

VERBI

TRAPASSATO PROSSIMO

	PARLARE	ANDARE
io	avevo parlato	ero andato/a
tu	avevi parlato	eri andato/a
lui / lei / Lei	aveva parlato	era andato/a
noi	avevamo parlato	eravamo andati/e
voi	avevate parlato	eravate andati/e
loro	avevano parlato	erano andati/e

CONGIUNTIVO PRESENTE

	-ARE	-ERE	-IRE	-IRE
io	parli	veda	apra	finisca
tu	parli	veda	apra	finisca
lui / lei / Lei	parli	veda	apra	finisca
noi	parliamo	vediamo	apriamo	finiamo
voi	parliate	vediate	apriate	finiate
loro	parlino	vedano	aprano	finiscano

CONGIUNTIVO PRESENTE IRREGOLARE

ANDARE → vada **AVERE** → abbia
DARE → dia **DIRE** → dica
DOVERE → debba **ESSERE** → sia
FARE → faccia **POTERE** → possa
SAPERE → sappia **USCIRE** → esca
VENIRE → venga **VOLERE** → voglia

ZOOM GRAMMATICALE

VERBI

CONGIUNTIVO PASSATO

	PARLARE	ANDARE
io	abbia parlato	sia andato/a
tu	abbia parlato	sia andato/a
lui / lei / Lei	abbia parlato	sia andato/a
noi	abbiamo parlato	siamo andati/e
voi	abbiate parlato	siate andati/e
loro	abbiano parlato	siano andati/e

CONGIUNTIVO IMPERFETTO

	-ARE	-ERE	-IRE	-IRE
io	parlassi	vedessi	aprissi	finissi
tu	parlassi	vedessi	aprissi	finissi
lui / lei / Lei	parlasse	vedesse	aprisse	finisse
noi	parlassimo	vedessimo	aprissimo	finissimo
voi	parlaste	vedeste	apriste	finiste
loro	parlassero	vedessero	aprissero	finissero

CONGIUNTIVO IMPERFETTO IRREGOLARE

BERE → bevessi DARE → dessi
DIRE → dicessi ESSERE → fossi
FARE → facessi STARE → stessi

PERIODO IPOTETICO DEL 1° TIPO

IPOTESI	CONSEGUENZA
indicativo presente	indicativo presente
Se quell'hotel *costa* troppo	non ci *vado*.
indicativo futuro	indicativo futuro
Se *seguirai* i tuoi sogni	di sicuro *sarai* felice.
indicativo presente	imperativo
Se *hai* voglia di uscire	*chiamami*.

PERIODO IPOTETICO DEL 2° TIPO

IPOTESI	CONSEGUENZA
congiuntivo imperfetto	condizionale presente
Se *potessi* scegliere	*abiterei* in campagna.

GERUNDIO

funzione modale
Ha imparato l'italiano **frequentando** un corso.

funzione temporale
Facendo shopping in centro, ho incontrato Ilario.

funzione causale
Amando la montagna, andiamo spesso a sciare.

FUTURO ANTERIORE

	PARLARE	ANDARE
io	avrò parlato	sarò andato/a
tu	avrai parlato	sarai andato/a
lui / lei / Lei	avrà parlato	sarà andato/a
noi	avremo parlato	saremo andati/e
voi	avrete parlato	sarete andati/e
loro	avranno parlato	saranno andati/e

CONDIZIONALE PASSATO

	PARLARE	ANDARE
io	avrei parlato	sarei andato/a
tu	avresti parlato	saresti andato/a
lui / lei / Lei	avrebbe parlato	sarebbe andato/a
noi	avremmo parlato	saremmo andati/e
voi	avreste parlato	sareste andati/e
loro	avrebbero parlato	sarebbero andati/e

FORME IMPERSONALI

si + verbo alla 3ª persona
In Italia dopo pranzo spesso **si beve** un caffè.
A casa nostra **si mangiano** molte verdure.
verbi riflessivi: Ormai **ci si sposa** sempre più tardi.
passato prossimo: In Italia nel 1946 **si è passati** dalla monarchia alla repubblica.

uno + verbo alla 3ª persona singolare
Se **uno lavora** troppo, poi si stressa.

verbo alla 3ª persona plurale
Che film **danno** al cinema?

FORMA PASSIVA

Roma **è chiamata** / **viene chiamata** "la città eterna".
Nell'antica Roma il Colosseo **era** / **veniva** usato per spettacoli pubblici.
Roma **è stata fondata** più di 2700 anni fa.